近现代作家视域中的西安意象

刘 宁 著

西北工业大学出版社
西 安

【内容简介】 这是一部以文学名义呈现的百年西安城市史。上篇主要表现20世纪上半叶西安城市从传统向现代转型的艰难历程,以及由此而产生的种种现代化特质和新文化生活空间;下篇主要展现20世纪下半叶西安城里城外人的生活样态和文化心理结构。近现代作家笔下所展现的百年西安,人与城的关系始终是本书阐述的核心内容,人文地理空间则是本书的基本脉络线索。围绕这一核心内容和脉络,这部文学视域中的西安城市史,便是一部近现代西部中国人文化生活史的镜像和缩影。

图书在版编目(CIP)数据

近现代作家视域中的西安意象 / 刘宁著 . —西安:西北工业大学出版社,2020.12
ISBN 978-7-5612-7452-1

Ⅰ. ①近… Ⅱ. ①刘… Ⅲ. ①城市文化–研究–西安 ②中国文学–近代文学–文学研究 ③中国文学–现代文学–文学研究 Ⅳ. ①G127.411 ②I206.5

中国版本图书馆CIP数据核字(2020)第271803号

JIN-XIANDAI ZUOJIA SHIYU ZHONG DE XI'AN YIXIANG
近 现 代 作 家 视 域 中 的 西 安 意 象

责任编辑:隋秀娟	**策划编辑:**杨 军
责任校对:万灵芝	**装帧设计:**李 飞

出版发行:西北工业大学出版社
通信地址:西安市友谊西路127号　　　　　**邮编:**710072
电　话:(029)88491757,88493844
网　址:www.nwpup.com
印刷者:西安浩轩印务有限公司
开　本:787 mm×1092 mm　　1/16
印　张:21.5
字　数:330千字
版　次:2020年12月第1版　　2020年12月第1次印刷
定　价:59.00元

如有印装问题请与出版社联系调换

题记：

长安之书，

让我一生

埋头唐诗的地图，

把渭水目送到黄河

把丝路目送到大漠，

把雁塔目送到隔水樵夫的

砍柴声里。

沿着唐乐

流失后的坊上，

谁能轻松打开

一部纸上长安？

——耿翔《长安书 纸上长安》

前言

　　我想表达的是，作为一座世界历史文化名城，西安应该有属于自己的研究专著。城市学是近几十年新兴的显学，国际上的研究已经蔚为壮观。城市是人类文明的结晶，是政治和经济，也是精神和思想的聚居地。城市化是我们这个时代的重大特征，是我国社会经济发展的必然现象。然而，直到20世纪80年代，我国城市研究仍然属于边缘学科，但边缘学科同样重要，更是未来跨学科发展的基础。目前国内前有北京学和上海学崛起，继而杭州也在中国众多城市中脱颖而出，西安这座曾经作为十三朝古都的城市，在我心中的分量越来越重。日本女作家盐野七生的15卷本《罗马人的故事》摆在我面前，卡尔·休斯克的《世纪末的维也纳》、大卫·哈维的《巴黎城记：现代性之都的诞生》也在案头，所谓"东有长安，西有罗马"，上述作品不断催促我，将对西安这座城市的研究提上日程。

　　毋庸置疑，历史上西安这座城市名气太大，以至周秦汉唐时期的长安研究早已是汗牛充栋。在这种状况下，我的西安城市文化研究该从何处开始？在我的研究生涯中，硕、博士阶段是从事中国现当代文学研究的，因此我最关心的是西安这座古城如何从历史的尘埃中走向现代化路途，也就是"现代性"这个词是我观照西安城市文化和生活的切入点。我试图通过勾勒从1900年至当下这百余年间西安的城市文化和生活变迁，阐述一座古都现代化的历程。平心而论，1911年是西安城与传统彻底决裂的一年，历史在这一年将所有能量聚集起来，一举将这座古城"摧毁"。摧毁意味着与过去决裂，意味着要在过去的废墟中新生。西安这座城市有太多的历史遗迹，于是现代人如何对待它们便是极其重要的一个问题。传统与现代始终纠结在西安这座城市里，尤其是近现代以来这种纠葛就越来越复杂。放眼西安城市的街市巷道、文化空间、交通道路、影院、宾馆、公园等，这些城市设施是构建城市的重要元素，它们一旦被创造出来，便开始重塑新的社会阶层，建立新的社会关联。生活和往来于这座城市中的人，也是我关注的重要对象，他们怎样生活，怎样建设或改造这座古老的城市，尤其是他们怎样对待这座城市留下来的丰富文化遗产，便是西安这座城市与其他城市不同之处。

相比北京、南京、洛阳、杭州，这些同样拥有丰赡文化底蕴和悠久历史的古都，西安处于西部门户的特殊位置以及古丝绸之路起点。古都现代化是中国城市现代化发展中最独特的一种现象，因此，对于这样的都市的研究也就更具有意义了。从1900年到当下，西安这座城市百余年历史，放置在漫长的几千年西安城市史中来讲，区区百年，宛如沧海一粟，但是这百余年的意义却并不寻常。这是因为，它基本是以20世纪为背景的西安城市文化生活发展史，从晚清到民国，再到中华人民共和国，历史风云变幻多端，城市政权不断易手，西安这座城市先后经历临时国都、国民陪都、抗战时期大后方、改革开放中的西部重镇等身份，20世纪中国社会的动荡变化在这座古都中都呈现出来，从最早拥有现代教育的学校到陇海线开通，从军阀混战到抗战烽火燃烧，现代化进程与政治风云联系在一起。到21世纪，一带一路倡议提出，西安变成一带一路桥头堡，但凡今天到西安的人无不感到西安是中国文化的根脉所在，继而这座城市化身为中华民族的魂魄，因此西安城市的文化内涵和审美意义也就愈发深厚、隽永了。

选择作家这个视角也是有深意的。选择作家视角，即是选择对西安城市人们生活和文化的描述。历来，史学家倾心于历史事实，地理学家关注地形、地貌的描述，作家们在意的是对生活和环境的展示。20世纪初期的西安距今已有百年时光，可惜的是，我们还没有一幅像张择端《清明上河图》那样的画卷用以表现西安的社会生活场景与日常生活画卷，能够提供给我们这些需求的是文学，自然也包括那些具有文学性的描述。在作家的描述中，人们看戏观剧、漫游街巷、享用食物、淘书阅读，种种城市生活意趣成为作家笔下的风景，处处人文足迹成为作家文中的图画。发现景观、还原历史，抑或重造历史和现实情景，便是我着力表达的目的。这也是我要选用历史地理学研究方法来探讨城市话语的原因所在。严格地讲，描述地球是地理学的一项活动，作为我所选取"景观"这个视角，它是地理学的，也是文学的，自然是审美的，它是人类在大地上留下的印迹，内中包含无数文化深意。理解与解释景观，就要探索地点的意义，探索景观给予那些居住或造访其间者的体验之意义。作家笔下描述出来的这些景观，能够在西安这座城市寻找到的，我都力求去探寻一番，希望曾经带有作家深刻体验的景观，在我的寻访中也能复原。作家赋予景观内涵与意义，使景观具有主动性。我亲身进行田野考察的景观也带有更大的个人体验性，而文学视域的研究是科学的，也是充满个人感情色彩的。

城市学研究也是一门非常实用的学问，总是和政府联系在一起，加之现在又正值大西安发展时期，虽然2018年西安进入国家中心城市行列，但是，我依然坚持"不跟潮"的研究范式，希望自己的研究更带有学人的个性气质。记得当年攻读博士学位时，学校与政府联合成立了"西安学"，后来我真的走进了西安城市文化研究领域。我做西安研究，是在历史地理学科里发现唯有西安才是我最容易把握的。不过，这条路走得也不轻松。记得当年我刚从事研究时，周边一片质疑声，自然也受影响，在彷徨、不踏实的心境下迈开了步子。我最应该感谢的是我在博士后期间的合作导师——陕西师范大学西北历史环境与经济社会发展研究院的王社教教授，是他对我的选题的充分肯定，使我有了信心。还有陕西师范大学学报的杜敏老师，当我将写西安的论文投给《陕西师范大学学报》后，论文很快就发表了，之后居然被人大复印资料转载。这说明，我的研究是被认可的。

我将不再怀疑自己,将西安城市文化研究进行下去。

人生真是有意思,刚开始的时候是"山重水复疑无路",走着走着竟然"柳暗花明又一村"。有了一番新天地,我的近现代百年西安城市文化史——《近现代作家视域中的西安意象》,就在这样的背景下诞生了。

刘　宁

2018年3月初稿

2019年6月再稿

目录

序曲 一代帝都书卷中 ·················· 001
  一、唐诗中的都市景观与生活 ············ 002
  二、宋诗词里的"废都"与幻象 ············ 011
  三、近现代作家笔下的西安 ·············· 015
  四、历史记忆、个人经验与心灵想象 ······ 018

上篇

第一章 从传统到现代 ·················· 023
  第一节 风云变幻的历史舞台 ············ 023
    一、庚子国变与临时国都 ·············· 024
    二、"开发西北"与陪都西京 ············ 031
    三、西安：一个中转站 ················ 033
  第二节 长安道上 ······················ 035
    一、陇海铁路与旅行杂志 ·············· 035
    二、黄河水运与船夫 ·················· 041
    三、潼西路与西兰路上 ················ 044

四、川陕道上与飞越秦岭……………………048
第三节 城市空间分布与街市……………………051
  一、城市空间分布与社会阶层划分…………051
  二、碎石马路与街市景观………………………059
  三、繁华的南院门与东大街……………………062

第二章 现代教育与都市生活……………………066

第一节 晚清西安与现代新式教育……………066
  一、封建大家庭衰败与社会变革………………067
  二、从陕西高等学堂到西北大学………………070
  三、三秦公学及西安其他学校…………………073
  四、公益书局与《秦风报》……………………076
第二节 移风易俗的易俗社……………………079
  一、秦腔的新变：文明戏………………………080
  二、易俗社的社会活动及影响…………………082
  三、民国文人与易俗社…………………………085
第三节 影院、公园与旅馆……………………087
  一、阿房、民光与西京影院……………………088
  二、莲湖与建国公园……………………………090
  三、西北饭店与西京招待所……………………094

第三章 胜迹废墟与作家文旅……………………098

第一节 胜迹废墟……………………………098
  一、华清池与曲江………………………………098
  二、烟柳灞桥与咸阳古渡………………………102
  三、碑林与省图…………………………………106
第二节 康有为城南览胜与"碛砂藏经"风波………112
  一、城内文化活动………………………………112
  二、游城南赋诗…………………………………113

　　　　　三、"盗经"风波……………………… 120

　第三节　鲁迅"阅市"与汉唐雄风……………… 125

　　　　　一、阅市购拓片………………………… 125

　　　　　二、览胜看盛唐废墟…………………… 131

　　　　　三、遥祭汉唐文化……………………… 136

　第四节　张恨水笔下的西京生活与建设………… 142

　　　　　一、西北考察视野中的西京民生与风情…… 142

　　　　　二、两种城市生活与新旧女性………… 145

　　　　　三、西北复兴中的西京建设…………… 146

　第五节　林语堂的西京传奇与现代化思考……… 148

　　　　　一、传统与现代化交织的西安………… 148

　　　　　二、上流舞会与摩登女郎……………… 152

　　　　　三、青年的婚恋生活…………………… 154

第四章　抗战烽火与流亡岁月……………………… 157

　第一节　战时的西北角…………………………… 157

　　　　　一、长安剪影…………………………… 158

　　　　　二、西安抗战…………………………… 160

　　　　　三、烽火中的街市……………………… 163

　第二节　流亡在西安……………………………… 165

　　　　　一、从山东到西安……………………… 166

　　　　　二、从西安到汉中……………………… 168

　　　　　三、从山西到西安……………………… 170

　第三节　到延安去………………………………… 171

　　　　　一、七贤庄……………………………… 172

　　　　　二、去延安途中………………………… 174

　　　　　三、在革命圣地延安…………………… 178

下篇

第五章 秦岭脚下 ………………………………… 185

第一节 田园生活与终南山割竹 …………………… 185
一、长安十四年 ………………………………… 186
二、田园风光 …………………………………… 187
三、终南山割竹 ………………………………… 189

第二节 农业合作化中的皇甫村 …………………… 193
一、各式各样的社员 …………………………… 193
二、农业社的几个猪娃 ………………………… 196
三、与传统的生产和生活方式告别 …………… 197

第三节 社会主义建设中的西安 …………………… 198
一、一九五三年 ………………………………… 198
二、改霞的理想与东郊棉纺厂 ………………… 202
三、日新月异的妇女新生活 …………………… 204

第六章 关中平原 ………………………………… 207

第一节 关中地理民俗 ……………………………… 207
一、黄土地 ……………………………………… 208
二、原上风景与原下日子 ……………………… 210
三、民间关中 …………………………………… 215

第二节 关中文化论 ………………………………… 218
一、踏梦关中 …………………………………… 218
二、关中文化现象及反思 ……………………… 221
三、关中在中国文化中的地位 ………………… 223

第七章 西安这座城 ……………………………… 226

第一节 建筑与艺术 ………………………………… 226
一、城墙与护城河 ……………………………… 226

二、钟鼓楼 230
　　三、秦乐与陶俑 233

第二节　城改与长安变容 237
　　一、变动的近现代西安地图 238
　　二、"废都"中的城市景观 240
　　三、城中村与城改 243

第三节　城市生活与文化 248
　　一、市井与街巷 249
　　二、杂志与文坛 253
　　三、漫游与淘书 257
　　四、食蔬与美味 261

第四节　城市论 265
　　一、足球与西安 266
　　二、馨香之城 267
　　三、中国魂魄 268

第八章　西安人 272

第一节　土著 272
　　一、冷娃 272
　　二、闲人与弈人 275
　　三、秦腔名角 276

第二节　文化人 279
　　一、关中士人 280
　　二、拾荒者 284
　　三、作家 285

第三节　外乡人 290
　　一、道北人 290
　　二、补衣妇与街头艺人 294

三、农民工 ………………………………… 295

第九章　城南郊区 ……………………………… 298

　第一节　古刹旧事 ………………………………… 299
　　　　一、净业寺 ………………………………… 299
　　　　二、香积寺 ………………………………… 302
　　　　三、华严寺 ………………………………… 303

　第二节　草木旧事 ………………………………… 304
　　　　一、长安国槐 ……………………………… 305
　　　　二、乡间百果 ……………………………… 308
　　　　三、寻常花草 ……………………………… 309

　第三节　峪口山水 ………………………………… 311
　　　　一、樊川胜景 ……………………………… 312
　　　　二、南山诸峪 ……………………………… 313
　　　　三、峪里人家 ……………………………… 315

结语　百年缀珠长安书 ………………………… 318

参考文献 ………………………………………… 321

后记 ……………………………………………… 326

序曲
一代帝都书卷中

哪一座城能够承载辉煌灿烂的中华文明？哪一座城可以化身中华民族的文化故乡？哪一座城堪称文学的都市？无疑，把万千宠爱集于一身的是长安。且不说它曾经做过十三朝古都，拥有1077年的建都历史，更不必说它丰富的历史文化古迹，仅它所处的地理环境就足以令人叹为观止。长安位于萧关、函谷关、武关、散关之内，周边有秦岭、汧（千）山、九嵕山、仲山、石门山、频山、尧山、梁山等诸山环绕，北有渭河、泾河，南有滈水、潏水，东有灞水、浐河，西有涝河、沣河，八水缠绕。优越的自然地理环境构成长安极强的军事防御功能，独特的山水格局赋予长安秀丽的自然风景。更重要的是，群山环绕中的秦川还拥有八百里广阔的平原，原隰相间，形成关中平原灌溉便利、农业发达的优点。故此，长安所在的关中不仅是中国农耕文明的重要发祥地，也是中国历史上周秦汉唐等几个重要王朝国都的所在地。周王朝在沣河两岸建造丰、镐两京；秦始皇将国都安置在距离今天西安不远的咸阳；刘邦则将国都东移了些位置，并为新国都命名为"长安"，寄予这座都城带给子孙长治久安的美好心愿；隋文帝又将都城向渭水南岸推移了些，新筑大兴城；随后，唐高祖便将这座城市的名字再改回长安。这样，历史上丰镐、咸阳、长安的地理位置虽然有些差异，但是基本连在一起，形成一个庞大的关中都市群，因此，我们可将它们认为是一座都城，统称之为长安。

山川形胜和良好的经济条件使长安成为首善之区，十三朝的悠久建都历史又赋予长安文化积淀深厚、历史文物遍布的优势。具体表现在：历代史书和方志记载，佛家梵音传诵，道家磬音渲染，唐诗汉赋吟咏，唐宋山水画描摹。这样，长安不仅是一个历史符号、文化象征，也是一个审美意象，继而上升为中华民族的精神家园，抑或是文化故乡。对于故乡，人们无不依恋，这是人类的一种共同情感。于是，在每一个中国人的心中，到长安来，就是来寻找中华民族最辉煌灿烂的历史，就是来寻找中华民族文化之根脉，就是来追溯中华民族那包揽宇宙、囊括四海的广阔心胸。还有一点必须注意，兴起于汉、兴盛于唐的丝绸之路，将长安与世界联系在一起。今天，当你来到开远门外，站在大型的丝绸群雕雕塑面前时，仍能想象出当年一队队驼队满载着大唐丝绸走向河西走廊，奔赴西域，越过帕米尔高原，走向地中海的情景。于是，在那一瞬间，你便理解长安在中国历史和文化上的地位和重要性。长安是中国的长安，文学的长安，艺术的长安，一个充满艺术气质，散发着开放、包容精神的中国历史文化名城。

今天，作为长安的后世——西安，同样焕发着勃勃的生机和活力。它是国家"一带一路"倡议的新起点，向西与甘肃、宁夏、青海、新疆四省区及中亚五国联系在一起，向东与海上丝绸之路有着千丝万缕的关联。自然，作为亚欧大陆桥的心脏，西安是中华民族复兴寄予的土地，大西安发展格局又赋予它前所未有的发展机遇。因此，无论是放置在历史背景，还是当代中国视野观照下，长安，抑或西安，都是一座不可忽视的城市，而我更愿意将它放置在文学背景之下去考量，因为文学中的长安，或西安，是历史与想象、文化与生活、认知与审美交织在一起的城市，是人类情感与精神活动的场域。它有温度、声息、气味，也有情感、思想；是古旧的，也是鲜活的；是民族的，也是世界的。那么，一代帝都就在文学书卷中翻卷开来……

一、唐诗中的都市景观与生活

唐代是中国历史上出类拔萃的文学朝代，以伟大的文人和卓越的诗文著称，正所谓"笔追清风洗俗耳，心夺造化回阳春"。诗人们以自己的诗作与自然争夺，从而把绚丽的阳春带到人世间。唐诗咏长安是唐人用文学形式对大唐这座国际大都市最富有才情的展示，大唐社会政治、文化、生活的方方面面几乎都可以在唐诗里找到踪影。诗到唐代成为科举取士的依据、教育的手段，全面的生活诗化时代至唐已达到顶点和最高峰。凡是能够用文字表达的地方，皆用诗来记叙。譬如，生活的记录——日记，用诗表达；生活的装潢——应酬、社交，以诗来处理；生活的消遣——游戏、联句、集句，甚至猜拳、行令，也要用诗来表示。唐诗成为继汉赋之后，展现长安都市文化和生活的艺术载体。这种文学视野中的长安再现，我们分为长安的人文地理、建筑景观、街衢名胜、名花美景几个部分来进行阐述。

（一）长安城的地理形势

长安自古帝王都。郑樵在《通志二十略·都邑略第一·都邑序》里讲："建邦设都，皆凭险阻。山川者，天之险阻也。城池者，人之险阻也。城池必依山，川以为固。"[①]关中"潏滈经其南，泾渭绕其后，灞浐界其左，沣涝合其右"[②]，这样的地势就是自古以来所称赞的八水绕长安。这八水对长安至少有三方面意义：一是农田灌溉，二是交通运输，三是军事防御。关中险要的地理形势和丰饶的水利资源造就长安作为京都的有利条件。《史记》里讲："夫左崤函，右陇蜀，沃野千里，南有巴蜀之饶，北有胡苑之利……河渭漕天下，西给京师；诸侯有变，顺流而下，足以委输。此所谓金城千里，天府之国也。"[③]这是从大的地理形势来讲长安建都的好处，而从长安城的微观地理角度来讲，关中地区也是非常适合做都城的。关中平原由北向南有三个地理单元：第一，从渭水到龙首原；第二，从龙首原到少陵原；第三，从少陵原到秦岭。第一和第三这两个地理单元都不适合建都，唯有第二地理单元适合建都，这里就是后来隋宇文恺修建大兴城（即后来的长安城）选址所在。宇文恺按照《周易》的六爻

---

① 〔宋〕郑樵：《通志二十略》，中华书局，1995，第561页。
② 〔清〕毕沅：《关中胜迹图志》，张沛校点，三秦出版社，2004，第72页。
③ 〔汉〕司马迁：《史记》，上海古籍出版社，1997，第1591页。

卦象修建大兴城，在九二处置宫城，九三之上置皇宫，立百司，九五之上置寺庙道观，依据关中山川地势和周易儒教礼仪建造长安城，形成规模宏大的帝都，在这一具有划时代意义的帝都上呈现出浓郁的儒家礼教文化思想。隋唐长安城的这些新格局、新气象在唐诗里都有体现。唐太宗曾写道："秦川雄帝宅，函谷壮皇居。绮殿千寻起，离宫百雉余。连薨遥接汉，飞观迥凌虚。云日隐层阙，风烟出绮疏。"[1]骆宾王也称："皇居帝里崤函谷，鹑野龙山侯甸服。五纬连影集星躔，八水分流横地轴。秦塞重关一百二，汉家离宫三十六。桂殿嵚岑对玉楼，椒房窈窕连金屋。"[2]这些诗以长安城地理环境以及建筑格局为间架结构，以长安城的宫廷为主要内容，表现出有别于传统都城题材的新的审美态度与理想，显现出凭借险峻山势修建的帝都所呈现的恢宏浩大的气势，表现出大唐雄视天下的气魄。

（二）长安城的建筑景观

与汉长安城相比，隋唐长安城是中国城市史上具有划时代意义的里程碑，有四大变化：一是坐北朝南，东西对称，南北向的中轴线布局。二是宫城、禁苑、皇城、外郭城四层格局形成。三是棋盘式的里坊制度。四是坊内寺观众多。《京城·再筑京兆城》载："诏宇文恺，则建大兴城，先修宫城，以安帝居，次筑子城，以安百官，置台、省、寺卫，不与民同居，又筑外郭京城一百一十坊两市，以处百姓。"[3]除禁苑，长安城按照宫城—皇城—外郭城顺序依次建造，宫城位于全城正北，皇城在宫城之南，外郭城则以皇城为中心向东、西、南三面展开。在唐诗中这种城市分层格局时时可见，袁朗在《和洗掾登城南坂望京邑》中写道：

二华连陌塞，九陇统金方。奥区称富贵，重险擅雄强……神皋多瑞迹，列代有兴王。我后膺灵命，爰求宅兹土……帝城何郁郁，佳气乃葱葱……复道东西合，交衢南北通。万国朝前殿，群公议宣

---

[1] 中华书局编辑部点校《全唐诗：增订本》卷一，中华书局，1999，第2页。
[2] 中华书局编辑部点校《全唐诗：增订本》卷七七，中华书局，1999，第833-834页。
[3] 〔元〕骆天骧：《类编长安志》，中华书局，1990，第40-44页。

室……鸣珮含早风，华蝉曜朝日……端拱肃岩廊，思贤听琴瑟。逶迤万雉列，隐轸千间布……处处歌钟鸣，喧阗车马度。日落长楸间，含情两相顾。①

从秦地山川之胜写到帝都巍峨，接着从万国朝拜、群臣议政的场景推移到市井街市上商品琳琅满目、歌舞升平。类似艺术结构与审美境界的诗还有不少，例如：李显的"四郊秦汉国，八水帝王都。阊阖雄里闬，城阙壮规模"②；沈佺期的"秦地平如掌，层城入云汉。楼阁九衢春，车马千门旦。绿槐开复合，红尘聚还散"③；等等。这些诗的共同特点在于，由宫城处于高峻的地势起笔，接着渲染皇居帝宅的壮美，再由皇城推及外郭城与郊野，由此形成一个开阔而整饬的审美空间——雄阔的地貌，错落的层城，尊贵的君臣，欢乐的百姓，从而表现出政治的和谐秩序、长安的和谐建筑、诗歌的和谐美感，其核心则在于一种新的社会秩序的形成与和谐。

（三）长安城的街衢景观

长安城宫城南面正中的门是承天门，从承天门到皇城南面正中的朱雀门之间，是一条南北端直的大街——承天门街，时人称天街、天门街或天衢。皇城里东西向的街道有五条，南北向的街道有七条。从朱雀门到明德门是一条南北大街，这是长安城的南北中轴线。整个长安城东西分呈三条主要东西向街道：由北向南分别是开远门到通化门、含光门到春明门、延平门到延兴门。外郭城共有东西向十四条大街、南北向十一条大街，这些大街笔直宽敞，彼此平行又相互交错，将外郭城划分为一百一十坊，这里主要是老百姓生活的地方。由于处在开阔舒缓的小平原，因而得以建成宽敞整齐对称的街衢里坊，展现出宽阔和谐的审美景观。又由于坡地起伏造成局部地理环境不和谐，需要修整改造部分洼地、高坡，使长安外郭城的整体布局趋于和谐完善。

长安街道端直整齐，外郭城内大街的两旁是排列整齐、大小相似的

---

① 中华书局编辑部点校《全唐诗：增订本》卷三十，中华书局，1999，第432页。
② 中华书局编辑部点校《全唐诗：增订本》卷二，中华书局，1999，第23页。
③ 中华书局编辑部点校《全唐诗：增订本》卷九五，中华书局，1999，第1016页。

坊，如同棋盘上的小方块，因此，白居易《登观音台望城》诗曰："百千家似围棋局，十二街如种菜畦。"①在长安的通衢大街，还有许多狭小巷曲，即是分布在坊内的狭小街道。巷曲有十处，各有命名的意义。宣平坊的柳巷因为多植柳树而得名，布政坊的鸣珂曲因为达官贵人骑马而过时玉珂鸣而得名，胜亚坊的薛曲因为薛绘兄弟子侄数十人同居一曲而得名。

长安的街道遍植柳树和槐树。韦庄诗云"六行槐柳鸟声高"，李涛有诗"秋槐满地花"，韩偓写道"争似槐花九衢里"。卢照邻写道："南陌北堂连北里，五剧三条控三市。弱柳青槐拂地垂，佳气红尘暗天起。"②骆宾王诗云："三条九陌丽城隈，万户千门平旦开。复道斜通鸂鹒观，交衢直指凤凰台。"③这些长安街道人称九衢和九陌，因为绚烂瑰丽，又称为紫陌和绮陌，或因为道路宽广被称之为广陌、广衢和通逵。

长安城纵横交错的街道中间，还夹杂着各样水渠，它们平添了街道的美丽景观。城中用水主要依靠终南山流下的交水、潏水和浐水，引水渠道分别是永安渠、清明渠和龙首渠。流水给长安城增添了风姿流韵，韩愈描写初春的流水时写道："墙下春渠入禁沟，渠冰初破满渠浮。凤池近日长先暖，流到池时更不流。"④吴融的《御沟十六韵》里写道："一水终南下，何来派作沟。穿城初北注，过苑却东流。去应涵凤沼，来必渗龙湫。激石珠争碎，萦堤练不收。照花长乐曙，泛叶建章秋。影炫金茎表，光摇绮陌头。"此诗描写了清渠一带波光粼粼、映照街衢的旖旎风光。

（四）长安名花胜景

长安二月多香尘，六街车马声辚辚。

家家楼上如花人，千枝万枝红艳新。

花间笑语自相问，何人占得长安春？

长安春色本无主，古来尽属红楼女。

---

① 中华书局编辑部点校《全唐诗：增订本》卷四四八，中华书局，1999，第5064页。

② 中华书局编辑部点校《全唐诗：增订本》卷七七，中华书局，1999，第833-834页。

③ 中华书局编辑部点校《全唐诗：增订本》卷四一，中华书局，1999，第522页。

④ 中华书局编辑部点校《全唐诗：增订本》卷三四四，中华书局，1999，第3871页。

如今无奈杏园人，骏马轻车拥将去。
——韦庄《长安春》①

韦庄写出长安早春的绚烂景象，大约立春后十五日长安城便进入雨水节气，这时帝都的春色微醺，东西两街一百一十坊笼罩在一片馥郁的花香之中，但见渭水晕染霞光，终南山色苍翠，和风吹拂柳枝，浐灞一色绿翠，大唐长安的九街十二衢都淹没在让人动容的嫩绿之中了。诗人杨巨源在《城东早春》中曾写道："若待上林花似锦，出门俱是看花人。"②王涯诗中有："曲江丝柳变烟条，寒骨冰随暖气消。才见春光生绮陌，已闻清乐动云韶。经过柳陌与桃蹊，寻逐风光着处迷。鸟度时时冲絮起，花繁滚滚压枝低。"③令狐楚亦有诗："一夜好风吹，新花一万枝。风前调玉管，花下簇金羁。"④"闾阖春风起，蓬莱雪已消。相将赠杨柳，争取最长条。"⑤诗人王建爱花成癖，在《人家看花》中写道："年少狂疏逐君马，去来憔悴到京华。恨无闲地栽仙药，长傍人家看好花。"⑥无疑，在诗人们的描写下，大唐长安是一座姹紫嫣红的花城。

都城内绝佳的赏春之处是曲江池和乐游原，赏花时节以上巳节、寒食节、清明节人居多。曲江池是长安城内一块低洼地，宇文恺"以其地在京城东南隅，地高不便，故阙此地，不为居人坊巷，而凿之为池，以厌胜之"⑦。这才使曲江变成长安一大名胜景观。这里约有长为十里的柳堤，白居易有诗："柳色看犹浅，泉声觉渐多。"杜甫诗："雀啄江头黄柳花。"⑧韦庄诗："犹残腊月酒，更值早梅春。几日东城陌，何时曲水

---

① 中华书局编辑部点校《全唐诗：增订本》卷七〇〇，中华书局，1999，第8129页。
② 中华书局编辑部点校《全唐诗：增订本》卷三三三，中华书局，1999，第3741页。
③ 中华书局编辑部点校《全唐诗：增订本》卷三四六，中华书局，1999，第3886页。
④ 中华书局编辑部点校《全唐诗：增订本》卷三三四，中华书局，1999，第3753页。
⑤ 中华书局编辑部点校《全唐诗：增订本》卷三三四，中华书局，1999，第3753页。
⑥ 中华书局编辑部点校《全唐诗：增订本》卷三〇一，中华书局，1999，第3427页。
⑦ 〔宋〕程大昌：载《唐曲江》，《雍录》卷六，中华书局，2002，第132页。
⑧ 中华书局编辑部点校《全唐诗：增订本》卷二二五，中华书局，1999，第2415页。

滨。"①卢纶:"红枝欲折紫枝殷,隔水连宫不用攀。会待长风吹落尽,始能开眼向青山。"②刘驾:"上巳曲江滨,喧于市朝路。相寻不见者,此地皆相遇。"③乐游原位于长安九五高坡之上,是长安城的制高点,唐初太平公主在此添造亭阁,营造园林。随后,这里便成为都城人游玩的好去处。杜甫《乐游原歌》云:"乐游古园翠森爽,烟绵碧草萋萋长。公子华筵势最高,秦川对酒平如掌。"④"公子华筵势最高",既写乐游原地势之高,也写这里是长安城中官宦贵族游筵之处,将乐游原的地理形势与人文景观结合起来。晚唐诗人李商隐亦有《乐游原》名篇:"向晚意不适,驱车登古原。夕阳无限好,只是近黄昏。"⑤诗人登高远望抒发自己内心的苦闷,古原已成为一个排遣愁绪的隐喻。

除在曲江池、乐游原观景之外,长安寺院广植花卉,因此也成为人们观景胜地。长安外郭城共有一百余坊,其中七十七坊设有寺观,占立坊数的约百分之六十之多,未设置寺观的里坊有三十二,寺观主要分布在外郭城的北面地区,即是居民集中、热闹繁华的地方。通化门和金光门间的宽广大街,是由长安通往中原和西域东西两方的大道的起点,长安城中的寺观较多集中在这里。唐昌观独占玉蕊,玉蕊花名噪一时,元(稹)白(居易)、刘梦得、张籍、王建与严复休等人均有唱和诗。在长安城诸花之中最繁盛、最有名的便是牡丹,当杏园春色近晚,曲江池畔归于闲寂,长安城中的文人墨客、百姓士女便开始赏牡丹了。

> 帝城春欲暮,喧喧车马度。
> 共道牡丹时,相随买花去。
> 贵贱无常价,酬直看花数:
> 灼灼百朵红,戋戋五束素。

---

① 中华书局编辑部点校《全唐诗:增订本》卷一八七,中华书局,1999,第1910页。
② 中华书局编辑部点校《全唐诗:增订本》卷二七九,中华书局,1999,第3172页。
③ 中华书局编辑部点校《全唐诗:增订本》卷五八五,中华书局,1999,第6831页。
④ 中华书局编辑部点校《全唐诗:增订本》卷二一六,中华书局,1999,第2261页。
⑤ 中华书局编辑部点校《全唐诗:增订本》卷五三九,中华书局,1999,第6198页。

上张幄幕庇，旁织笆篱护。

水洒复泥封，移来色如故。

家家习为俗，人人迷不悟。

有一田舍翁，偶来买花处。

低头独长叹，此叹无人喻：

一丛深色花，十户中人赋！

——白居易《秦中吟：买花》[1]

  白居易的牡丹诗写出长安车马喧嚣，观赏牡丹人声鼎沸的景象。刘禹锡的《赏牡丹》诗云："庭前芍药妖无格，池上芙蕖净少情。唯有牡丹真国色，花开时节动京城。"[2]更是写尽了牡丹的国色天香，名满京城。徐凝《寄白司马》诗云："三阡九陌花时节，万户千车看牡丹。"[3]王建《赏牡丹》评价道："此花名作别，开艳盖寝都。香遍苓菱死，红烧踯躅枯。软花笼细脉。妖色暖鲜肤。满蕊攒黄粉，含棱缕绛苏。好和熏御服，堪画入宫图。"[4]形容牡丹色能枯死踯躅（踯躅，即杜鹃花），香可熏死苓菱。"看花长到牡丹月，万事全忘自不知。"[5]"惆怅阶前红牡丹，晚来唯有两枝残。明朝风起应吹尽，夜惜衰红把火看。"[6]看牡丹看得不记事情，甚至黑夜举火观看，于花情之切、爱之深无以言表。而在长安城中观赏牡丹最好的去处大概是街东晋昌坊的慈恩寺和街西延康坊的西明寺。慈恩寺元果院和太真院都种有牡丹，元果院的牡丹花比别处早开半月，太真院的牡丹花则比别处晚开半月，人称异种，故争相观看。兴善寺素师院的牡丹花绝佳，传说元和末一枝"花合欢"曾轰动长安。

---

[1] 中华书局编辑部点校《全唐诗：增订本》卷四二五，中华书局，1999，第4688页。
[2] 中华书局编辑部点校《全唐诗：增订本》卷三六五，中华书局，1999，第4129页。
[3] 中华书局编辑部点校《全唐诗：增订本》卷四七四，中华书局，1999，第5411页。
[4] 中华书局编辑部点校《全唐诗：增订本》卷二九九，中华书局，1999，第3393页。
[5] 中华书局编辑部点校《全唐诗：增订本》卷八八六，中华书局，1999，第10087页。
[6] 中华书局编辑部点校《全唐诗：增订本》卷四三七，中华书局，1999，第4860页。

长安牡丹园牡丹（刘宁 摄）

毋庸置疑，唐代长安是皇帝和达官显宦居住的首都，是国家仪礼、官僚机构集中地，长安城也是集市贸易、百姓生活安居之处。隋唐长安城在设计之初，将宇宙之中的天文思想，王朝礼仪舞台上的礼制思想，《周礼》中所载的理想都市凡事，以及阴阳五行思想都囊括在内。如果站在京城东城墙的中门春明门处，能看到西北方三省六部屋瓦连绵的皇城，这里是大唐皇帝处理朝政、百官议政的地方。后来内宫城的东北方向，是唐玄宗新政时居住的兴庆宫，勤政殿和花萼相辉楼就在那里。西南方紧邻的是荐福寺中的小雁塔，往南眺望则是慈恩寺中的大雁塔。大唐长安的城市生活充满勃勃生机和活力，而由唐诗所勾画的长安景观来源于诗人对生活的不断发现，以及诗人的不断想象和创造。就以上所描述，我们可以看到，从山川形胜到城市格局，从街衢巷道到百姓生活、集市贸易、民众游乐、名胜景致，都在唐诗中呈现出来，并且经过唐诗吟咏，成为一个个经典的地域景观与审美意象，这些景观与审美意象塑造了长安城市形象，为后世文人的追忆留下了无尽的想象空间和依据。

二、宋诗词里的"废都"与幻象

不过,唐诗咏长安这种花团锦簇的繁华景象,到唐末就消失了。由于战乱破坏,昭宗东迁,昔日繁华锦绣的一代名都,呈现出一片"荆棘满城,狐兔纵横"的凄凉景象。长安城遭受战争破坏最严重的共有四次。第一次是黄巢农民军退出长安时之焚烧和官军入城的暴掠。第二次是公元885年12月,王重荣联结李克用讨田令孜,发动著名的沙苑之战,令孜大败,"乃焚坊市"。第三次是昭宗乾宁三年(896年),岐军李茂贞攻入长安,"宫室廛,鞠为灰烬"。第四次是朱全忠于904年强迫昭帝迁都洛阳,下令拆毁宫室和城内所有的建筑物,从此千载名都化为废墟。据《旧唐书·昭宗本纪》载:"遣牙将寇彦卿奉表请车驾迁都洛阳。全忠令长安居人按籍迁居,撤屋木,自渭浮河而下,连甍号苦,月余不息,秦人大骂于路曰:'国贼崔胤,召朱温倾覆社稷,俾我及此,天乎!天乎!'"①

西安兴庆宫(刘宁 摄)

---

① 〔后晋〕刘昫等:《旧唐书·昭宗本纪》卷二十上,中华书局,1975,第778页。

长安战乱残破、凋敝景象在唐末诗文中均得到反映。韦庄在《秦妇吟》里写道:"长安寂寂今何有,废市荒街麦苗秀。采樵斫尽杏园花,修寨诛残御沟柳。华轩绣毂皆销散,甲第朱门无一半。含元殿上狐兔行,花萼楼前荆棘满。昔时繁盛皆埋没,举目凄凉无故物。内库烧为锦绣灰,天街踏尽公卿骨。……明朝晓至三峰路,百万人家无一户。破落园田但有蒿,摧残竹树皆无主。"①后周谭用之《再游韦曲山寺》亦云:"鹊岩烟断玉巢欹,罨画春塘太白低。马踏翠开垂柳寺,人耕红破落花蹊。千年胜概咸原上,几代荒凉绣岭西。碧吐红芳旧行处,岂堪回首草萋萋。"②

这样的荒凉残破景象,在宋人诗文中亦时有所见。释惠崇《游长安》诗云:"人游曲江少,草入未央深。"③李复《玄都观》诗云:"龟刻露藓暗,石坛霜草黄。断瓦出耕土,犹有金碧光。甘泉分远脉,来自惠山长。桃花久不开,空余葵麦荒。"④苏舜钦《游南内九龙宫》诗云:"昔帝龙骧后,因池大此宫。萧笳叠终日,旌仗展无穷。绘塑神灵集,飞潜爪角雄。阴轩常隐雾,暗堵亦含风。巨盗来移国,天王遽避戎。苍黄狩巴蜀,倏忽陷河潼。阁殿回看远,尘氛久见蒙。归来故基在,不与四时同。叠瓦烟间碧,新葉露下红。波春荡初月,沙晚发悲鸿。世变今无复,人愁杳无终。树穿瑶瓦裂,碑碎玉楼空。九曲皆遗石,诸王只断蓬。兴亡何足问,一一夕阳中。"⑤方回《长安》诗云:"客从函谷过南州,略说长安旧日愁。仙隐有峰存紫阁,僧居无寺问红楼。兰亭古座藏狐貉,椒壁遗基牧马牛。万古不随人事改,独余清渭向东流。"⑥宋诗里的长安充满黍离

---

① 聂福安:《韦庄集笺注》,上海古籍出版社,2002,第317页。
② 北京大学古文献研究所:《全宋诗》卷三,北京大学出版社,1991,第43页。
③ 北京大学古文献研究所:《全宋诗》卷一二六,北京大学出版社,1991,第1473页。
④ 北京大学古文献研究所:《全宋诗》卷一〇九四,北京大学出版社,1991,第12411页。
⑤ 北京大学古文献研究所:《全宋诗》卷三一四,北京大学出版社,1991,第3934页。
⑥ 北京大学古文献研究所:《全宋诗》卷四〇五,北京大学出版社,1991,第41457页。

之感、历史兴衰的哀叹。

在宋词里长安的描写亦不在少数,内涵也不仅指旧日的隋唐故都,有以下几种情形:

第一种是真实地名唐朝故都,出现"长安道"及相关长安的诗歌意象。"长安道"是一种意象组合,与乐府旧题"长安道"虽然不同,却有部分相联。最早是乐府诗歌的题目,创自梁元帝,南朝有11首作品,多是咏题,实际是后人对汉代长安的遥想之词和历史印象,共有两类描写情形。一类是写道路上的各色人物,另一类是对路人行走和红尘的描绘。如"雕鞍承赭汗,槐路起红尘"(梁元帝《长安道》),"树阴连袖色,尘影杂衣风"(王褒《长安道》),"轰轰紫陌上,蔼蔼红尘飞"(江总《长安道》)。还有羁旅之愁,如柳永的《引驾行》:"红尘紫陌,斜阳暮草长安道,是离人、断魂处,迢迢匹马西征。"①贺铸的《宛溪柳》:"尘送行鞭袅袅,醉指长安道。波平天渺,兰舟欲上,回首离愁满芳草。"周邦彦的《西河》:"长安道潇洒西风时起。尘埃车马晚游行,霸陵烟水。乱鸦夕阳中,参差霜树相思。 到此际,愁如苇,冷落关河千里,追思唐汉昔繁华,断碑残记。未央宫阙已成灰,终南依旧浓翠。"②柳永的《少年游》:"长安古道马迟迟,高柳乱蝉嘶。夕阳鸟外,秋风原上,目断四天垂。"③

第二种是指代地理意义的长安,再延伸一些就是大宋失去的国土。柳永的《少年游》:"参差烟树灞陵桥,风物尽前朝。衰杨古柳,几经攀折,憔悴楚宫腰。"④柳永在这里以灞陵桥来指代长安,而到陆游的《秋波媚·七月十六日晚登高兴亭望长安南山》就有些差别了。"秋到边城角声哀,烽火照高台。悲歌击筑,凭高酹酒,此兴悠哉。 多情谁似南山月,特地暮云开。灞桥烟柳,曲江池馆,应待人来。"⑤这里的南山指的

---

① 贺新辉主编《宋词鉴赏辞典》,北京燕山出版社,1987,第77页。
② 孙虹校注,薛瑞生订补《清真集校注》,中华书局,2002,第291页。
③ 贺新辉主编《宋词鉴赏辞典》,北京燕山出版社,1987,第63页。
④ 贺新辉主编《宋词鉴赏辞典》,北京燕山出版社,1987,第64页。
⑤ 贺新辉主编《宋词鉴赏辞典》,北京燕山出版社,1987,第701页。

是终南山，也叫南山，以灞桥柳、曲江池馆来指代长安。陆游此时在南郑（今汉中）抗金前线，关中已经沦陷到金人手中。陆游眼中的灞桥柳与柳永的不同。在柳永时期，长安还在宋人手中，到陆游这里只能遥望长安。

第三种是表现黍离之悲，寄故国追忆。如康与之的《菩萨蛮令·长安怀古》："秦时宫殿咸阳里，千门万户连云起。复道亘西东，不禁三月风。　汉唐乘王气。万岁千秋计。毕竟是荒丘。荆榛满地愁。"辛弃疾的《菩萨蛮·书江西造口壁》："郁孤台下清江水，中间多少行人泪？西北望长安，可怜无数山！　青山遮不住，毕竟东流去！江晚正愁予，山深闻鹧鸪。"[1]这里"长安"指的都是故国家园。

第四种是隐喻一种政治文化。如苏轼的《沁园春·孤馆灯青》："当时共客长安，似二陆初来俱少年。有笔头千字，胸中万卷；致君尧舜，此事何难。"[2]又如苏轼的《千秋岁》，表达的是一种仕途理想："岛边天外，未老身先退。珠泪溅，丹衷碎。声摇苍玉佩，色重黄金带。一万里，斜阳正与长安对。　道远谁云会，罪大天能盖。君命重，臣节在。新恩犹可觊，旧学终难改。吾已矣，乘桴且恁浮於海。"辛弃疾的《水调歌头》："落日古城角，把酒劝君留。长安路远，何事风雪敝貂裘。散尽黄金身世，不管秦楼人怨，归计狎沙鸥。明夜扁舟去，和月载离愁。　功名事，身未老，几时休。诗书万卷，致身须到古伊周。莫学班超投笔，纵得封侯万里，憔悴老边州。何处依刘客，寂寞赋登楼。"又一首《鹧鸪天》："不向长安路上行，却教山寺厌逢迎。味无味处求吾乐，材不材间过此生。　宁作我，岂其卿，人间走遍却归耕。一松一竹真朋友，山鸟山花好弟兄。"《点绛唇》也是这样一首词："身后功名，古来不换生前醉。青鞋自喜，不踏长安市。　竹外僧归，路指霜钟寺。孤鸿起，丹青手里，剪破松江水。"

第五种是宋人以长安比作汴京，或者临安（杭州）。毛滂的《临江

---

[1] 贺新辉主编《宋词鉴赏辞典》，北京燕山出版社，1987，第768页。
[2] 贺新辉主编《宋词鉴赏辞典》，北京燕山出版社，1987，第233页。

仙》中有"闻道长安灯夜好，雕轮宝马如云。蓬莱清浅对觚棱"①，从背景和题目可知作者此时正流落汴京。李清照的《蝶恋花》"永夜恹恹欢意少，空梦长安，认取长安道。为报今年春色好，花光月影宜相照"②中"长安"指的是汴京。赵企的《感皇恩》"骑马踏红尘，长安重到，人面依然似花好"③，这里的"长安"指的是汴京。吴文英的《三姝媚》"湖山经醉惯，渍春衫，啼痕酒痕无限。又客长安，叹断襟零袂，浣尘谁浣"④，这里的"长安"指的是临安（杭州）。

宋之前，长安被山带河，据关中要地，帝都气象与"体国经野，义尚光大"的汉赋相应，唐时的唐诗咏长安成为展现都城的最壮丽的诗篇，而至宋代这种盛世气象消亡殆尽，长安逐渐成为一个象征性意象，甚或已经转化为汴京的代称。等到明清人作品里，长安就变成一种影像。明永乐年间，李祯效仿瞿佑的《剪灯新话》作《剪灯夜话》，共收入文言小说二十二篇，第一篇是《长安夜行记》。这是一篇融合了明初政治与唐代历史的鬼怪小说。明清时期的小说描写长安的有两类：一类是历史演义类，如《隋唐演义》《薛仁贵征西》等，小说讲的是设定在隋唐时期的开国与征战故事，自然与国都长安有关，不过这些作品中的长安城只是空洞的名号，不像唐诗与唐传奇里的长安有实际指涉，更不能塑造城市的性格。另一类是神话故事类，如《西游记》《镜花缘》等，此类作品则使长安在象征层次上产生意义。这些小说中虽然对长安既无实体表现，也无生活细节展示，但长安借助其国都的身份，而成为中心的象征。

三、近现代作家笔下的西安

1900—1949年，西安偏安一隅，却是这座千年古都由传统都市向现代城市转型的重要历史时期。从庚子国变两宫驻跸西安，到1911年西安响

---

① 贺新辉主编《宋词鉴赏辞典》，北京燕山出版社，1987，第768页。
② 贺新辉主编《宋词鉴赏辞典》，北京燕山出版社，1987，第602页。
③ 贺新辉主编《宋词鉴赏辞典》，北京燕山出版社，1987，第620页。
④ 贺新辉主编《宋词鉴赏辞典》，北京燕山出版社，1987，第1031页。

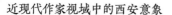

应武昌起义而发动反清武装起义,再到九一八事变后,西安成为西北开发的门户,其重要性不断凸显出来。1923年,康有为来到西安,到处题词留诗,游卧龙寺时,发现宋版《碛砂藏经》,闹起了一场"康圣人盗经"的风波。1924年鲁迅来到西安,回京之后写下杂文《说胡须》和《观镜有感》;与他随行的语丝社成员孙伏园写下了《长安道上》记游文章;随行的清华大学讲师王桐龄写下《陕西旅行记》;还有后来在中国近代外交上留名的蒋廷黼,在《蒋廷黼回忆录》里记叙了自己20世纪20年代同鲁迅等游西安的往事。郭步陶则在西安发生灾荒后,来西安考察赈灾情况,留下《西北旅行日记》,记叙民国十八年(1929年)陕西的灾荒状况。1933年陕西本土作家王独清出版了《长安城中的少年》,记叙自己从青少年时期到旅法前夕,在长安所经历的清末民初风云变幻。1933年,作家张恨水到西北考察民情,来到西安,他亲眼看到西安城内饿殍陈尸街头的情景,作家览灞桥,听秦腔,品尝水盆大肉,写下了旅行手册《西游小记》、小说《小西天》和《燕归来》。1938年作家碧野从洛阳流亡到西安,写下《两都记事》。20世纪30年代,大公报记者范长江写下《中国的西北角》,描述西安这座古城。抗战期间,老舍写下《西安:剑北篇之八》。多年后,台湾作家王鼎钧在他的《回忆录四部曲》里描述自己在抗战期间从山东到陕南,再到西安的遭遇。台湾作家尹雪曼也曾在《战争与春天》里描述自己在西北大学读书时西安古城的战时情景,以及后来翻越秦岭的过程。1935年中共中央到达陕北,此后许多作家、文人、青年学生通过西安到达延安,这时的西安显然成为一个红色革命中转站。社会时局的变幻将许多作家带到西安,他们在旅陕期间留下大量文学作品。20世纪40年代初,左翼作家茅盾到延安途径西安,目睹西安被轰炸的惨败景象,写下《市场》《延安行》两篇文章。同期诗人牛汉到达西安,随西北大学转移到陕南城固,后来在其回忆录《我仍在苦苦跋涉:牛汉回忆录》中记叙了这段史实。1943年,林语堂曾经在西部有短暂的旅行,后来他在20世纪50年代初写下《朱门》这部长篇小说,描写以西安为中心的西部爱情传奇故事。上述作家主要从三方面描述西安城市:第一,展现西安城市的现代性,表现

印刷文化、新学堂、新型知识分子的诞生。第二，通过览胜景古迹，表述作家的文化追寻、文化反思，以及文化重建的设想。第三，记录时代风云与展现西北社会生活。正是由于这些作家的描述，我们了解了近现代，尤其是从晚清末年到1949年中华人民共和国成立前夕，西安这座城市鲜为人知的故事。

同时，近代以来，又有诸多出于不同目的的外国记者、学人、考古学家以及探险家，他们穿越陕甘，或者横渡黄河，翻越秦岭，来到西安这座中国历史上最伟大的都城，从另一个视角记载下这百余年来西安城市发生的种种故事、历史变迁。其中有美国记者尼克尔斯写下的《穿越神秘的陕西》，讲述自己在陕西赈灾的经历。丹麦探险家、学者、作家何乐模所著的《我为景教碑在中国的历险》，讲述自己1907年到1908年期间在中国寻找大秦景教流行中国碑，以及如何做了仿刻碑，并将其运送到西方国家的过程。克拉克则写下《穿越陕甘：1908—1909年克拉克考察中国华北行记》。20世纪30年代捷克斯洛伐克的学者普实克来到西安，他在《中国　我的姐妹》一书中描绘了这座中国历史上的著名都市西安。对外国人来说，西安是什么？是神秘之地。这些西方人的作品从外来视角将西安的城市面貌以及都市人生活的样态表现出来。因此，通过中西方作家的共同努力，我们逐渐复原了20世纪上半叶这段鲜为人知的西安城市史。

中华人民共和国成立之后，作家对西安的描写逐渐摆脱了民国时期那种支离破碎、凌乱的状态。更重要的是，大量本土作家的崛起为西安这座城留下了丰富的资料（许多可视为史料），为我们构建西安城市提供了依据。十七年期间，尽管像叶圣陶、郑振铎、郭沫若等都写过有关西安的小篇章，而对西安及其近郊深入描写的是本土作家柳青、王汶石等，尤以柳青成就最高。不过这时对西安的文学书写仍然停留在表层状写上，深刻揭示这座城市面貌以及精神的作品则出现在20世纪70年代后期及以后。在陕西涌现出了贾平凹、陈忠实、和谷、陈长吟、朱鸿等一大批优秀作家。他们生活、生长在西安，了解自己脚下的这片土地，以及这片土地上生活的人们，知道他们的欢喜和悲伤。因此，关于西安的本土写作才进入到繁荣时期。在这些作家中以贾平凹和陈忠实成就最大。贾平凹前期描写西安的作品以散文《五味巷》《闲人》《西安这座城》等作品为代表，90年代以后，以《废都》《土门》《白夜》《高兴》等反映西安都市生活的长篇小说为代表。而陈忠实以西安东郊一个名叫白鹿原的地方为题创作的长篇小说《白鹿原》，是又一部关于西安的文学力作。事实上，这部作品已突破地域性作品所限，对民族文化的思考，对农耕文明以及中国革命的反思，都使这部作品在中国当代文学史上占据显赫的地位。同期，和谷、朱鸿、陈长吟也以西安为题材，写下了大量作品，其中以朱鸿的《关中踏梦》《夹缝中的历史》《长安是中国的心》等为代表。20世纪90年代高亚平开始专写西安，其《长安物语》里对西安这座城市的文化空间、人们的日常生活、饮食趣味都进行了详细的描述。感谢作家祝勇在2005年来到西安，为西安即将拆迁的柏树林、钟鼓楼、北院门等地留下了宝贵的回忆性文字。不言而喻，20世纪后期以来，西安开始被本土作家倾情书写，文学中的西安终于在这些作家的笔下重构起来。

一百年，对于西安这样一座城来讲并不算长，但是这百余年却是西安这座都市发生巨变的重大时期。1900年到1949年这一段时间由于资料的稀缺，笔者几乎不知道从哪里寻找历史遗存，而近年来大量的西安本土作家书写自己脚下的这片土地，内容繁复，又未来得及整理、研究。因此，将这百年西安城市史以文学的形式展示给读者，显得有几分难度，又有几分想探寻历史迷踪的激动。毕竟这座在中国历史上曾是世界中心的都市，曾影响中国历史和文明进程的城市，它理应得到后代人的珍视。而笔者所做的是一次长时间的集腋成裘的工作，在这座城市叫作长安的时候，留下许多著名的文学作品，而作为西安，很多资料是非常难搜寻的，笔者几乎是一点一滴地在做这个工作，深切感觉是在进行历史遗存的寻觅工作了。

四、历史记忆、个人经验与心灵想象

无疑，文学视域中的西安，是对百余年近现代西安城市史的一次重新建构。这些作品大多是当时作家直接体验、事后追忆的产物，作家是当时城市面貌和生活的见证者,通过文字复原那些已经逝去的城市建筑、城市布局,描写基于城市这一载体而曾经生活的人、他们的生活,以及他们在城市创造的文化。从这个角度讲,作家承担着历史学家的工作,他们的文本保留了西安城市的历史记忆。然而,作家对城市的复原与建构毕竟与历史学家有所不同,文学表述在保留现实主义如实书写的特征之外,更多地强调想象性,即虚构性。故此,本书在写作时使用"意象"这一关键词。《周易·系辞下》曾言:"古者疱牺氏之王天下也,仰则观象于天,俯则观法于地,观鸟兽之文与地之宜,近取诸身,远取诸物,于是始作八卦,以通神明之德,以类万物之情。"古代先贤在观物之中取象,构建人类文明,作家在城市也观物取象,创建自己心中的城市之形象,客观之象也就转变为心中臆想之象。如刘勰云:"夫神思方运万途竞萌,规矩虚位,刻镂无形。"①想象所达到的境界能够使不同空间之事、之物在同一时间内存在于人的意念之中,因此,意象是主观情意与客观物象的有机统一,是具有审美意义的形象。作者为自己的心灵创造的一种精神幻象,抑或说是一种精神图景,渗透着情感。这样作家重建的近现代城市就比现实的城市原貌更加丰富多彩,甚至作家还可以创造出一种新意象,成为后来人以此来创建城市的依据。这里讲的作家笔下的西安,一方面,会比现实西安内容更多姿多彩;另一方面,人有记忆就会有遗忘,回忆是残缺不全的,有因为时间侵蚀而断裂,也有因为记忆损坏而消耗,并且作家在回忆之际,往往忆及的是自己印象最深刻的记忆。重要的是,面对往日必须要有无比的深情和足够的想象力,方可将远去的历史场景复原,并对其做出准确的判断。丰富性与残缺性构成文学视域中近现代作家西安意象的鲜明,并具有矛盾性的特征,而其他历史文献与资料可弥补作家对于史料掌握的片面性、表层性。在笔者看来,"一个城市不会仅仅因为它已经在同一个地方屹立了很长时间就成为历史名城。如果在历史书中、纪念物上、戏剧作品中,被认可为传统的组成部分的庄严欢快的节日里没有对于过去所发生事件的记忆,那么这些事件就不会对现实产生影响。一座古老的城市储备了

---

① 〔南朝梁〕刘勰:《文心雕龙》,上海古籍出版社,2008,第53页。

丰富的事实资料,世世代代的市民可以利用这些资料维持和重建他们的地方形象。"①作家在他们的文本中会提供对这座城市的人类经验的复杂内容。

文学的作用是将作家亲眼所见的事物、人与自己亲切的感受和经验表现出来。一般而言,对于西安这座城市,作家过客式地来了一次,看了一看,这种感受大多是不深刻也不全面的。因此,1900到1949年之间的作家笔下的西安意象,我们只有依据大量的作家表述去连缀那些残缺不全,如同遗存散落在土壤中的历史碎片,方可连缀成这刚刚处于新旧交替的西安城市面貌。而对中华人民共和国成立后的西安城市进行书写的,绝大多数为本土作家,因此,西安城市的文学叙事也就更具体、更深化些。作家对于城市的经验在不断加强,不断深化,因为他们有责任将自己的经验和体验表现出来。另外,文学视域还有一个作用是,能够引起人们关注到以往没有注意到的人文关怀领域。

仍需要说明的是,这座曾经被称作长安的历史文化名城,笔者在写作时选取的是近现代这一时间段,即从1900年至今百余年历史。相比较而言,这段历史有些复杂。西安作为中国历史上的国都,史念海先生在《中国古都和文化》一著中对西安建都的时长限定为1077年,而如果算上建城史,西安历史也有3000年了。作为周秦汉唐国都的长安,有关它的研究汗牛充栋、成果丰硕。而自宋之后,至1949年中华人民共和国成立前,西安到底是什么样貌、姿态?人们所知甚少,尤其是20世纪西潮东卷,这座3000年的城市不论是曾经做过国都,还是被称之为西部重镇,人们对它已经没有浓厚的兴趣了,或者说它淡出了人们的视野,但是这段历史毕竟是西安城市史上极其重要的阶段。毕竟任何一座现今存在的古老城市都面临着现代化问题,西安是怎样走上现代化的,很多人知道甚少。我们对于它的前生了如指掌,因为有丰厚的历史文献和古迹文物放在那里。而现如今当我们强调西安作为国家中心城市发展时,更多强调它的现代性,我们又该怎样去面对西安城丰赡的历史文化古迹?也许我们的作家没有做出回答,也许已经做出了回答。

---

① 〔美〕段义孚:《空间与地方:经验的视角》,中国人民大学出版社,2017,第144页。

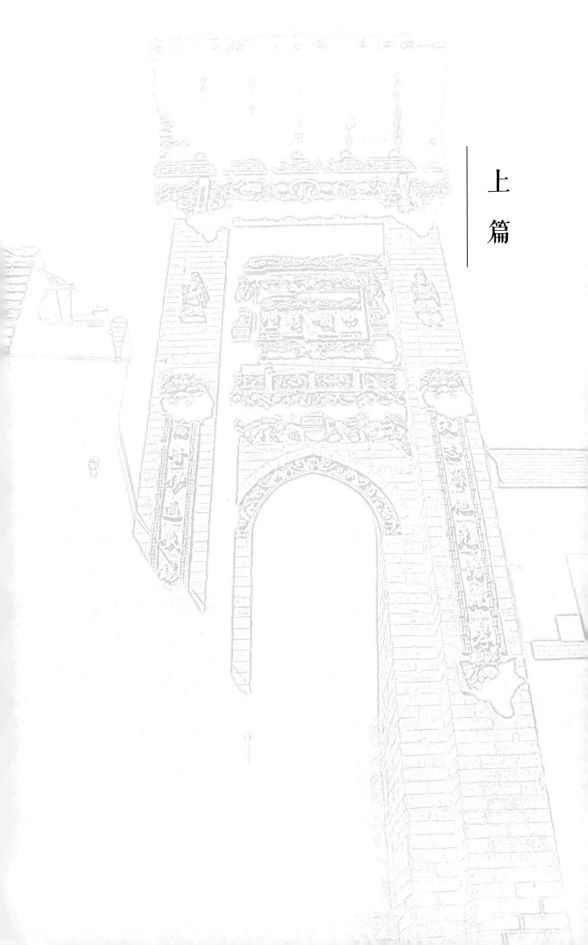

上篇

第一章
从传统到现代

一座拥有千年古都史的城市,无疑在1900年迎来它最大的历史转型,首先而来的是政治风云斗转星移,接踵而来的是在政治因素影响下,一系列的古都现代化转化,包括在古都旧址上建设新城市,城市新空间和文化结构的催生与发展。这便预示着20世纪的西安是一个与以往任何时期都不同的崭新城市,预示着一座古老的都城要走向一域从未体验和尝试过的新世界。

第一节 风云变幻的历史舞台

1900年,慈禧太后携同光绪皇帝来到西安这座历史沧桑的废都,短暂的两年时间,赋予这座都城临时国都的地位。八国联军攻陷北京,两宫仓促之间逃至关中,这便是历史上著名的"庚子国变",在此期间,两宫驻跸西安。1911年,西安发生了支持武昌起义的武装起义,统治陕西260余年的清朝政权被推翻了,这一事件标志着西安城市由传统向现代转型。西安起义之后张凤翙建立秦陇复汉军和新政权,但是1914年就被袁世凯派来的陆建章取代。继陆建章督陕不久,1916年到1921年,陈树藩成为陕西新的主政者。1921年阎相文取代陈树藩出任陕西督军,不久亡故。1922年刘镇华任陕西督军,1925年被驱逐出陕西。从1918年刘镇华入陕到1925年离去,刘镇华督陕8年。1926年刘镇华率镇嵩军围攻西安,杨虎城与李虎臣死守长安,这就是历史上著名的"二虎守长安"。围城之役城内军民死伤惨重。1932年杨虎城任西安绥靖公署主任,西安进入了较好的发展阶段。紧接着,1937年七七卢沟桥事变爆发,抗战浪潮风起云涌,西安成为大后方。而自从1935年中共中央进驻陕北,西安就成为广大青年学生和爱国志士到达延安的中转站,直至1949年西安城解放。近代陕西时局动荡,半个世纪的历史沧桑中,这座城市先后经历了临时国都、战时陪都、延安红色革命中转站三个阶段。毋庸置疑,西安是多变、多事之都,而在急剧的变化中这座城市逐渐走向现代之路。

一、庚子国变与临时国都

20世纪的西安是在庚子国变中开始的,清政府被八国联军撵出北京城,仓皇避难至西北,这为西安作为临时驻跸之地创造了条件。关于庚子国变,清人李伯元留下一部弹词小说《庚子国变弹词》。

弹词是明清时期南方地区流行的一种说唱艺术,唱词主要以七字成句,以三弦与琵琶伴奏。弹词小说是利用弹词这种艺术形式写成的韵文小说。在《庚子国变弹词》中涉及陕西的章节有第二十五回"过华山圣母拈香,过潼关尚书看地",第二十六回"西狩君臣劳心宵旰",第三十一回"赵司寇死谢洋人"。20世纪初叶,直接发生在西安城内的故事就是赵司寇之死,赵司寇是庚子国难之中的赵舒翘,西安市马王镇大原村赵家堡人。1899年,他以总理各国通商事务大臣兼刑部尚书的身份,晋升为军机大臣,同时兼任顺天府议事大臣,即担任了副首相兼司法大臣,又兼北京地区最高行政长官,成为当时中国权力显赫的人物之一。赵舒翘进入军机处之际,中国正处于一个政局大变动时期。1900年爆发了义和团运动,赵舒翘被派往涿州宣布朝廷旨意,察看义和团一事,以便制定对策。《庚子西狩丛谈》里记载:"谓当拳匪在涿州时,太后命刚、赵往涿州,刚实未往,独赵挈何君乃瀛同行……二人回京后,力言拳民之不足恃。何因为赵拟就一折,言之颇甚剀切,赵审阅再三,似碍于端、刚,踌躇不敢上;未谓上折太着痕迹,不如面陈为妥。乃先赴荣相处,详悉报告;再见太后复命，亦经一一据实奏陈，而彼时太后已受魔热，脸色颇不怿。"①就此来看，赵舒翘对待义和团之事比较慎重。然而，北京陷落后，慈禧在列强的强大压力下，不得不下令处死赵舒翘。

据《清史稿》记载："联军索办罪魁，（赵舒翘）乃褫职留任，寻改监斩候。次年，各国所益亟。西安士民数百人为舒翘请命。上闻，赐自尽，命岑春炫监视。舒翘故不袒匪（义和团），又痛老母九十余见此惨祸，颇自悔恨，初饮金，更饮以鸩，久之乃绝。其妻仰药以殉。（《清史稿·赵舒翘传》）"②在处死赵舒翘这件事情上，西安士民反应强烈，曾发生数百人为赵舒翘请命的事件。

《西巡大事本末记》卷二《罪魁奉旨赐死记》记载："廿九日，外面纷传西人要定赵舒翘斩决之罪，于是西安府城内绅民咸为不服，联合三百余人，在军机处呈禀，愿以全城之人保其免死。军机处不敢呈递，刑部尚书薛允升本赵之母舅，谓人曰：'赵某如斩决，安有天理！'至初二日，风信愈紧，军机处自早晨六点钟入见太后，至十一点始出，犹不能定赵之罪。而鼓楼地方，业已聚集人山人海。有声言欲劫法场者；有声言如杀大臣，我们即请太后回京城去；又有看热闹者。军机处见人情汹汹如此，入奏太后，不如赐令自尽。至初三日，而赐令自尽之上谕下矣。"《西巡大事本末记》是专门记载庚子之变的史料集，光绪辛丑（1901年）上海书局石印本。

在《庚子国变弹词》第三十回同样写赵舒翘被赐死一节："（白）先是年内二十九日，外面纷传洋人要定赵大人斩决之罪，于是西安府内绅民好生不服，联合三百多人，在军机处递禀，愿以全城保其免死。军机处不敢呈递，刑部大堂薛允升，本是赵之母舅，对人说道：'赵某如斩决，安有天理！'到了新年初二日，风声愈紧，军机处从早晨六点钟进内，至十一点钟出来，犹不能定他的罪名。但是鼓楼地方，业已聚集人山人海，

---

① 吴永口述，刘治襄笔记，李益波整理《庚子西狩丛谈》，中华书局，2009，第49页。
② 西安市政协文史资料委员会编《西安记忆》，陕西人民教育出版社，2010，第10页。

有说要劫法场的,有说如杀赵某,我们就请老佛爷回京的,还有来看热闹的。军机处见人势汹汹,方又入奏,不如叫他自尽。朝廷准奏。"上述《西巡大事本末记》与《庚子国变弹词》记载的内容非常接近,都表达了在庚子事件中,赵舒翘似乎站在一个中立的立场上。他既不同意对义和团以武力镇压,也不相信凭借义和团的力量就能赶走帝国主义,却在政治斗争中成为牺牲品。

《西巡回銮始末》里也详细地记载了赵舒翘被赐死的过程:"前尚书赵舒翘之赐令自尽也,先是上年十二月二十五日上谕,本欲定为斩监候罪名,已由臬司看管,家属均往臬署待候。先一日太后谓军机曰:'其实赵舒翘并未附和拳匪,但不应以拳民"不要紧"三字复我。'赵闻,私幸老太后可以贷其一死。廿九日,外面纷传西人要定赵舒翘斩决之罪,于是西安府城内绅民咸为不服,联合三百余人,在军机处呈禀,愿以全城之人保其免死。军机处不敢呈递。刑部尚书薛允升,本赵之母舅,谓人曰:'赵某如斩决,安有天理!'至初二日,风信愈紧,军机处自早晨六点钟入见太后,至十一点始出,犹不能定赵之罪。而鼓楼地方,业已聚集人山人海,有声言欲劫法场者,有声言:'如杀大臣,我们即请太后回京城去!'又有看热闹者。军机处见人情汹汹如此,入奏太后不如赐令自尽。至初三日,而赐令自尽之上谕下矣。"①

清人所留下的《西巡回銮始末》《庚子西狩丛谈》《西巡大事记》这些关于庚子国变的记叙对西安直接描写较少,因此要了解这段两宫驻跸西安以及西安城市面貌,还需要通过西方人的描述来复现当年的情景。

1902年,美国记者尼克尔斯在他的《穿越神秘的陕西》一著中这样看待西安与庚子国变的关系。"西安作为陕西省会,在慈禧太后和光绪皇帝被迫流亡期间,被选为避难之地,因为在这里,不会有外国人看见或者亵渎天颜。以往几乎没有白人涉足过神秘的陕西。即使在中国人自身看来,

---

① 〔清〕佚名:《西巡回銮始末》,载《中国野史集成》编委会、四川大学图书馆编《中国野史集成》,巴蜀书社,1993,第36-37页。

第一章 从传统到现代

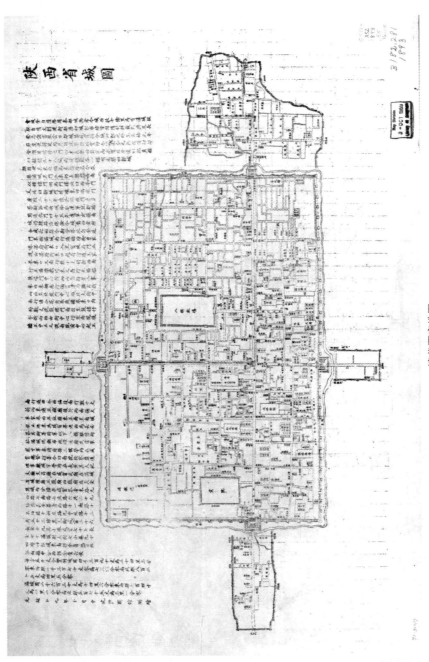

清代西安地图

这里也是恪守传统的保守之地。"①尼克尔斯这个美国人因了解当时陕西发生的灾情而到陕,他在临潼洗过温泉澡之后,奔西安而来。在西边的地平线上,看到一列低矮的屏障,就是西安城墙,在他的眼中没有料想到西安城会这般壮丽宏伟。"与西安城墙的宏阔高大和极佳状况相比,北京的城墙衰败落伍,无足挂齿。西安城墙约15英里长,在明洪武皇帝统治时期的1368年拓建,形成今天所见的形态。城墙各处高度均不低于30英尺,靠近城门之处从地面到城墙顶部高达70英尺。城墙上的敌楼结构庞大,每一座都有四五层高,开设六七十个窗户,射手可以从中向来自平原地带攻击力引向城墙,就如同芝加哥人可能会问到的那样。"②由于尼克尔斯是在两宫回銮后三周抵达西安城的,他所看到的西安清廷留下的遗迹不少。在他看来,慈禧是和武则天一样坐上龙位的女性,在八国联军入侵北京时,选择西安作为帝国的都城,并将两宫流亡称之为对国土的巡视。

尼克尔斯写道:"在西安城内北部的一处园林里,矗立着一座长而低平的砖瓦建筑。它非常古老,在几百年间都是西北诸省总督的官衙。"③有意思的是,皇帝住过的行宫本来是拒绝外国人参观的,但是把守行宫的年轻官员为尼克尔斯弹奏了一曲古筝之后,便视后者为知音,于是亲自带领尼克尔斯参观行宫。清廷的行宫在北院门。"行宫的主要殿宇均漆以朱红色,屋顶覆盖着褐色琉璃瓦。与大多数中国上流阶层的府邸相似,行宫没有门廊或走廊,进门后直接就进入了朝堂。屋内天花板很高,以明黄色纸裱糊。地上铺着红布缝制而成的地毯。与门相对,靠着后墙的是一张柚木方椅。椅背及其两侧雕刻十分精美,其上悬挂着深红色遮篷。……行宫左侧厢房用于召见文武百官。这间屋子长而窄,主要陈设是一张铺有黄色丝垫的竹制长椅。慈禧太后和光绪皇帝每日在此召见群臣。官员觐见时,

---

① 〔美〕弗朗西斯·尼克尔斯:《穿越神秘的陕西》,史红帅译,三秦出版社,2009,第1页。
② 〔美〕弗朗西斯·尼克尔斯:《穿越神秘的陕西》,史红帅译,三秦出版社,2009,第63页。
③ 〔美〕弗朗西斯·尼克尔斯:《穿越神秘的陕西》,史红帅译,三秦出版社,2009,第82页。

无一例外地首先向慈禧太后叩头。她也总是坐在左侧的椅子上,在一些檀木椅凳之外,两件从北京带来的法国钟表从来就没有准时过,但在皇帝眼里,这一缺点并没有减损其价值。他对那钟表喜爱有加,当大臣们向其继母禀奏的时候,他就常常凝视着钟表。"行宫后部是慈禧太后和光绪皇帝的居所,建筑大同小异。这里两侧也是规模很大的厢房,慈禧太后的寝宫位于居中入口的左侧。在将总督衙门改建为行宫的最初方案里,右侧厢房的一套寝宫是留给慈禧太后的,但是她抵达之后,得知了这一安排,当即勃然大怒,声称要砍了修建行宫的所有设计者及工匠的脑袋。她在按照自己的意愿选择寝宫之后才渐消怒气。这次她选择了本来留给光绪皇帝的、代表尊崇的左侧厢房。跟以前一样,光绪皇帝屈从了,懦弱地住进了右侧厢房。"①

　　1907年,丹麦人何乐模为了《大秦景教流行中国碑》来到西安,在西安看到:"地板上铺着一张厚厚的中式地毯,中央的客厅里有不少盖着皇家专用的黄色和鲜红色丝绸盖布、软垫的椅子。大镜子和廉价的外国钟表似乎成了陈设的主要特征。我们在墙上看到了几幅画在白色丝绸上的作品,其中几件是由魄力过人的皇太后本人完成的。……我们进入卧室,发现了一张木雕床榻,并没有什么特别雅致之处,一块红色锦缎覆盖在上面。在床边的一张桌子上,摆放着一个很大的、美丽的陶釉花瓶,旁边有两只钟表。卧室的后面是一间空空如也的狭小卫生间。另外还有几间屋子,装饰的风格与主起居室大体相似。所有这些拼凑起了一位流亡女皇'舒适'的生活环境。皇帝的住所在另一处房子中,与小花园正对着。他的寝宫甚至连一张合适的床都没有。皇帝陛下睡的可怜的床铺,一半看着像一张炕,一半看着像一张短的中式靠榻。"②

　　两位外国人描述的清廷在西安行宫的生活,让我们了解了20世纪前期这个风雨飘摇的朝廷在西北临时国都的境遇。尼克尔斯的独到之处在于讲

---

① 〔美〕弗朗西斯·尼克尔斯:《穿越神秘的陕西》,史红帅译,三秦出版社,2009,第85页。
② 〔丹〕何乐模:《我为景教碑在中国的历险》,史红帅译,上海科学技术文献出版社,2011,第65页。

述了清廷当时发布的邸报。"在我们那里，人们普遍相信中国没有报纸，只是开埠口出版一些报刊，但它们对西方出版物的模仿还很稚嫩。数百年来，每天都会有一份或多份'邸报'从帝国都城发出。这些邸报与欧洲或者美国所称的公告迥然不同。除了包括传达给官员们的一般命令外，邸报记录了官府所有官员的行为。它解释每一道命令的缘由，评论每一个案例。汇集邸报就能很好地了解中国发生的事件，它是报纸非常合适的替代品。……"①

尼克尔斯不仅描述了20世纪初叶的西安城市面貌、交通道路、民众生活，还揭示了陕西人的个性。这些对我们了解那时中国处于战乱年代的国人有很大的帮助，毕竟同时期，国人关于这方面的描写太少了。"当我第一次穿越这片灰色大地，接触到这个古老民族之际，我怀有外国人持有的所有偏见。这些似乎只是亘古不变的老生常谈，但在我与他们朝夕相处时，他们却开始激发了我的兴趣。我发现，他们的行多于言，从不自吹自擂；他们热爱自己的学问；在国家被隔绝孤立的事实面前，他们的傲慢也得到了理性的调和；他们努力去做自己认为正确的事情；他们不是贪得无厌的人，并且由于自始至终孝敬父母，因而在这世界上生存得比任何其他民族都要长久。我开始敬重他们的代代相沿，钦佩他们对于父母、祖先和历史的热爱。"②

两宫驻跸西安仅两年时间，1911年西安城内发生支持辛亥革命的起义，秦陇复汉大都督张凤翙带领新军攻陷满城③，从而宣告统治陕西260多年的清廷在陕西退出了历史舞台，传统意义上的古都西安在此终结。旧的城市瓦解之际，新的城市格局期待重建。一座承载周秦汉唐历史古韵风姿的古都将发生新的变化。

---

① 〔美〕弗朗西斯·尼克尔斯：《穿越神秘的陕西》，史红帅译，三秦出版社，2009，第87页。

② 〔美〕弗朗西斯·尼克尔斯：《穿越神秘的陕西》，史红帅译，三秦出版社，2009，前言第2页。

③ 清廷在西安城内建立的城中城，专门供满人居住，因此称之满城。

二、"开发西北"与陪都西京

20世纪上半叶,中国的国都有三次变迁:民国元年(1912年4月)至民国十七年(1928年),国都在北京,共17年时间;民国元年元月至4月,民国十六年(1927年)至民国二十六年(1937年),民国三十五年(1946年)至民国三十八年(1949年),在南京,共16年;民国二十六年(1937年)至民国三十五年(1946年),在重庆,共10年。在此期间,1932年至1945年西安曾作为国民政府的陪都存在了十余年,此时的洛阳作为行都而存在。

"九一八"事变爆发后,西部成为大后方,随着"一·二八"淞沪会战拉开战幕,国民政府鉴于西安在国防经济上所处地位的重要性,决心开发西北。1932年3月5日,国民党第四届中央委员会第二次全体大会决定以西安为陪都,改名西京,同时设立西京筹备委员会,由张继任会长负责筹建西京。1932年11月蒋介石在国民党中央第47次中常会中提议:"长安改为行政院直辖之市,兼负建设陪都之专责。根据陪都计划,划定适当区域为市区,并由国库筹拨经费。"并形成以下决议:

(一)西京应设直隶于行政院之市。

(二)西京市之区域,东至灞桥,南至终南山,西至沣水,北至渭水。

(三)西京市之经费,暂由国库拨发,每月三万元。

(四)西京市设市长,其下先设测量处,办理全市地形测量事项;次设土地处,办理土地估价等事项;次设工程处,办理筑路、水利等事项。俟办理具有规模时,再将长安县并入。

(五)西京筹备委员会为设计机关,西京市为执行机关。[1]

自1932年西京市成为全国大行政辖市后,1933—1935年的行政院、内务部和陕西省政府的公文和行政区划表册均称西安为西京市。西京筹备委员会成立后,积极进行城市规划的设计和论证,将原西安城内满城所在地划分为30个平均约50亩大的街坊,标价拍卖空闲荒地,1935年修筑路基,

---

[1] 史红帅:《西北重镇西安》,西安出版社,2007,第60页。

从20世纪30年代初到40年代末，在新市区开辟多条干道，先后划分出文化古迹区、行政区、商业区、工业区、农业区、风景区几个区域，提出了对西京的建设性方案。

与西京筹备委员会同样担负有建设西京市责任的，还有三个机关：一个是全国经济委员会的西京公路处，一个是陇海铁路管理局，一个便是陕西省建设厅。全国经济委员会西京公路处的工作重在建设陕、甘一带的公路，以西京为中心，形成西北的公路网。西京筹备委员会主要负责西安城内的基本设施建设。1934年8月，为了更好地进行陪都西京的市政建设，西安又成立西京市政建设委员会（简称"西建会"）。"西建会对西安城区道路的修筑是西安市政建设最重要的部分，其对于西京市内城关道路网的规划以及马路宽度、路面种类早在其成立之初就基本划定，然而由于抗战爆发，各项经费不能够及时到位，不能够按照原来的规定如期进行。不过对于主要干道诸如大街的修筑，原有街道的改良依然是尽力修筑施工，其中对于交通繁盛的市区道路铺以碎石路面。其他地方则根据情况随时添铺煤渣路面或者是碎砖路面。截至1940年底，西建会在西安市区已经筑成碎石路面33万多平方米，煤渣路面6万多平方米，碎砖路面1万多平方米，砖砌路1400多平方米。"①西京筹备委员会存在十余年时间，为西京城市发展做了大量的工作。其第二方面工作是普查文物，保护长安古迹。1933年9月到1934年2月期间，西京筹备委员会进行了大范围的文物古迹普查工作，相关学者绘制出《西京胜迹附图》《西京古迹名胜略图》《西京附近各县古迹名胜略图》《西京城关大地图》等。其第三方面工作是广植树木，绿化西京城乡。从1935年11月到1938年3月间，在西京新修筑十余条汽车路旁栽种了杨、柳、槐、苦楝等树木，建成未央、杜公祠、含元殿三个林场。

1931年到1939年，作家倪锡英在国内旅行，出版了《杭州》《南京》《北平》《广州》《上海》《西京》《洛阳》《济南》《青岛》九本文化

---

① 郭世强：《1934—1941年西安城区道路工程建设的初步研究》，《历史地理研究论丛》2013年第3期。

旅游丛书。这一丛书是倪锡英亲自游历得来，不仅用真实、简明、生动的笔触和大量珍贵的图片记载了这些城市的历史沿革、地理形势、交通、名胜、古迹等方面内容，而且对这些城市的人事、生活状况都做了详细的描写。《西京》这本小书即是对陪都西京的详尽描述。他不仅将西京放在历史的背景之下去考证，而且和20世纪30年代的南京、北平、洛阳相比照。他写道："南京所表现的是新的蓬勃气象，北平所显示的是伟大与整肃的气概。而西京与洛阳，却处处显着古色古香的意味。"[①]并指出，国民政府建都南京以后，把西安定为陪都，于1932年改名为西京市，完全是由于政府感于开发西北的重要，想以西京为出发点，去开辟西北的富源。戴季陶曾经讲："救西北就是救中国，望有力的、有钱的、有学的都向西北去，第一步是办赈，第二步是兴业。第一步是救死，第二步是求生。中国根本的振兴，全在于此，爱国的人，努力前进！"[②]西京是西北的门户，是西北各地政治、经济以及文化的中心点，整个中国西北是中国文化的根基所在，是中国富庶的资源所在之地，也是抗战爆发后军事战略纵深之地，所以西京的发展关系到当时国家战略发展。

事实上，1937年抗战全面爆发后，西安作为抗战的大后方，西通甘凉，南通川鄂，东接豫晋，重要的战略地位致使西安不断遭到日机的疯狂轰炸。为躲避日军的轰炸，一些市民自发地在城墙处挖防空洞。

三、西安：一个中转站

1937年七七事变，平津沦陷，中日两国之间的战争全面爆发，日本军国主义为了彻底摧毁中国，不仅在战场上步步紧逼，致使抗战第二年中国沿海地区全部沦陷，而且对我国高校进行有计划、大规模的摧残和破坏，试图摧毁民族文化和精神。我国高等教育的中心平津冀、沪宁苏杭、武汉、广州等均是当时的主战场，高校受到的破坏尤为惨重，随着北大、清华被占领，南开化为残垣断壁，中国高等教育已经步入生死存亡之境。

[①] 倪锡英：《西京》，南京出版社，2012，第5页。
[②] 倪锡英：《西京》，南京出版社，2012，第12页。

到1938年底，我国108所高校遭到战争破坏的有91所，其中全部被敌人破坏的达10所。

为了抢救我国教育命脉，国民政府和教育部对内迁高校和流亡学生采取了相应的安置措施和办法，先后颁布了《战区内学校处置办法》《社会教育机关临时工作大纲》等条令，并开始了史无前例的中国高校内迁举措。抗战时期，高校内迁集中在西南、中南、华东南部丘陵、西北四个地区。这里我们单叙述以陕南、关中、包括陇东在内的西北地区。1937年9月10日，国民政府教育部发布第16696号令："以北平大学、北平师范大学、北洋工学院和北平研究院等院校为基干，设立西安临时大学。"随后，除北平研究院迁往昆明外，平津地区的北平大学、北平师范大学、北洋工学院等三所国立高等院校奉命迁往西安，组建西安临时大学，其目的是为收容北方学生，并建立西北高等教育基础。西安南部为秦岭阻隔，高大险峻的秦岭山脉成为抗战时学校避难容身之所。因此，西安和陕南的城固是内迁学校较集中地。大批爱国青年报考西北联合大学，他们先到西安，后又随学校迁至汉中。也有从山东迁移而来的国立二十二中，在安康一带滞留，后来一些学生翻越秦岭到达西安，又从西安奔赴上海、台湾等地。显然，抗战时期的西安曾是流亡学生奔赴他地的中转站。

20世纪30年代中国政治形势发生了极大变化。1935年中共中央抵达陕北，直至1948年毛泽东主席率领中央机关在陕北吴堡川口村东渡黄河离开陕北，党中央在陕北延安十三年，建立了陕甘宁革命根据地，吸引了无数爱国青年学生和新闻记者、广大爱国人士奔赴延安，或寻找新生活，或寻找中国希望，或去采访考察，西安就成为他们前往革命圣地延安的一个重要中转站。1938年作家碧野经西安，准备赴延安，"我们坐上国民党第二战区的载重汽车，离开西安，过咸阳，往陕北的黄土高原爬行。载重汽车装满军用物资，魏伯在颠簸的车尾上，在尘土飞扬中还能大口大口地啃'锅盔'。"①但是不幸的是，碧野中途生病，不得不滞留西安。1938年春季，作家丁玲率领西北战地服务团从山西前线跨过黄河来到西安进行抗

---

① 碧野：《两都纪事》，《新文学史料》1982年第4期。

战宣传文化活动。她组织西北战地服务团在易俗社上演反映山西前线军民团结抗战的多幕话剧《突击》,结合西安社会实际情况新排出《忠烈图》和《烈妇殉国》等剧目上演。丁玲在西安为这座古老的都城平添了一股现代革命之风。如此看来,20世纪30、40年代,随着日军侵占我国东南沿海地区,以及红军长征胜利到达陕北,西部中国不仅是抗战腹地,也在象征意义上成为全中国命运的一个指向标,西安作为西北重镇和门户,其重要性不言而喻,它成为国共两党的中间地带,一个复杂而敏感的地理文化空间。

第二节 长安道上

古时到西安来,人们需要乘牛车、跨骏马,乃至步行来到这周秦汉唐的故都。而从20世纪伊始,人们到西安来所乘的运输工具发生了极大变化,汽车、火车、飞机,都是通达西安的交通工具。那时长安道上来来往往着各色车辆,其中各色人物怀揣着各自不同的目的来到西安。

一、陇海铁路与旅行杂志

对于西安这座城市来讲,影响它现代化的因素很多,除了革命因素,影响最大的恐怕便是铁路的修建与开通。"火车改变世界",人们早已领略过。早在"1830年9月,就在滑铁卢战役过去十五年之后,在利物浦—曼彻斯特铁路的开通典礼上,首列火车沿铁轨轰隆隆地启动了。出席这一盛事的,有滑铁卢战役的胜利者、首相威灵顿公爵(the Duke of Wellington),还有一大批显贵,同时吸引了成千上万的看客。出售的纪念品,有一便士的手绢、鼻烟盒,有成套的餐具、带画框的艺术家作品。整个世界仿佛都在观望。远在美国和印度等地的报纸也进行了报道,它们意识到这是一件划时代的大事,必将改变世界。然而,即使当时最有远见、最富有想象力的记者,也没有预见到这一变革将会发生得多么迅捷,这个新发明带来的影响将会那么广泛。"①怎么讲呢？"铁路的深刻影响怎么说也不为过。它转变了自人类走出山洞以来一直占主导地位的农业经济，把人类带入了工业时代。……铁路的发展早于其他改变生活的技术。照明用的电力、烹饪用的煤气、电话、打字机和自行车——它们的发明，标志着摩登时代的到来。"②

　　火车的到来直接把人类带入工业文明。首先，铁路对经济的推动，比修凿运河更持久。铁路几乎在所有重大历史事件中扮演着决定性的角色。如大西洋沿岸大都市的出现，运输移民发挥了巨大的作用。在城市，铁路还是以良好稳定的速度装载大量人口的搬运工具，从而产生了"通勤"这一新概念。因此，即使最简陋的火车站，也会成为社区的焦点，不仅吸引乘客，还吸引接待员、商贩，成为见面和告别之处、快乐与悲伤之地。其次，火车带给人们生活的改变。"从邮购产品到牛奶，一切皆可运，学生们乘火车上学，郊区居民乘火车上班，观众们乘火车去看比赛。所有想象得到的活动，都可得到铁路的帮助，或者由铁路产生。"③人们的生活也因火车而发生了时空观念的改变，地区与地区之间的联系加强了。更重要的是，因为速度缩短了地域之间往来的时间，旅行成为火车时代一件时兴的事情。在1830年以前，除了水兵和士兵，那时很少有人到外地旅行，现在很多人开始利用火车旅行，人们能够通过旅行，获取更多的除却自己熟悉环境之外的其他地域知识。显然，火车开拓了人们的视野，使人们的生活更充满期待和意义。再次，铁路改变了人们的饮食内容，加强了人们获取食物的能力。过去一些新鲜食品，由于保质期短，仅限于本地消费。现在通过铁路运输，可以将新鲜的食材、食品送到遥远的地方。人们越来越便利地享用他地的食材和物品，生活水平和品质在不断提升。

---

　　① 〔英〕克里斯蒂安·沃尔玛尔：《铁路改变世界》，刘嫩译，上海人民出版社，2014，第1页。
　　② 〔英〕克里斯蒂安·沃尔玛尔：《铁路改变世界》，刘嫩译，上海人民出版社，2014，第159页。
　　③ 〔英〕克里斯蒂安·沃尔玛尔：《铁路改变世界》，刘嫩译，上海人民出版社，2014，第161页。

就中国而言，火车的开通使20世纪30年代中国国内的旅行热起来。为了适应人们旅游观光的需求，许多杂志社开始邀请著名作家写旅游手册。1927年在上海创办的《旅行杂志》是当时影响最大的旅行性质的刊物。该刊由上海著名金融家和企业家陈光甫创办，至1954年期间从未间断过。杂志的撰稿人大多为民国时期新闻界、小说界乃至政界的重要人物，茅盾先生也一度成为杂志的主编。同时，杂志所蕴含的信息也为当时中国的政治、经济、文化等方面的研究提供了丰富而宝贵的资料。《旅行杂志》不仅在国内拥有一批高水平的作者长期为之写稿，而且在日本、法国、英国、瑞士等国还有一批特约撰稿记者。为杂志撰稿的人不乏社会名流，像1932年第六卷第十一号内，撰稿人就有蒋维乔、徐云石、江叔谦、张恨水、易君左等，他们或是教育家，或是美术家，或是摄影家，或是文学家，基本上每个作者都有相当的来历，在近现代的中国学术界和艺术界都占有一席之地。他们状写中国名胜，刻画山水人物，报道各地旅馆，刊布交通消息，介绍海外风光，提倡学术旅行，翻译世界名著，提供古迹考证，状述边疆风俗，选载名家小说，等等，可以说，凡有关名胜古迹、风土人情、旅途经验、交通建设、舟车常识等，《旅行杂志》无不包罗，并且在每篇游记中还附插图画，做到图文并茂。另外，从杂志游记内容的变化，也可看出当时中国交通建设的进展情况。譬如，自陇海路西段告成后，游华山的人络绎不绝，而此前，华山旅途的艰险与食宿的困顿，往往使一般人视登华山为危险之举，所以杂志多年没有得到一篇关于描写华山的文字，但是随着陇海路西段的通车，写华山的游记文章也络绎而至了。

20世纪30年代，中国写旅行手册最有名的作家是郁达夫。1933年11月9日，在杭州到江西玉山铁路通车之际，应杭江铁路局的邀请，郁达夫开始了他的观光之旅。他沿钱塘江，经兰溪到龙游、衢州、江山，以及江西玉山，历时半月，沿途饱览山光水色，即景赋诗，写下了大量影响深远的游记，其中有描述衢州市境内名胜的三篇游记：《龙游小南海》《烂柯纪梦》和《仙霞纪险》。侯鸿鉴也在《西北漫游记》中提及自己曾经在陇海

《旅行杂志》封面

路局任秘书，朋友赠送《陇海旅行指南》《陕西实业考察记》《陇海职员录》等书。大概同期，作家张恨水也应《旅行杂志》主编赵君豪之邀到西北考察，后来写下许多旅行作品。显然，旅行成为20世纪30年代的热门、快乐事件，文人们为推动国内的旅游事业做出了贡献。李长之在《从长安到安阳》一文中讲："旅行真是件快乐的事。你瞧，在日常生活里，所见所闻是多末平凡，活动的地域又多末狭小，即令人不感到厌倦，也会疲倦；旅行却给人以舒展和松活。所以，旅行就算一无所得，也已经得了不少了。况且，旅行会把人的感觉敏化起来，往往同样的东西，在老地方为我们所不注意的，到一个生地方却注意起来，单就把感觉能够敏化，旅行的价值不也就太大了么？所以我无条件地欢喜旅行。到什末地方去，我不问，怎么去法，我不问：我得籍旅行舒展舒展我的生活。"①

旅行这么好，到西安来坐火车，最早通达的铁路便是陇海线。"陇海铁路兴建于清光绪二十一年（1895年），到二十六年（1900年），开封与洛阳间开始通车，是为汴洛线，全线仅长一百一十五英里。民国五年东段延展至徐州，西段延展至观音堂，全线长一千一百华里。民国十三年，西段自观音堂延伸到陕州灵宝，东端自徐州延伸至海州，到民国十五年，海州与灵宝完全通车，全线长一千六百五十一华里。民国二十年底，西段通车至潼关，在那时自潼关以西至西京间的交通，全赖公路汽车。"②陇海线横贯我国之中部，始于东海之滨，迄于西北之兰州，南北与平汉津浦相犄角，其地位之重要，自不待言，而于开发西北，关系尤切，所以20世纪30年代提及西部开发，自非空言。显然，陇海线的开通沟通了东西交通，加强了西安城市与外界的物质文化交流速度。铁路延伸出来的触角、航班和电报，以及城市街道的顺畅，加快了人们生活的节奏，动摇了人们原本的时空视野、生活内容和模式，一座曾经流动周秦汉唐风韵的古都终于以蹒跚的步伐走向现代化了。

---

① 杨博编《长安道上》，南京师范大学出版社，2016，第84-85页。
② 倪锡英：《西京》，南京出版社，2012，第42-43页。

民国时西安火车站

在作家描述下,"陇海铁路绕城北而过,车站设在东北隅,新开的中正门,为出入的孔道,入城之后,你还会瞥见一个小小土城呢。"[①]显然,陇海铁路携带着近代政治、经济和文化因子,经过西安城北,唐时皇帝居住的大明宫脚下,古老的城市有了现代的蒸汽机,现代工业文明注入这座古老城市的血液中。西安北关在民国时期是西安棉纺织业发展的地区。1936年,大华纺织厂由当时的石家庄大兴纺织厂、武昌裕华纺织公司和主要股东们三方投资建立,取"大兴"和"裕华"各一个字乃为大华厂。抗战期间,大华厂为支援前方多生产纺织军用布,引起日机轮番轰炸,损失惨重。1939年11月1日,日机狂轰滥炸,纱厂几乎全部焚毁,死伤人员四十余人。大华纺织厂是民国时期西安现代化进程的一个重要侧面,它是关中平原盛产棉花的见证,陇海线将这些棉纺织品运送到许许多多需要的地域,这条沟通中国东西的铁路交通线在中国西部城市现代化发展中发挥着重要作用,尤其是对偏远落后地域来讲,意义更大。对陕西著名的教育家、书法家、剧作家阎重楼来讲,"陇海车里给我最好的印象,是那些服务周到的招待生,而他们服务的目的并不是在乎需索旅客的金钱。他们都是从中等学堂毕业,经过一年侍应等训练,然后由路局分派到车上服务,这种办法还是最近才开始实行的呢。在头二等车室中,都悬着'招待生为职责服务,旅客请勿给予小费'的牌子。他们因为是受过相当

---

① 吴江:《今日之西安》,《现世界半月刊》第1卷第10期。

教育的,所以比较一般车上的侍应者很有差别。在我们车上的几个招待中,有一个招待生更是彬彬有礼,我问了他的姓名是'袁渤川',他说他是唐山丰滦中学的学生,毕业后就能投考进陇海路招待生训练所,现在实际出来服务,虽然身体比较操劳些,但是精神上倒还觉得安慰,因为你这也是社会事业的一种呢。并且他说路局方面规定的酬报,也不菲薄,足够个人的生活费。——像这样的办法,我以为对于旅客是很便利的,我希望全国各路线都能够这样办法做。"①当醉心于学问的学者走出书斋开始旅行,当人们离开自己耳熟能详的日常居家生活开始旅行,他们将遇见怎样的风景,碰到什么样的人,从而打开一种什么样的生活,这是旅行带给生活新的可能性。

二、黄河水运与船夫

如果从东面进入西安,乘坐陇海铁路,1934年前只能到达陕州,然后从陕州乘船渡黄河到潼关,这时才能乘上汽车在潼西路上行走,所以长安道上,外省人从东进入西安,潼关是他们必经的一座重要城市,而到了潼关就看到黄河了,因此许多作家笔下都有关于黄河及其船夫的描写。黄河是由府谷进入山陕大峡谷的,这一段黄河受两岸高山阻隔,在峡谷里蛇行,形成九曲十八弯的壮丽景观。从陕西韩城龙门黄河出峡谷,继续南流,到潼关为秦岭所阻,又折向东流,进入三门峡,来到河洛平原上。作家孙伏园于1924年跟随鲁迅、王桐龄、王捷三等人前往西北大学参加暑假班讲学,他们必然要途经潼关。在《长安道上》这篇游记里孙伏园写道:"我们所经陕州到潼关一段,平地每比河面高出三五丈,在船中望去,似乎两岸都是高山,其实山顶就是平地。河床是非常稳固,既不泛滥,也不会改道,与下流情形大不相同。但下流之所以淤塞,原因还在上流。上流的河岸,虽然高出河面三五丈,但土质并不坚实,一遇大雨,或遇急流,河岸泥壁,可以随时随地,零零碎碎的倒下,夹河水流向下游,造成河床高出地面的危险局势,这完全是上游两岸没有森林的缘故。森林的功用,

---

① 杨博编《长安道上》,南京师范大学出版社,2016,第70-71页。

黄河

第一可以巩固河岸，其次最重要的，可以使雨水入河之势转为和缓，不至挟黄土而俱下。我们同行的人，于是在黄河船中，仿佛'上坟船里造祠堂'一般，大计划黄河两岸的森林事业。"①黄河在潼关这里，因地势险峻，故显得极其凶险。及至一出龙门，没有两岸山脉夹持，进入平原开阔地带，黄河携带大量泥沙淤积在河床里，致使河道太高，为防止河流外溢，两岸修筑河堤，整个中原大地随时处于黄河的威胁之中，这段黄河也因此被称之为悬河。

大概在1932—1935年之间（具体时间不能确定），捷克斯洛伐克汉学家普实克从潼关进入西安，他先描述了乘坐火车经过黄河铁路桥的凶险情景。"洪水冲走了桥栏，使铁轨下的大多数横梁向支柱倾斜，火车就如同在光秃秃的轨道上不断晃来晃去，左边空荡荡的，右边也空荡荡的。只要稍微有松动，或者铁轨散开一点，我们就会葬身于脚下滚滚的浊流中。……您可以想象，整整45分钟火车悬在急流中摇摇欲坠的桥梁上，那水是赤黄色的，水面距铁轨只有几公分，大水奔腾而过，水面上漂浮着树木、狗和其他杂物，只要有稍微粗些的树干，就可以冲断某处的铁轨。这桥似乎在汹涌浪涛的撞击下颤抖起来。"②因此，黄河在潼关之凶险人皆尽知。

看到了汹涌的黄河，黄河上的船夫是孙伏园这些外省人直接接触到

---

① 孙伏园：《伏园游记》，北新书局，1927，第82-83页。
② 〔捷克斯洛伐克〕雅罗斯拉夫·普实克：《中国 我的姐妹》，丛林、陈平陵、李梅译，外语教学与研究出版社，2005，第382-383页。

的陕西人,这些以摆渡为生的船夫,究竟是些怎样的人呢?孙伏园继续写道:"你且猜想,替我们摇黄河船的,是怎样的一种人。我告诉你,他们是赤裸裸的,一丝不挂的。他们紫黑色的皮肤之下,装着健全的而又美满的骨肉。头发是剪了的,他们只知道自己的舒适,绝不计较'和尚吃洋砲,沙弥戳一刀,留辫子的有功劳'这种利害。他们不屑效法辜汤生先生,但也不屑效法我们。什么平头,分头,陆军式,海军式,法国式,美国式,于他们全无意义。他们只知道头发长了应该剪下,并不想到剪剩下的头发上还可以翻腾种种花样。鞋子是不穿的,所以他们的五个脚趾全部直伸,并不像我们从小穿过京式的鞋子,这个脚趾压在那个脚趾上。"①黄河船夫的强健令作者感慨不已,作者深刻感受到黄河船夫的原始、强悍。等到了关中平原就进入到黄河最大的支流渭水流域。民国时的渭河是可以摆渡的,因此渭河也同样有船夫。孙伏园在长安讲学之后,从草滩乘船返回北京,见到了渭河。"从草滩起,东行二百五十里,抵潼关,全属渭河水道。渭河虽在下游,水流也不甚急,故二百五十里竟走了四天有半。两岸也与黄河一样,虽间有村落,但不见有捕鱼的。殷周之间的渭河,不知是否这个样子,何以今日竟没有一个渔人影子呢?陕西人的性质,我上面大略说过,渭河两岸全是陕人,其治理渭河的能力尽可想见。我很希望陕西水利局长李宜之②先生的治渭计划一旦实行,陕西的局面必将大有改变,即陕西人之性质亦必将渐由沉静的变为活动的,与今日大不相同了。但据说陕西与甘肃比较,陕西还算是得风气之先的省份。陕西的物质生活,总算低到极点了,一切日常应用的衣食工具,全须仰给于外省,而精神生活方面,则理学气如此其重,已经够使我惊叹了;但在甘肃,据云物质的生活还要降低,而理学的空气还要严重哩。……但是'穿衣服'这句话,我却不敢用来劝告黄河上的船夫。"③

---

① 孙伏园:《伏园游记》,北新书局,1927,第85-86页。

② 这里的李宜之,也应是李仪祉,近代著名水利专家,主持过民国时期"关中八惠"水利工程,尤以泾惠渠水利工程著名。

③ 孙伏园:《伏园游记》,北新书局,1927,第84-85页。

长安道上，作家们已经感受到陕西人的安静、沉默、和顺，揭示出在理学思想影响下陕西民众的沉默个性，而那种汉唐盛世里，秦人的开拓进取、刚健的个性看不到了，在外省人眼中陕西人无疑是落后的。

三、潼西路与西兰路上

西安的公路建设大致是在20世纪30年代开始发展，共有五条线路：第一，西兰公路——自西京向西，经咸阳、乾县、监军镇、邠县、长武、泾川、平凉、静宁、华家岭、定西，而至甘肃的省会兰州。第二，西潼公路——自西京向东，经临潼、渭南、华县、华阴而至潼关，与陇海路的潼西段相平行。第三，西荆公路——自西京向东南，经蓝田、蓝桥、商县、龙驹寨、商南，而至河南的荆紫关。第四，西宁公路——自西京向南，循子午谷道，经子口、江口、宁陕，而至子午镇。第五，西陇公路——自西京向西，经咸阳、兴平、武功、扶风、岐山、凤翔、汧阳，而至陇县，自陇县向西经清水、天水、甘谷、武山、陇西、渭源、临洮，至兰州。

一般进入陕西从陆路东边而来，在火车还没有通达西安之前，即1934年前，大多要经过潼西路，即从潼关到西安的公路。这一路为土路，无雨时黄土飞扬，有雨时则为泥浆，所以乘坐汽车到西安，一路的艰辛可以想象。潼关是陕西的东门户，"这是中国最著名的关隘，此地不知被兵家争夺多少次。列车在低洼的、布满石头的峡谷中穿行，就没有人烟，散落着零星的房舍、小庙、名人墓碑、建在光秃秃的石头上的黑色古城墙。这里没有村庄，哪儿都见不到人，我们如同在穿越早已被人类遗弃的一片死亡之谷。只是偶尔有几棵桃树开着花，也许它们是在寂寞中自娱自乐吧"①。这是20世纪30年代普实克描绘的潼关景象，他们一行人继续前行，潼西路上突然下起雨来，雨落到地面就变成自然灾害。"泥土地湿了，软软的像黄油沾在车轮上，光溜得让汽车直打滑。司机像拉扯着一头不听话的牲口，从一边扯向另一边，但这却不是牲口而是沉重的机

---

① 〔捷克斯洛伐克〕普实克：《中国 我的姐妹》，丛林、陈平陵、李梅译，外语教学与研究出版社，2005，第384页。

器，上面载满了人，行走在弧形的公路面上，它滑溜得像满是泡沫的肥皂那样。"①接下来，所有的人员下车推车前行，司机和售票员去弄牛来拉车。这时"天已经完全黑了，谁手里也没有灯，人们在黑暗、潮湿和寒冷中寻找着自己散落在泥地上的行李包，远近一点亮光都没有，就像个幽灵，恐怖从四周朝我们袭来。田地上一片死寂。人们靠在了一起"②。由于汽车坏在路上，一行人只好雨夜冒雨步行，终于走到西安城下。以上是一位西方学者眼中极为艰难的潼西路上的经历。走进西安城，20世纪30年代的西安城被双层巨大的四方形城墙包围着，这里曾经是百万人口的城市，但是由于政治地位的衰落，在19世纪的火灾、饥荒和内乱中，居民人数减至25万人。

此时张恨水从南京到西安，走的也是潼西路，他在章回体小说《小西天》中一开篇就描写潼西路上的艰难境况。"潼西公路，由潼关县的西关外，开始向西发展。在平原上，远远看到一丛黄雾，卷起两三丈高，滚滚向西而去，这便是在路上飞跑的汽车卷起来的路面浮土。路上的尘土，终日的卷着黄雾飞腾起来，那便是暗暗地告诉我们，由东方来的汽车，一天比一天加多。这些车子，有美国来的，有德国来的，也有法国或其他国中来的。车子上所载的人，虽然百分之九十九是同胞，但都是载进口的货。国货差不多和人成了反比例，是百分之一二。那些货大概是日本来的，英国来的，或者美国、俄国来的。总而言之，十分之八九，是外国来的。这种趋势，和潼西公路展长了那段西兰公路，将来还要展长一段兰迪公路一样，是有加无已的。这公路上，有辆德国车子，开着每小时三十个买尔的速度，卷起黄土，向前飞奔。这车子和公路上其他车子一样，是人货两用的。司机座位上，坐了一个司机，和两个德国人，那是特等包厢。后身是载货车身，车上堆了几十箱汽油，汽油箱上堆了箱子、网篮、行军床，甚

---

① 〔捷克斯洛伐克〕雅罗斯拉夫·普实克《中国 我的姐妹》，丛林、陈平陵、李梅译，外语教学与研究出版社，2005，第389页。
② 〔捷克斯洛伐克〕雅罗斯拉夫·普实克《中国 我的姐妹》，丛林、陈平陵、李梅译，外语教学与研究出版社，2005，第392-393页。

至乎装上几百瓶啤酒的大木板箱子，层层叠起，堆成了个小山。这货物堆上，坐着四个人，都是同胞，两个是天津人，是和前面那两个德国人当伙计的。他们很热心他们的职务，帮着德国人发展商业。"①从那时看，20世纪30年代到西安谋求商业发展的外国人已经逐渐多起来了。这些西方人不放弃在中国落后地区做生意，车上所带的货物汽油、网篮、行军床、啤酒都是现代物品，西洋货逐渐打入西安的商业市场。

如果从西安向西去，则是西兰公路，只是在1934年还没有完全开通。兰州是西北交通的一个总枢纽城市。新疆与内地的交通全凭兰州来沟通，另外青海与内地也要依靠兰州连接。张恨水等人要继续前往西北去，苦于道路难行，不免踌躇起来。"到了西安继续的把这话去问人，人家的答话，都是这样：'以前路上是不大好走，这半年以上，太平得多了。'……可是决定了走之后，还有困难，就是车辆问题了。因为西兰公路，还不曾修理完毕，也就没有正式的长途汽车可以载客，更没有为大组织的交通机关，普通都是一种运货车，兼搭客座。而且不能直达兰州，寻常都是由西安载客到平凉，平凉那里，有甘肃方面经营的车子，再载客到兰州去。而且这样的客车又不是逐日都有，也许到了平凉，要等上若干天。这样各种不方便的消息，传入了耳朵，作长途旅行的人，真够不痛快。就是我的朋友也告诉我，搭货车去，恐怕我不能吃那种苦。当西北饭店后院有货车开走的时候，他指给我看。原来就是上海市上那种搬运柴草的卡车，满满地堆着货担和行李，高到一丈好几尺，人就坐在货堆上。"②从作家这一大段的描述来看，当时的西兰路状况非常不好。不过到了1936年，情形有所改善。范长江是因报道当时鲜为人知的中国共产党而一举成名的记者，此时，他深入陕西、甘肃、宁夏、绥远，写出了《中国的西北角》。他的行程南起成都，东至西安，西经西宁，止于敦煌，北由宁夏，而终于包头。他曾翻越高达五千米的大雪山，横渡"平沙万里绝人烟"的戈壁，写出所经之地的政治黑暗、经济破产、民众疾苦，涉及西

---

① 张恨水：《小西天》，中国文联出版社，2005，第1页。
② 张恨水、李孤帆：《西游小记·西行杂记》，甘肃人民出版社，2003，第57页。

北的历史、地理、宗教、民生。他讲："东北事变以后，一般国人的眼光又注意到'西北'上来，从报章杂志宣传讨论，到要人的视察，专家的设计，以至于实际建设工作的进行。'开发西北'的声浪震动了一般国人的耳鼓。农林、牧畜、卫生、水利，几乎应有尽有。尤其令一般国人感到兴趣，是西安到兰州的公路交通之完成。这条公路是沟通陕甘、联络西北各省的陆路交通的干路，在陇海铁路未完成以前，西兰公路占西北交通上最重要的地位。亦为'开发西北'以来，所表现的最大结果。"[1]据范长江所述，西兰公路开通于1936年5月1日，但西安到兰州的汽车在此前就开通了，不过这种开通指的是私人营业的汽车来往西安、兰州之间，上面所述的张恨水到兰州的情景就属于此类情况。私人当时营运所行驶的道路绝大多数是左宗棠西征新疆时所开的大道。

一位名叫寄紫的作家在其《西安漫游杂纪》中写道："西京距潼关二百九十里，每日有公共汽车对开，途中约需八小时，乃能到达，公路其实就是旧日的驿道路基，尽是泥沙，桥梁亦沿用旧式石桥，完全没有改造，路旁树木稀少，种种方面，俱未备近代公路的形态，仅是路面加宽，平均三十公尺，略置涵洞，就成为公路了。雨天之时，路变沼泽，汽车就要停驶几日；天晴则灰尘蔽天，乘客到站之时，满脸为灰尘所掩，变成泥菩萨一样，你不认识我，我不认识你，所以到一旅馆门，就有侍役们先以布制拂尘，替客人满身一打，然后进屋。车是招商承办，全路共有汽车百余辆，车的设备很是简陋的，有的且是敞车，乘客被风吹雨打，在路上因道路不良、载重等关系常要抛锚，乘客常下车推车。途中亦无车站扬旗等设备。"[2]

不同作家林林总总的描述，汇集在一起，就是20世纪30年代西安公路建设的状况。显而易见，汽车可通达西安，或者从其他地域可以通达西安，但交通状况比较差，以西安为核心的西北现代化，以道路建设为先导，仍然举步维艰。

---

[1] 范长江：《中国的西北角》，天津大公报馆，1936，第104页。
[2] 寄紫：《西安漫游杂纪》，《道路月刊》第41卷第1号。

四、川陕道上与飞越秦岭

　　如果从西安向南去，或者从西南的四川到西北的陕西时，必须跨越秦岭。秦岭乃中国南北分界线，古时穿越甚是不易。李白《蜀道难》大言蜀道之险峻，秦蜀往来之不便。据作家们描述，民国时从四川循着川陕公路能到达西安，很多文人是搭乘邮车而去的。一般要经过云栈，即是由川入陕的南栈道。李孤帆去时，正是抗战期间，"山路靠山临水，凿山石而筑。闻道旁旧有石碑、石刻佛像，筑路时已被炸毁，殊为可惜。此段公路沿着嘉陵江，蜿蜒曲折的连续约三十公里，可称壮观。白居易《长恨歌》中所谓'蜀江水碧蜀山青'的诗句，大概就是指着这一段的风景。九时入陕西省境，西北公路局在此树立着一座木牌坊，一面写着'西北门户'，一面写着'川陕交界'八个大字。九时廿分过西秦第一关。十时过宁羌，即在郊外小饭馆进膳。……三时半过褒城，渡褒水，褒城为褒姒故乡。周幽王因宠褒姒而召亡国杀身之祸，不知为何还把她的姓氏作了县名呢？四时十五分抵汉中，这里为陕南最繁华的城市，物价亦贵得可以，普通一餐饭的代价非二三元不办，出产有甘蔗和橘柑，颇有南方的风味。……十八日七时，在汉中邮局搭换南郑、宝鸡间的邮车出发。七时零五分在油栈门前加油，八时廿五分过褒城，八时卅五分过鸡头关，即入北栈道。公路沿褒水而筑，穿山而过，古称'石门栈道'。这一路的风景比较南栈道还要壮丽，沿途山上遍植枫林，红叶蔽山顶，山旁怪石嶙峋，颇绕园林的胜景。在栈道的两岸中间，铺设一条铁桥，制作坚固华美，足当我国公路桥梁的模范建筑物之称。陕西公路，前为全国经济委员会公路所经营，后由交通部西北公路局接管，一切路基、桥梁、涵洞，均较四川省为佳"[①]。陕西与四川之间因秦岭阻隔，形成秦巴山地、汉中平原与成都平原三大区域，褒斜道是由西安到四川极其重要的道路，褒城便是这条道路不可忽略的城镇。李孤帆描

---

① 张恨水、李孤帆：《西游小记·西行杂记》，甘肃人民出版社，2003，第186-187页。

第一章 从传统到现代

秦岭山中

述了秦岭山中南北两条古栈道,尽管到了民国时期,但是秦蜀道上的交通还是很崎岖艰险。

抗战全面爆发之后,由于我国东部沿海城市很快失手,日军飞机轰炸西安频繁且猛烈,西北大学被迫迁入陕南,因此,师生们也要翻越秦岭。台湾作家尹雪曼此时正在西北大学读书,学校奉命迁校,作家写下《栈道拾记》《栈道中的春天》等作品。"一九三七年春天,当我们辞别了长安的古城里,生了苔藓的屋瓦,肃穆的街道,庄严的,带着古代神秘的牌楼,和漫天纷飞的大雪,卷着细石砂的冷风,愉快地踏上那辽远的,茫然的古栈道时,我们仿佛告别了冬天和严寒;挥一挥手,我们翻过了秦岭,秦岭的这边便是春天。"①从这段描写中也可以看到当时秦岭古道的情景。

虽然西北较之我国东部落后,但是西北航空线在民国二十三年,由中

---

① 尹雪曼:《战争与春天》,成文出版社有限公司,1980,第15页。

德合办的欧亚航空公司所承办，1934年冬通航。西京的航空交通属于沪新航线，自上海经南京、郑州、西京、兰州、肃州、哈密、迪化，而至新疆的边境塔城。西北航空线的开通为作家们飞越秦岭提供了可能。李孤帆在其《西行杂记》里描写了飞越秦岭的情况，大致可以见到民国时期的西安航空业发展的一些状况。作者描写欧亚航空公司的职员工作态度极不负责任，"待我们到了飞机场的时候，看看手表已是七点五十五分，而欧亚公司的职员尚迟迟不来，任我们在场内空候，直等到八时三十分左右，公司人员才姗姗而来。一来就叫搭客将飞机票拿了过去，一面在票上签名，一面将身体和行李的重量过磅，稍过限制'十五公斤'的，就堆在一旁，不允扯给加费收据，通融照带"[①]。所乘的飞机是容克斯三发动机、十五客位机，为交通部渝哈线专机，当时都委任欧亚公司代管。"十一时左右天空浮云疏落，从白云的空隙下瞰田亩、陌路，均成长条色板形，有的已显现着嫩绿色，有的还带枯黄色，也有如原来的土色的，大约是刚经整理，还没有下种。在数十农田中间，就见到一个村庄，四面有大墙包围，好像是一座堡垒，这大概已是陕西的境界了。不久面前就见着一个伟大的山脉，高山峻岭，蜿蜒起伏，山顶和山阴还留着雪，这就是有名的秦岭。飞越了秦岭，就到了西安。我们在十二时零五分慢慢地飞下西安的飞机场，飞机的侍者把窗帘放下，不许搭客看清飞机场的位置和环境，大概是国防的关系吧。"[②]

古老的西安在民国时有了航运，较之整座城市发展而言，这些局部现代化成果反映出20世纪30年代是中国发展的重要时期，西安的许多城市建设都是在这个时候完成的。多种交通运输方式，致使这座深处内陆的历史文化名城虽然失去汉唐时期的辉煌，但是它缓步完成着现代化的过程，交通是其中非常重要的内容。

---

① 张恨水、李孤帆：《西游小记·西行杂记》，甘肃人民出版社，2003，第108页。
② 张恨水、李孤帆：《西游小记·西行杂记》，甘肃人民出版社，2003，第109页。

第三节　城市空间分布与街市

现在开始将我们的注意力转移到西安这座古城上来。任何一座城市都会形成自己特有的发展格局，近现代的西安城市是在继承明清西安的基础上演变而来的。民国时的西安继承了明代的钟鼓楼，并以钟楼为坐标形成东、西、南、北四条大街。今天的西安城墙也是在明城墙的基础上修复而成的，继承了清时北院门与南院门为政府机关所在地这样的城市格局，同时又有一些新变化。于是，这座城就在变与不变中发展着，逐渐演化为今天的西安城市空间分布格局。

一、城市空间分布与社会阶层划分

尼克尔斯在其《穿越神秘的陕西》一著中描绘1901年的西安城市空间布局，指出城西北是穆斯林聚居区。回族在西安城市生活由来已久，唐时郭子仪平叛将带回来的回族人安置在大学习巷。明洪武十七年（1384年），兵部尚书铁铉在鼓楼西北侧化觉巷修建了清真寺。明万历三十九年（1611年）又在小皮院修建了一座清真寺，回族便围寺而居。今天，北院门大街、麦苋街、大莲花池街、举院巷、洒金桥、香米园、西大街、红埠街、教场门、西五台等地都是回民聚居的地方。20世纪30年代捷克斯洛伐克人普实克看到："这里已经有很明显的伊斯兰影响，就连城里最美丽的建筑都是清真寺。外表就如同是中国其他的庙宇一样，波形的弯曲的房顶，在屋脊上饰有看家的怪兽形象，琉璃瓦的颜色是透明的绿色，那是用于屋顶的最理想的美丽色彩。里面在中国建筑特有的宏大的空间中有细致的阿拉伯式的装饰，这里全部运用了伊斯兰的艺术风格。从屋顶往下低低地垂挂着很古老的艺术琉璃灯，据说是从西方运来的。"[①] 显然，西安这座充满伊斯兰文化气息的城市，有别于中国的其他历史文化名城，形成它

---

① 〔捷克斯洛伐克〕雅罗斯拉夫·普实克：《中国　我的姐妹》，丛林、陈平陵、李梅译，外语教学与研究出版社，2003，第401页。

鲜明的西北文化特色。

20世纪初叶，西安城连接南、北城门的大街沿途开设许多规模很大的商铺，商人们陈列出售的各类商品数量众多，品种丰富。美国记者尼克尔斯写道："商铺及其经营项目不如上海和某些南方城市那样富有商业气息，银饰珠宝、象牙雕刻、玉制饰品很少在西安城的柜台出售。需求似乎集中在那些更为实用的东西上，如丝绸、棉布和茶叶。由于与甘肃和西藏的群山旷野相去不远，那里野兽众多，西安便成为西北各省皮毛贸易的商业中心

民国时西安市内的回民

和转运枢纽。陕西是供给整个帝国官员们朝服衬里所用貂皮和水獭皮的来源地。沿着长街有好几个街区都是皮毛交易的市场。在美国人看来，这里皮毛的价格低得有些荒谬。"①他接着写道："西安城内南部地区分布有很多官绅宅邸。仅从房屋的外观无从得知屋内的装饰之美。沿街低矮的围墙开有门，穿门而入就可看到庭院，院子的左、中、右侧具有房屋。有钱人家里的家具通常用檀香木或柚木制成。房间角落里悬挂着华丽的彩色丝绸帷帐，靠墙的柜子上摆放着珍贵的瓷器，其中很多种在中国和纽约同样贵重。"②丹麦人何乐模1907年到1908年赶赴西安，仿刻《大秦景教流行中国碑》，因此在西安逗留，有机会观察这座城市。他发现"西安城的东北城区是鞑靼城，或称为满城，由它自身的城墙环护。……统治者在

---

① 〔美〕弗朗西斯·尼克尔斯：《穿越神秘的陕西》，史红帅译，三秦出版社，2009，第68页。

② 〔美〕弗朗西斯·尼克尔斯：《穿越神秘的陕西》，史红帅译，三秦出版社，2009，第69页。

所有大中城市兴建八旗驻防城就成了一项传统。……从喧嚣热闹的汉城大街走进八旗驻防城，就好像从第五大道走进圣帕特里大教堂，或者从拉得吉特山走进圣保罗大教堂一样"①。何乐模对满城的描述比较简单。对于一个外国人来讲，最喜欢的应该是最具东方色彩的碑林区域，几乎每一位西方人都会提及并给予几笔描述，何乐模也不例外。"西安城的东南城区也有很多精美的寓所，还有商铺和工匠铺子。在靠近南门的地方，我们发现了碑林，即'石碑之林'或'石头之林'。这里收藏着大量极佳的不同种类碑文的纪念碑。由于长期捶拓拓片，坚硬的石灰石碑面变得光滑黝黑。收藏、矗立在几个碑厅之中的几乎都是汉代以来的碑刻。有一套石碑镌刻着完整的'十三经'，这自然反映了雕刻行家的数量之多。"②

总体来讲，这些西方人对西安城市的描写大多属于浮光掠影式的，他们往往感兴趣的是自己印象深刻的一些景观和文物的描写，因此关于西安城我们获得的是一些零碎的印象。而对于传承中国传统文化深厚的国内作家来讲，他们对民国西安不仅有独特的书写方式，而且有较深入的文化建设方面的思考。林语堂一生共写过三部反映都市生活的长篇小说：《京华烟云》写的是北平旧事；《风声鹤唳》讲述的是男女主人公在抗战期间辗转北平、武汉等城市，最后产生爱情的故事；《朱门》则是以西安为主要活动场域，勾勒出一部西部传奇恋情。战争会给人带来奇妙的改变，这恐怕是林语堂选择西安作为自己小说主要场景的原因之一。《朱门》开篇写男主人公《新公报》记者李飞在西安一家酒楼上看到一女校学生为声援上海"一·二八"事变和警察发生冲突，从而和杜柔安相遇。做这样的情节设计，显然是有意安排的。1932年1月28日淞沪会战爆发不久，1月30日，国民政府就做出了以洛阳为行都、西安为陪都的决定。"到西北去！"成

---

① 〔丹〕何乐模：《我为景教碑在中国的历险》，史红帅译，上海科学技术文献出版社，2011，第60页。

② 〔丹〕何乐模：《我为景教碑在中国的历险》，史红帅译，上海科学技术文献出版社，2011，第62页。

为20世纪30年代中国上下一致喊得最响亮的口号。西京，即西安，入西北的门户，也是西北各地政治、经济以及文化的中心，那时许多作家都曾到了西安以及西安以西的其他西部城市。

1943年林语堂从美国归国，在西部有过一次短暂的游历生活。他先到重庆，后到宝鸡，11月3日到达西安后，停留了十余日，大约在11月中下旬时离开。这次经历为他以后写作《朱门》提供了亲身体验西安的机缘。林语堂虽然是于20世纪40年代在西安游历，但《朱门》小说设定的时间在20世纪30年代。他从"一·二八"事变爆发后写起，描写这一事件在西安城市各阶层引起的反响和动态，上至当地军政要员、东北流亡而来的司令、前任市长及其家属，下至平民百姓、从北平流亡而来的大鼓艺人，以及黑社会，从街头景观到城市区域分化以及阶层之间的流动都被作家叙述出来了。小说故事情节能够展开的一个重要因素是作者很恰当地利用了西安的一些重要街区所代表的含义，并特意于其中安排人物活动，从而将20世纪30年代的西安城市现代化生活拉了进来。因是以当时西安居民所熟悉的街巷作为故事的舞台，所以增加了故事的真实感，也使故事本身拥有了广度和深度，情节展开得愈加自然和顺畅，并且随着小说场所的变化使小说故事情节变得更容易发展，更能展现出新的城市内容。

李飞与杜柔安初逢的地点是在东大街的东南角，杜柔安之所以与李飞相遇，是因为参加声援上海"一·二八"事变学生游行活动。学生能够在东大街举行声势浩大的游行活动，说明东大街是20世纪30年代西安城内非常重要的行政区域。由于东大街的繁华，林语堂有意将东城设置为西安城内达官权贵的居住地，杜柔安叔叔（前任市长）杜范林的家——大夫邸就被安置在这里。"这一类大宅都没有供马车停放的空地，现在停着一辆漆黑的派克轿车。面对大门的是一面二十度角的照壁，两座石狮子并列在台阶的两侧。抄手游廊中是门厅正门的后面，直通往正院，只有在正式宴会时才敞开，平时都是由边门进出。"[①]堂皇而威严的大夫邸门上有翰林的匾额，透显着一股森严气。此外，杜范林的儿子杜祖仁和他的妻子也居住

---

① 林语堂：《朱门》，湖南文艺出版社，2012，第30页。

第一章 从传统到现代

在东城内。

小说中提及了"满洲城"的东南角。这是我们要重点介绍的民国西安一城市空间。之所以称为"满洲城",按照作家的讲述是"因为清朝总督和他的满洲侍卫都住在这里。义和团之乱时,慈禧太后逃出八国联军的重围,曾经到过这里。"[①]据此,我们推断"满洲城"的东南角是慈禧太后在西安时住过的北院门。清统治中国之后,为了控制西北重镇西安,在城东北隅曾经修筑了一座城内城,即是满城。关于满城修筑的时间历来存在争议。《咸宁县志》上记载是顺治二年,即1645年。据雍正《陕西通志》载:"满城在府城内东北隅,西界钟楼,本朝顺治六年即故明秦府城改筑。"[②]顺治六年即1649年。想来顺治二年,清入关不久,估计要很快就修筑起满城实属不易,可能这个时候刚刚开始修筑满城,而到了顺治六年则满城修筑完毕,所以才会留下关于满城修筑时间两种不同的文献记载。满城被毁的时间是1911年10月,也就是在西安城发生了响应辛亥革命的武装起义时。激战中满城被革命军大炮摧毁,从而标志着统治陕西人民260多年的清廷在陕西被推翻了。故此,到20世纪30年代,满城早已不存在,然而,林语堂仍采取了旧说,还将其命名为"满洲城",与满城仅一字之差,其中应该还指涉另一层含义,这就是东北失陷后,日本人在东北建立了"满洲国",不仅大量东北老百姓流亡到了西北,而且大批东北籍士兵也流亡到了西安,张学良20世纪30年代即在西安。林语堂将西安城原来的满城区命名为"满洲城",含有对东北军及其司令官讽刺、嘲弄的意味。外城即是西安府大城,用的是明代秦王府城旧基(城东北部)改筑而成,据嘉庆《咸宁县志》载:"自顺治二年分城内东北隅地,自钟楼东至长乐门南,北至安远门东,因明秦府旧基筑八旗驻防城。"[③]在城东南隅紧临满城处还建有南城(又叫汉军城)以驻守汉军。这样,整个西安城就被分

[①] 林语堂:《朱门》,湖南文艺出版社,2012,第5页。
[②] 邵友程:《古城西安》,地质出版社,1983,第17页。西安市档案局、西安市档案馆:《西安古今大事记》,西安出版社,1993,第16页。西安市档案局、西安市档案馆:《西安通览》,陕西人民出版社,1993,第193页。
[③] 嘉庆《咸宁县志》卷十《地理·城池》。

化为满城、南城和汉城三部分。满城内驻扎着八旗兵和满人,汉人则被驱逐到汉城居住。

按照小说的描写,男主人公李飞的家在城东北角,这里据我们分析是满城旧址。1911年满城被毁之后,这里曾经有一段时间是荒废之地。抗战前后,"逃难来的人在解放路东西两侧一带搭棚栖身,多以捡破烂、摆小摊、拉人力车(洋车)谋生,并逐步形成了一些街巷居民点。以后又逐渐修建了房屋,其中大部分是简陋低矮的平房,有不少还是草房。"①所以作者将李飞的家安置在这个地方,大有表现李飞平民身份的用意。作者写道:"屋子后街上有些蔬菜摊子,是由邻近的农人经营的,还有几家肉铺、杂货店,一间清真馆和两三家平民小吃店。房子是用黏土或干砖盖的,有些刷了洋灰,有些没有。蜿蜒街道的那边有个大池塘,邻家的鸭鹅常泡在水中,池塘边长满了浮萍和沼泽植物,他小时候常来这里玩耍。夏天一到,池塘就枯缩一半。他常在烂泥上走,掘取贝壳。把双脚浸泡在凉快的泥浆里,让软泥透过脚趾缝,这股感觉真令他难忘。他爱这个池塘、古城墙以及延伸着的墙被沃草覆盖的这幅美景。"②这充满田园诗意的住宅区,以及周边自然而幽静的环境、柔美而清新的生活气息,在某种程度上,不仅对被迫卷入战争的人们来讲有一种心理补偿的作用,同时也是一种对平民化美满生活的隐喻。

小说通过大鼓艺人崔遏云的故事,将我们的视线引到了南郊和北城。1931年日本发动了"九一八"事变,大批东北人开始向内地迁移,"一·二八"事变后日本亡我中华之心已经非常显然,因此,更多的难民、学生、教师纷纷从东部向西北或西南迁移,小说中的崔遏云父女就是在这种情形下流亡到西安的。"她告诉范文博,去年春天她离开北平,被日本人赶出来之前,她在沈阳待了几个月。北平也不稳定,她就到了南京。后来上海附近发生战事,她又被迫离开。说起来,她真是个地地道道

---

① 西安市政协文史资料委员会编《西安老街巷》,陕西人民教育出版社,2006,第261页。

② 林语堂:《朱门》,湖南文艺出版社,2012,第18页。

的难民。"①中国老百姓的流亡路线从北平到了沈阳,又到了南京,上海发生战争,她和父亲就又流亡到西安。流亡成为战乱中老百姓生活的重要构成部分。崔遏云和父亲流亡到西安后,在一间茶楼卖唱,被富家子弟蓝如水迷恋,遂被带到了杜曲去赏桃花。这样小说的空间就随着人物的活动而转移到了西安城的南郊。南郊在唐时是长安城内著名的风景区,《类编长安志》里载:"牧之诗:'杜曲花落浓似酒,灞陵风雪老于人。'许浑送段觉归杜曲诗云:'书剑南归去,山扉别几年。苔侵崖下路,果落洞中天。红叶高齐雨,青萝曲槛烟。'"②与杜曲齐名的是韦曲,在樊川。"韦庄有诗曰:'满耳莺鸣满眼花,布衣藜杖是生涯。时人若要知名姓,韦曲西头第一家。'"③但是到了民国二十年,这里早已成了一片废墟荒郊。《朱门》里叙述一群青年人在这里吟诗唱歌、缠绵悱恻的情调,增加了南郊的抒情和浪漫性。"远处的终南山清晰晕蓝,所有通往山脚的乡间都布满了粉红色的花朵,桃树绵延好几里。这整个地区是因人们纪念大诗人杜甫曾到此一游而驰名。"④想来名胜古迹已成废墟,但是桃林、南山尚在。遏云在这个美好的环境里吟咏着诗句:"红了樱桃,绿了芭蕉,送香归客向蓬飘。昨宵谷水,今夜兰皋,奈云溶溶,风淡淡,雨潇潇。何妨到老,常闲常醉,任功名生事俱非。哀顾难强,拙语多迟,但酒同行,月同生,影同嬉。"⑤作家对西安南郊的印象还停留在诗文记忆里。

可惜好景不长,由于遏云才色俱佳,在西安演出后旋即引起了达官们的注意,因而被强行带进省主席的官邸。这样小说的空间又从景色秀美的城南延展到了北城。"北城坐落在城北区较偏僻处,四周都筑着泥墙。前门通往房子之间有一条长的磨石路,路的两旁种有果树,后院则

---

① 林语堂:《朱门》,湖南文艺出版社,2012,第74页。
② 〔元〕骆田骥:《类编长安志》,黄永年点校,三秦出版社,2006,第264页。
③ 〔元〕骆田骥:《类编长安志》,黄永年点校,三秦出版社,2006,第258页。
④ 林语堂:《朱门》,湖南文艺出版社,2012,第80页。
⑤ 林语堂:《朱门》,湖南文艺出版社,2012,第82页。

有一大片菜园子和盖在大北门旁边的一间马厩。"①小说中的省主席，根据其督陕的时间应为杨虎城将军。杨虎城1930年11月率部由豫返陕，担任陕西省主席兼潼关行营主任，在1933年6月被蒋介石免职，遂改任邵力子为陕西省主席，但是杨此时仍为绥靖公署主任，是陕西实权派。杨曾在北城，即现在的青年路建立官邸。这个地方是明时朱元璋的孙辈千阳郡王的王府，千阳郡王的后代将府邸变为庙宇，名"十方院"。1930年杨虎城回陕后，从温君伟手中买了十方院的西半部，又往北扩充买到十几亩地皮，修建了一座较大的房屋，取名"止园"。范文博请飞豹和豹三搭救遏云，地点就在杨主席的官邸。他们救出遏云后来到北城，在北门城塔上看见省主席的官邸，这说明杨虎城的官邸距离北城门比较近。杨虎城的官邸在新城。这个地方曾是明朝的秦王府，四周筑有土城，里面有很大一片旷地，曾是前清驻防旗人的教场，辛亥革命被摧毁后，民国十年，冯玉祥在此盖了一些平房，1927年根据于右任提议命名为红城，以示革命意义，后来改名为新城。"在西安的人，听到'新城大楼'这个名词，就会感到一种兴奋。便是国内报纸，每记着要人驾临西安的时候，也会连带地记上新城大楼这四个字。"②遏云在杜柔安的帮助下一行人从北门出了城，到达城西北一座尼姑庵，不久遏云就被送到咸阳火车站，一路向西而去。

　　这样，20世纪30年代的西安城东西南北区基本上林语堂都描述到了。不过，《朱门》里所勾勒的城市布局中，西北角也仅是为了证实这座城市多民族融和的特征而简单地勾上了一笔，南郊可谓是昙花一现，林语堂描述的重点区域在于城东北角、东城和北城，故事的情节以及人物的命运转折基本上都放置在西安城这三个区域。而1932年的"一·二八"事变和所截取的1933年战事是小说故事发生、演变的大背景。前者是日本侵华战争，后者是西北爆发了起兵的马仲英和统治新疆的盛世才之间的战争。处于这样一个动荡的时代背景之下，小说中人物的命运自然也就随着时局的

---

① 林语堂：《朱门》，湖南文艺出版社，2012，第106页。
② 张恨水、李孤帆：《西游小记·西行杂记》，甘肃人民出版社，2003，第53页。

动荡而不断地发生着变化和逆转。崔遏云父女因抗战从北京、沿海城市向内地流亡，又因为西安城内军阀专制，遏云从茶馆被强行带到杨主席官邸，之后被迫逃往兰州。李飞也因报道崔遏云事件，遭到杨主席的追捕，不得已逃离西安，经咸阳、宝鸡、天水、兰州至新疆，到了广阔的大西北。于是，小说利用西安城内的空间布局，以及人物的空间转移，将大西北广袤的地域空间纳入人们的视野中，从而使小说呈现出一种开放的叙事格局。

二、碎石马路与街市景观

从街市角度来透析城市，不仅能够观察到一座城市的经济水准、社会阶层分布以及文化生活，当然更能看到这座城市人们丰富多彩的心灵活动。

西安城市的街道，在清宣宗旻宁道光元年（1821年）以前，东西南北大街均用石条铺路，至民国初年张凤翙做都督时才将各大街的石条路翻修了一次，但不久就残破不全了。1927年冯玉祥督陕时，将这些残破的石条路面全部拆掉，在石子和土筑好的马路边镶上了石条，但这也仅是在主街道所做的部分修葺，整个西安城的街市道路状况仍然比较差。直到1932年西京筹备委员会创建，在其存在的十余年期间标卖了些原来"满城"的官地和其他地方的零星官地，测绘了西安城和郊区的地图，用飞机拍摄了咸阳地区的航空地图，组织人马调查西安周围的名胜古迹，修筑了部分西安城市的街道。"西安市政工程处处长张丙昌修筑碎石路。以西安南大街，东、西木头市，南广济街、盐店街、二府街、粉巷等各处道路较为重要。"[①]碎石马路在19世纪20年代多运用在美国的马路关卡，19世纪下半叶成为普及欧洲和北美洲的标准技术。这种道路利用好几层不同的碎石子铺设稳固且富弹性的路基，从而使得道路可以承受更大的重量，石板、木头、柏油或沥青等不同路面的材质可用于铺设碎石马路的最上面，有时除了泼洒防尘的一层柏油和煤渣的混合物之外，便不加其他铺设。

---

① 路市建设：《西安市修筑碎石路》，《道路月刊》（民国）第42卷第3号。

民国西安街道

关于城市马路铺设,民国报刊上一些文章有些描述,一种是讲:"城内的马路设计,颇称完善,可惜市政经费太窘,不能如计划实行。现仅东西南北四干线的路基已成,东大街的路面宽有三十二公尺,宏敞可观,饶有大都会的风度。但各路尽是泥土筑的,水泥柏油完全没有,石子亦极不多见,以致有雨为泥沼,晴为香炉,真行不得也。"①另一种是对马路上的景观作介绍:"马路两旁的槐树,已经开了白花,发出诱人的香气,百货店里陈列的女新高跟鞋、扑克牌、口琴成为战时古都唯一的点缀,这使一个刚从前方回来的人惊异,这儿没有一些战时气息,汽车油虽则贵到一百九十元一筒,而一九三九流线型汽车,时常从道上飞驰过去,扬着路旁行人一身尘土,几乎睁不开眼。十八世纪的大车、牛车,和着汽车一块在马路上比赛,这是半殖民地经济的忠实的缩影。可是牛车还是现在主要的运输工具。西菜馆里虽然没有了来路牛尾,可是到了下午六七点,在'卡利食堂'门口就排满了流线型的汽车,门庭若市。物价再涨,对这些人是毫无问题的。"②

---

① 寄紫:《西安漫游杂纪》,《道路月刊》第41卷,第1号。
② 文硕:《西安特写》,1940年民国报刊。

自"九一八"事变爆发以来,日本强占我东北四省[①],国人感于民族前途危机日迫,转移目光于边疆,于是开发西北的呼声洋溢于表。陈必贶1930年来陕,任省政府秘书及公署参政,1931年写下《长安道上纪实》一文,因是政府官员,对西安的描写更为翔实。"然而有值得令我们注意的是那些新开的路所有的名字,都是按次序加以礼义廉耻忠孝节义等字样的。大约也所以借道路来维持'礼教'吧。……长安东大街的房子统统是二层楼式的,高下形式都相仿佛,听说这是民国元年公家营造的,也就可见当年陕西人民勇于改造的精神了。这一条街上旅馆、饭店很多,听说在冯氏时代,旅馆生意并不好,自从交通恢复后,新的省政当局主张采纳新人才,不分地域一律引用,于是乎潼关外的知识分子大批的载入关中,而久已冷落的旅馆,难免利市三倍了。"[②]

20世纪30年代,捷克斯洛伐克汉学家普实克来到中国。这位以研究中国文学为业的学者,在他1940年出版的《中国 我的姐妹》一著中对西安街市颇有感触:"主要街道很宽,石块铺路,人行道上甚至栽种了几棵树木。这里也可以看出行政管理机构办事迅速有力,力图提高本地的水平。主要街道纵横交错,布局和北平类似,城市中心有座圆鼓鼓的钟楼,设有岗哨,当某地发生火灾时,就会报警。广场上有几座欧式的现代化的房子,那里面是上海一些公司的分号,里面还有几家藏书丰富的书店,大概是因为这里的居民用读书来补偿与世隔绝的状况吧。然而,除此之外,城里的房屋和店铺都展示出城市的衰败以及居民的贫困状况,店铺里几乎什么都没有。从西安府到潼关只有100公里,那儿就有铁路,这么微不足道的距离,就几乎使正常的商业关系中断,那些在中国到处都能够通过交通运输得到的东西,却无法渗入到这里。"[③]总体看来,西安还是落后的,尽管市政有了很大的变化和发展。及至1936年范长江所见的西安街市道路

---

① 民国时东北分为黑龙江、吉林、奉天、热河。
② 杨博编《长安道上》,南京师范大学出版社,2016,第36—37页。
③ 〔捷克斯洛伐克〕雅罗斯拉夫·普实克:《中国 我的姐妹》,丛林、陈平陵、李梅译,外语教学与研究出版社,2005,第396页。

大为改观:"从市政上看,一年来长安的进步,直可谓一日千里,主要街道,已一律成碎石路,小街僻巷,从前大坑小坑镶成的路面现在亦通成了通车无阻的坦途。但是长安繁荣的里面,却包含着严重的事实,决定了长安繁荣是暂时性的发展,预示着若干时间后的衰落。因为目前的长安,是以'单纯消费景气'和'暂时剿匪景气'为实质。"①

不言而喻,20世纪30年代是西安日渐繁荣发展的历史时期,尤其是在全面抗战爆发之前,西安进入了20世纪发展的第一个高峰期。可惜的是,七七事变之后,由于日机的轰炸,整个国家处于民族生死危亡的紧要关头,西安发展的步伐缓慢了。

三、繁华的南院门与东大街

在陇海线开通之前,"西安的热闹市场都在南院门和粉巷,大书店、洋货店、绸缎庄、大药房、大南货铺都在这一带,而小吃摊也最多,在广州好游长堤的人,到西安都要游南院门。我这种比较法虽然有些不伦不类,但也确实有点相像。在这里呢可以看见西安的'诸色人等',如果你想偷看西安的女性美,那除了在这里是没有再适当的地方了。政治机关在钟鼓楼靠北的居多,省政府就在钟楼之北,以前名为北院,慈禧和德宗皇帝来时,就住在这北院,然而这北院比起北京的宫苑来,是不可同日语了"②。南院门是指竹笆市以西,南广济街、五味十字以东,东西长三四百米,北起马坊门,南至粉巷——五味十字大道,南北宽二百余米,是一个七万多平方米的长方形地域。南院门在明代属于归义坊,清顺治元年(1644年),陕甘总督部院行署始设于此。陕甘总督管辖陕西、甘肃两省,是两省最高军事行政长官。清光绪十四年(1888年)陕西巡抚叶伯英重修部院行署,因与鼓楼北的北院门相对,故称南院。南院门是20世纪20、30年代西安最繁华的地域,兴起于20世纪20年代,最繁华时期在20世纪30年代。当时西安的各种作坊、商铺、药店、饮食、服务行业几乎

---

① 范长江:《中国的西北角》,天津大公报馆,1936,第97页。
② 杨博编《长安道上》,南京师范大学出版社,2016,第37页。

都云集于此，百货商店里陈列的尽是洋货，人行道旁均粘贴各类广告，各界人士公暇业余时间常常联袂浏览于此。西安城里流传着这样的段子："绸缎布匹老九章，钟表眼镜大西洋，西药器械世界大药房，金银首饰老凤祥，购置鞋帽鸿安祥，要买百货慧丰祥，南华公司吃洋糖，想生贵子藻露堂。"①可见南院门是西安市内各大商品汇集地，同时还是古董汇集之地。光绪二十六年（1900年），两宫驻跸西安，各地官员向慈禧进贡"纳祥"。两宫回銮后，留下了大量古玩和工艺品。1910年，陕西巡抚恩寿将这个地方改为陈列珍宝之地，民间称为"亮宝楼"。

南院门所卖商品以改了牌号的东洋货为最多。"每一个商店，也都花花绿绿装饰得好看，陈列得也很精美，可是营业却很冷淡，一方面是受国内外不景气的影响，一方面也是因为灾荒及农村破产，一般人没有购买能力所致，京沪一带的减价病，也早就传到这儿了，五颜六色的减价广告与贱卖的招牌，每一家门口都可以看到，还有很多利用大赠品来号召顾客，但其效力亦很微末，营业总觉日渐萧条。"②南院门也是寄卖部，"最多便是衣料，军装第一，旗袍第二，西装第三……大小好坏都有，只要你耐心地改，总会费十来万捡上一件八九成新的呢织品的西装或军装，最近大家又竟买美国货，举凡上海所有，这里也有，比上海贵上三成至两倍三倍不等，但有一点是特质，尤其是与'洋'最近的上海、香港，那里的商品举目尽妇女用品，男人用的稀得可怜，要么是通用的，极尽色彩上的布置。西安则不然，玻璃橱里全是男人用的货品多，妇女用品隅一点缀着，时装店一家也没有，实给男人吐气不少。"③另外，这里还是文化荟萃之地，书店、印书馆最集中，有世界书局、中华书局和商务印书馆在西安设的分馆，三联书局是当时进步青年经常光顾的地方。还有华西书局、大东书局、荣记书局、维新书局等也云集于此。当时陕西各种学校所用课本大多为商务印书馆、中华书局、世界书局，以及一家名叫文化学社的出版社

---

① 田荣：《老西安街村》，陕西旅游出版社，2012，第11页。
② 刘凤五：《西安见闻记》，《新文化月刊》第11期。
③ 平山：《西安漫记》，载于民国期刊。

2018年冬季的南院门（宋鸿雁 摄）

出版，西安市各学校多数使用此四家出版的书籍。

除南院门外，东大街是民国西安另一繁荣区域。"东北两大街建筑的马路足有北平东四牌楼的马路那般宽，而长安的东大街似乎还有过之无不及。这东大街的正中间是普通马路，再两旁是两条水沟，最靠边的两旁是有宽过一丈而铺青砖的人行道。城里并没很多的空地，只有东北角以上旗人居住地域，经过革命以后，毁了很多房子，因此空出一个角来。我偶然也曾到那一带，去寻觅以前旗人的荣华富贵的余迹，但是除了很少的碎瓦残砖之外，一点也看不出什么来了。近年来冯玉祥派人在那一带开辟新马路，预备成为长安的新市区，但是并未成功。"[①]到20世纪30年代，在作家鲁彦的笔下可以看到："新筑的辽阔的马路，和西边巍峨的钟楼以及东边高大的城内边都庄严地映入了我的眼帘，我不禁肃然起敬了，仿佛觉得自己又到了故都北平的禁城旁。马路上来往的呜呜的汽车，叮当叮当的上海包车式的人力车，两旁辘辘地搅起了一阵阵烟尘的骡车，以及宽阔的砖

---

① 平越：《西安之行》，《关声》第5卷第6、7期。

阶上来往如梭的行人——这一切都极像我十年前所见的北平。"①

1934年陇海线延展到西安,南院门也就逐渐失去核心地位,火车站及其附近区域上升为繁华地段。现代化交通总会使城市繁华地域不断随着新出现的交通设施而改变。火车的运载能力大大超过传统的马车,商业的繁茂区域就又集中到火车站周围,城市建设也跟着发生了变化。

---

① 鲁彦:《西安印象记》,载沈斯亨编《鲁彦散文选集》,百花文艺出版社,1982,第134页。

第二章
现代教育与都市生活

中国近现代化是从东南沿海城市发展而来,北起上海、连云港,中经汕头、潮州、漳州、厦门、石狮、泉州、莆田、福州、瑞安、温州、杭州,南至广州、澳门、香港,宛如一串璀璨明珠散布在中国东南的海岸线上。外来势力催生这些城市的文化近现代化发展。晚清时期,上海、宁波、福州、厦门、广州五口通商,建立教堂,设立医院,兴办学校,出版报刊,翻译书籍,通过多种形式将西方文化传入中国。19世纪末20世纪初叶的西安现代之风相比较东南沿海城市要晚些,但也逐渐从东南沿海城市将现代文化延展到内陆城市,教育发生转变,反之,现代化教育为社会转型培养大批现代人才,从而推动城市生活向现代化演变。

就教育而言,传统中国社会以私塾教育为主,宋代兴起的书院依傍山林,教育的内容以儒教经验著作为蓝本,然而,近代以来,革命力量在城市孕育并发展壮大,参加并推动革命发展的人物也以接受新式教育的新兴知识分子为主,西安城内发生的武装起义便与西安城市的现代化教育紧密联系在一起了。

第一节 晚清西安与现代新式教育

任何一座城市的现代转型都是多种因素合力的结果,西安现代化发展绝非是在1911年10月西安起义这个时刻才真正开始,1911年只能是作为我们衡量这座城市变化的一个标尺而已。对于这场推翻清政府在陕西统治的革命风暴，迄今为止，文学作品中描述最为详尽的是创造社诗人王独清的《长安城中的少年》。

一、封建大家庭衰败与社会变革

王独清，原籍陕西蒲城，其父一族常年居住在西安城。西安响应武昌起义发生社会变革时，王独清还是一名少年，他目睹了这场轰轰烈烈的政变，于20世纪30年代初写下了《长安城中的少年》一著。作品叙述了19世纪末期至作者旅欧前在长安的生活经历和时代变革，广阔的社会背景就是近代西安向现代转变的社会现实。1900年，八国联军攻占北京，慈禧太后携光绪皇帝仓皇逃到西安，国难巨变中，现代之风吹进王氏宅院。到王独清十岁时，清廷已经开设国会一年，废除科举制已有三年光景了（1905年废除科举制），时代变革的狂潮冲击着西安城。

王独清的家庭及其之后的衰败显示出清末民初封建贵族大家庭的衰败过程。据作者在《长安城中的少年》里描述，王家本是陕西蒲城一望族，长安城中这一族是父亲这一支。王氏家族历史古远，是从明代以来都没有断过的官僚大家族。明末远祖中出现了一位叫王道明的御史，在清入关时殉道而死。清代一位高曾祖官至相国，王独清这一支的曾祖又曾任两广监运史。名叫王益谦的曾祖和林则徐是莫逆之交。王独清的父亲是一个富有浪漫气息的举人，能作诗、画画、讲学，并没有做过什么官，但是官员们都拜访他。官僚贵族和名士身份交织的王父家中养着许多佣人，其中最多的便是丫头。这些丫头被父亲分成不同种类，年龄大的伺候家眷，年龄小的做粗重家务，长得好看且年龄大一点的用来招待宾客。父亲的野心是让每个丫头都认识字。接待宾客的丫头熟悉当时上流的招待礼节，服装也特别的娴雅。除了培养有一定文化的丫头外，父亲最大的雅事是在家中邀请长安城中的名流来赏花。"父亲书斋前有一个园子，中间种着许多花木，大半都是由父亲自己监督着用人经营出来的。每到比较著名的花开的时候，父亲必定大张宴席，请所有长安城中的官僚名人来聚会。这在父是顶重要的一种交际手段,他用这种名义去结交着一般有势力人物。'赏花'那一天中,我们家中便变成长安最高等的聚乐部:名人不成问题都是陕西底一流角色,官僚是巡抚、藩台、臬台、道台、知府等等。家中的布置是尽可能底要做到讲究的地步。"①父亲对食物非常奢侈,他有一个食谱,上面都是他发明的菜,并且想了许多办法以花代菜。

然而,这样一个与陕西官府有着密切联系的家庭也面临着变革,核心的原因在于19世纪末期以来中国社会的巨变。王独清出生在1898年,即中国戊戌变法年。作者讲:"这算是近代开始翻身的时期。我是生成便不是这个家庭中的人。然而我也带来了一个悲苦的命运,在我出生前四年正是中国历史上重大事件之一的中日战争,从此各帝国主义便开始有规模地在中国伸出他们地巨掌来了。我底生命是注定了一和这世界接触时便要印上半殖民底囚犯的烙印。安宁的世界和我没缘。我两岁多的时光便发生了义和团和联军进攻北京的事件,清廷底太后皇帝都奔到长安来,同时,也就在这一年陕西在闹着饥馑的大灾。"②在王独清十岁时,即是1908年,"这个时代的狂涛在猛烈地攻击着封建的围墙。旧社会是在崩溃着了。长安城中到处都走动着'新党',这给呼吸古老空气的人物和家庭以绝大的不安。我们家的变动就发生在这种社会变革的情势之下。"③王独清的父亲和新派、老派都有联系,当时长安城内有两个不做官的旧名士在长安新人物中间相当流行。一个是张柏云,一个是王注东,后者便是王独清的父亲。张柏云比较左倾,与同盟会有关系。而王父对同盟会的态度只是拉拢,其实并不了解同盟会,或者说没有任何关系。一次王父走到按察使衙门的巷子时,遇上同盟会会员焦子警,焦子警的辫子上打了一个结,一会儿又遇到两个人走进巷子,这两个人,一个是当时高等学堂的学生,一个是健本学堂里的教员,高等学堂与健本学堂是清末民初西安的新式学堂。这两人的辫子上也打了个结,事后证明那天是同盟会在巷子里开会,遇到

---

① 王独清:《长安城中的少年》,光明书局,1935,第19—20页。
② 王独清:《长安城中的少年》,光明书局,1935,第25—26页。
③ 王独清:《长安城中的少年》,光明书局,1935,第60页。

的人都是同盟会成员。处于这样一个时代风云即将骤变的时代，种种既传统又现代的事物在王独清的家中都出现了。

　　就王独清所接受的教育而言，西安起义前，他接受的教育一半是传统，一半是现代，这正是西安由传统走向现代的一种表征。一方面王父给他安排了非常严格的儒教经典功课，另一方面少年王独清有幸接触到现代文化，并努力学习它。他曾得到一本上海出版的吴友如画的画报，"我照样的把那些时事画临了又临，我觉得那是比临画谱要有趣得多。于是我明白了绘画原来还可以用去表现现代底人物和眼前发生的活动的事体。这给了我新的刺激，我再也不愿意画什么山水和甚么花卉了，并且连美人也都不愿再去着笔。我也创作起我底时事画来了"①。这里提及的吴有如的画报是《点石斋画报》。该画报创刊于清光绪十年四月（1884年5月），由英国旅沪商人美查——画报所载之尊闻阁主人创办，连史纸石印，每月上、中、下旬各出一次，每次凡八帧，随《申报》出售，售洋五分，发行至光绪二十四年（1898年），共出528号，刊行图画四千六百多幅，因画报由点石斋石印书局印刷，故得名为《点石斋画报》。《点石斋画报》是我国第一本画报。当时与吴友如合作的还有田子琳、金蟾香、符艮良、金耐青等人。他们都用白描的线条作画，和吴友如的画风一致。后来，吴友如把他在该刊所发表的作品汇印成册，题为《吴友如墨宝》。因为画报是以报道时事为主，看重新闻性，吴友如和他的同事们也就把再现时事作为绘画的主要题材。这样，很自然地形成了吴友如一派以事件为画题、以人物为中心、以线画为特色的艺术风格。这种风格，对于宋元明清以来以山水花鸟为题材表现文人士大夫山林隐逸思想的文人画来讲，是一种突破和创新。《点石斋画报》的艺术特点在于它很好地继承了中国传统，特别是明清这个时期版画木刻艺术的特点，吸取了民间艺术中的表现方法，采取了广大人民所喜闻乐见的内容和形式，因而获得群众喜爱，也适当吸收了西洋画法中的透视和解剖知识，因而，画面上的远近、人物比例看来都很舒服。在构图的处理上，从现实中去吸取，因而真实而有变化。

---

　　① 王独清：《长安城中的少年》，光明书局，1935，第40页。

王独清模仿吴友如的《点石斋画报》，把家庭中发生的较大事件描绘下来，同样在每张上用蝇头小楷写一段说明，再加上一两句评语，装订成册，上面题上"有成画册"。然而，即就是这样，在作者看来："现在想来，我底童年是一个在矛盾的空气里生长的童年。一面我是在一种好像简直是非常舒服的境遇中生活，一面我底精神却被一种几乎是悲惨的黑暗压倒佝偻的地步。这就是说：表面上我底童年算是理想化的，我是不认得甚么是饥，不认得甚么是寒，并且有相当的教育，有大多人享受不到的抚养。但是实际上我底周围却又笼罩着种种不和平的瘴雾，封建家庭中常有的暴虐和残酷都在迫害着我底脆弱的想像。不错，我底境遇是如此其高贵，我是被人前呼后拥地度了我人生的最初光阴，然而跟着这个境遇而来是些甚么呢？那恐怕是除了些坏的习惯，虚伪的假面具，宗法制度下的病态……除了这些，再没有甚么了罢？"①这样的家庭后来随着王父去世，衰落了。长安城内另外的几家富庶人家也在这个时候走到了没落期。一家姓戴的人家和一家姓张的人家先后衰败，宅子被中国银行购买，至此，宣告西安城内的封建大家庭土崩瓦解，而此时正是社会变革暗潮涌动之际。

二、从陕西高等学堂到西北大学

1911年10月10日武汉发生起义之后，10月22日陕西和湖南同日发动起义支持武昌起义，陕西可谓是最早支持武昌起义的省份之一。少年王独清亲眼目睹了这场武装反对清廷的起义过程。没有一种记载像王独清的作品《长安城中的少年》里对这场发生在西安城内的社会变革描述得如此详尽、生动，《长安城中的少年》重要的史料价值在于，详尽地描述了当时参加西安起义的各种社会力量以及当时的新式教育学堂。西安起义推翻了清政府在陕260多年的统治，有力地支持了武昌起义，为西安城市现代化发展奠定了基础，因此成为西安城由传统走向现代的转折点。

《长安城中的少年》从个人的人生遭遇以及家庭变故写出清朝末年西

---

① 王独清：《长安城中的少年》，光明书局，1935，第47—48页。

安城内的时局变迁,客观且详尽地叙述了陕西近代历史上影响深远的重大历史事件。和一般史料相比,王独清是这段中国社会变迁的亲历者,他的描述比任何一份历史文献资料都要真实、生动、鲜活,故而令人可信。

不言而喻,起义后,西安城内旧有的文化部门和设施被废弃,有的成为潜在的土地开发用地,有的转化为新式教育机构,于是西安城里出现了许多新文化空间。王独清的《长安城中的少年》在描述西安起义的经过及其善后事宜之际,向我们讲述了一个又一个新式的文化教育空间和机构。从这些新式教育机构中走出来的陕西新式知识分子则成为最早了解世界、最早接受现代化思想的先驱,为陕西文化事业发展,乃至中国社会和文化发展都曾做出了贡献。

光绪二十八年(1902年),陕西巡抚升允创立了陕西大学堂,地址在西安城东考院,与西安府之崇化书院相邻,光绪三十一年(1905年),巡抚夏时按照朝廷要求将其改为陕西高等学堂,时为西安城内级别最高的学校。陕西大学堂创办之初,就聘请外国教习,显示出欣欣向荣的现代气息。1906年至1910年,日本人足立喜六在陕西高等学堂任教习,足立喜六一向憧憬中华文化,每当授课之余,便在西安附近调查古迹,回国后于1933年完成《长安史迹研究》一著。从足立喜六在清朝末年的西安担任外国教习一事可看出,清政府一方面派遣一批批学生出洋留学,另一方面延请大批外国人来中国任教,以应新式学堂之急需。陕西高等学堂所在旧为清军同知署,由清政府招聘的日本籍教员足立喜六、铃木直三郎等任教。据王独清在其《长安城中的少年》中描述:"高等学堂是当时官办的学堂,那算是科举废除后一省最高的学府。在名义上,那算是中学,甚至还是大学预科,不过实际上怕不见得真是那么一回事。那里面的学生有十多岁的孩子,也有三四十岁的人物。在当时能进那个学堂的人是再舒服也没有了,学校在供给房子和伙食,并且每月还发着几量银子的津贴。"[①]无疑,高等学堂是官办,监督、学监都是当时的官僚。王独清的父亲与他们都很熟悉,这些高等学堂里的官僚表面上办新学,实际上却都是反对学

---

① 王独清:《长安城中的少年》,光明书局,1935,第77-78页。

校制度的守旧分子，所以他们大多劝王父不要把孩子送到高等学堂里来，但那时的王独清对新式学堂的向往是不言而喻的，只是一时还没有寻找到进入新学堂的机会。

1911年10月西安发生了支持武昌起义的社会变革，1912年秦陇复汉军大都督张凤翙在西安创设西北大学，这所西北最高学府的前身就是陕西大学堂，办学的人大部分是在日本明治大学速成班学法政的留学生，这是西北地区第一所真正意义上的现代高等学府。1914年6月，袁世凯将张凤翙调离陕西，派其亲信陆建章率兵入陕。陆建章督陕后，即于当年冬天逮捕西北大学校长钱鸿钧，由关中道尹宋焕彩接任校长职务。1915年，陆建章又将西北大学撤销。1923年，军阀刘镇华督陕时重新设立"国立西北大学"。1924年1月，北洋军阀政府正式批准西北大学立案，任命原西北大学筹备处处长傅铜为校长。西北大学获准成立后，刘镇华将原陕西法政专门学校、陕西水利工程专门学校、渭北水利局附设之水利道路工程专门学校及甲种商业学校等，强行与西北大学合并，设立法科、工科、两个专门部和国文、蒙文、政治、经济等专修科。法科主任蔡江澄，工科主任李仪祉（兼陕西水利局长），政治经济主任王风仪，国文主任吴芳吉，蒙文主任黄成恍，教务长吴小朋。1924年暑假，西北大学和陕西省教育厅合办"暑期学校"，邀请国内学者名流来陕讲学。应邀前来的有鲁迅先生，北京师范大学教授王桐龄、林砺儒，东南大学教授陈钟凡，南开大学教授蒋廷黼、陈定谟、刘文海及北京晨报记者孙伏园，京报记者王小隐等。然而，到1926年围城之役中西北大学解散。1937年抗日战争全面爆发，平津沦陷，西安成立"西安临时大学"，由北平大学、北平师范大学和天津工学院迁西安合并组成，继而迁至城固，1939年改名"西北联合大学"，后又分出国立西北大学、国立西北农学院、国立西北工学院、国立西北师范学院、国立西北医学院，抗战胜利后才迁回西安。20世纪30年代，台湾作家尹雪曼在西北大学就读，30年代后期诗人牛汉考入西北大学，在外文系读书。

从陕西高等学堂到西北大学，这是西北现代化教育发展的起步。西北大学的前身陕西高等学堂为西安起义培养了大批革命力量，革命胜利为陕西现代化教育奠定了政治基础，此后这所近代西北最早的高等学府为西北的经济和文化发展培养了大批优秀人才，推动了近现代西安文化的繁荣发展。

三、三秦公学及西安其他学校

以个人经历折射时代风云是王独清《长安城中的少年》这部自传体著作最显著的特点。它不仅描绘了武装暴动的全部过程，描述了革命队伍的复杂构成和内部矛盾，而且从个人经历角度，展现了当时西安城内最主要的几所新式学堂。在王独清父亲去世之后，大母便决定为他联姻。妻兄是西安起义中的一位团长，在妻兄的支持下，王独清进三秦公学读书。在王独清看来，"三秦公学底规模虽然赶不上西北大学，但是它内边也有许多部门，除了中学部而外还有高等英文班、留学预备科等等。在性质上说来，这是一个包括中学和大学预科的学校。……教员是在日本留学的也有，从上海和北京住了学校回去的也有。"①三秦公学成立于1912年4月28日，以理工和留学教育为主，主要发起人有刘鼎球、田种玉（蕴如）、宋向辰、焦子静等，著名的水利工程专家李仪祉曾任该校教务长兼德文、物理教员，渭南人严敬斋曾任教务长兼英文教员。在当时，虽然晚清的陕西高等大学堂、三原的宏道学堂以及师范等各学堂均以引入西学为目的，但是它们当时引入的东洋教习充其量不过五六位，而留学生尚未归国，因此，实际上，陕西晚清时期所谓的新式教育与真正的现代教育尚有一定距离。而三秦公学的教员中懂西文与日文者竟占半数以上，仅在公学任上前后留日者就有10余位，还开创了以留日、留英、留德等留学预备教育为特色的办学特色，这就极大地提升了学校的西学水准。

三秦公学后改名为省立西安初级农业职业学校，后又改名为农业学校、第一职业学校，合并到第二职业学校。校址位于西安城外西南角，负郭而居，地址宽宜，空气新鲜，前有园圃50亩，分畦别部，栽植花蔬果木，以供园艺作物森林诸学程实习研究之用。另外，王独清在《长安城中

---

① 王独清：《长安城中的少年》，光明书局，1935，第127页。

的少年》中还提到"健本学堂",这所新式学堂在西安西城"早慈巷",是革命党的秘密机关,也是焦子静为培养革命人才和掩护同盟会开展活动所创办的学堂,之后改名"健本小学",1948年移至咸宁学巷南口外以东,仍用旧名。

除以上新式学堂外,西安城市内还创办了中、初等和女子学校。林鹏侠1929年赴英国学习军事航空,是民国时我国唯一女飞行家,1932年上海"一·二八"事变爆发后回国,11月24日奉母命对西北考察,在其《西北行》中多对西安教育有叙述,为我们了解20世纪30年代西安城市教育提供了信息。"晨起略迟,梳洗未毕,而女子师范徐、刘女同志数人来访,均当地受高等教育者。衣饰朴素,态度诚恳而端正,心颇敬之。入陕以来,于女界同胞,特为注意。此同类相惜之心理,出于恒人天性。陕省为我国文化发祥之地,自海通以来,西洋文化输入而后,我国固有文明,遂亦顺河流而趋于滨海之区域。今日西安文化已渐落伍,政治经济,亦在东南之后,而尤以妇女生活为苦。"①

侯鸿鉴是我国民国时教育家,留日回国后献身教育事业。1935年4月西北游历三月,主要考察西北的中小学教育、职业教育、妇女及民众教育,并在西安专门参观省立女师、省立女师附小学校、省立第一师范学校及附小、幼稚园。省立第一师范学校在书院门,学校校舍为关中书院旧址,明代冯少墟曾在此讲学。当时校长是田杰生,教职员共有三十余人,"学生八班,后期两班,八十三人,往开封受军训。简易师范,四年制,三班,一百五十人。普通初中学生三班,一百四十人,共三百七十三人。经费,每月四千余元,教薪最高者,月一百七十余元,级任八人,每人二十五元。图书馆藏书四千余种,一万余册,杂志廿余种。学生阅书兴趣,前两三年喜阅社会科学书,近年渐趋于文学方面及自然科学方面、教育方面矣。在校中总想以自然科学与教育为引导学生发生兴趣,时常指

---

① 林鹏侠:《西北行》,王福成点校,甘肃人民出版社,2002,第18页。

示以阅读之也。"①另有省立高级中学,侯鸿鉴也进行了参观。这个学校"学生八班,共五百人。一年四班,二年二班,教职员三十余人。经费,月领三千余元,薪俸一百七十余元,每小时以两元计,八折,则一元六角矣,级任二十元,高中一律不收学费。训育方面,注重整齐划一,办事敏捷,确守纪律。现学生四班,往开封受军训。寄宿者仅二百人,宿舍有电灯,较他校为便利。校舍亦宽敞。图书馆,中国旧书约二万余册,学生阅览图书之兴趣偏于文学方面者多。教学方面,见王教员含英为三年生补习英文,此为课外特别教以英文作文之文法,为会考之预备。梁教员景韩为二年生教理化,在阶级教室中试验。王教员心田教女生补习军事常识。各教员均见热心教授,认真将事。理化器械设备丰富,足敷应用"②。随后"参观省立小学教室训练所,所长即周厅长,副所长即第三科张科长,教务主任为胡雪松,主持所中一切。晤胡君,谈悉学员分三班。小学教师班两班,九十九人,社会教育班一班四十八人,六个月毕业。由每县送二人或三人,来所听讲者本届已为第四期,前已毕业三次。训练方面,注重极端严格的,用军事训练方式行之。寄宿舍注重清洁及服务,凡洒扫均由学生自任。有女生九人,另一院落住居。对于惩奖方面,在学校则积极训话及消极处罚兼行之,在学生纠察团另有惩戒犯规之条目甚苛。所以学员循规蹈矩者多,即有一二犯规之人,一次二次,必不再犯。盖师资训练,将来出任教师,关系殊大也。菊林小学,原为张氏私立,自去年收归训练所办理,为附属小学,为学员实习教学之用。校长薛明轩,教员十三人,学生八班,三百二十余人,女生占百分之三十。经费,月七百八十一元。见马教员友骥教一年级体操,短期班,排队放课出校。星期上午各班上课半天,下午停。各教员阅学生课外文字及自己预备各科甚忙。想见各教员均

---

① 侯鸿鉴、马鹤天:《西北漫游记·青海考察记》,陶雪玲点校,甘肃人民出版社,2003,第19页。
② 侯鸿鉴、马鹤天:《西北漫游记·青海考察记》,陶雪玲点校,甘肃人民出版社,2003,第20页。

热忱教学也"①。

1936年庄泽宣受教育部之聘,到西北视察教育,在其《西北视察记》中涉及的西安学校有省立西安高中、西安一初中、西安二初中、省立西安师范、西安女师,重点介绍了省立西安女师、西安高级中学、西安二中、省立一实小等。教育是提高国民心智和素质极其重要的途径,民国作家笔下的西安城市新式学校集中在中、初等教育及职业教育、师范教育,以及妇女教育上,而高等教育学校较少。中、初级教育及女校的兴起是文化开始普及的现象,尤其是女性接受教育,走出家门,参加社会活动,也是西安城市现代化的一种体现。

四、公益书局与《秦风报》

尽管民国时全国的文化中心在上海,文化名人主要集中在北京和上海两地,图书的出版和选题策划均集中在这两个城市,但是这些大书局也在西安设立分馆,主要销售本馆主办的用于各类学校的教材和其他一般图书,这样就带动起西安近现代文化的发展。西大街的正学街,全长不过百米,就有印刷厂数十家,涝巷是雕版印刷年画及冥币的集中地,南院门、竹笆市则是书店、印书馆最集中的地域,有著名的世界书局、中华书局和商务印书馆在西安设的分馆,三联书局更是当时进步青年经常光顾的地方。还有华西书局、大东书局、荣记书局、维新书局等也云集于此。当时陕西各种学校所用课本大多为商务印书馆、中华书局、世界书局以及一家名叫文化学社的出版社出版,西安市各种学校多数使用此四家出版机构的课本。

对王独清影响大的是"公益书局"。这家书局是清光绪三十四年(1908年)由一个叫焦子静的人"和进步人士张拜云、吴宝珊三人合资在南院门街路南租了三间木板门面街房,开设的。表面上收购和销售各种古旧书籍、碑帖,往往能在这里买到名贵的古典著作,还兼卖文具、纸张,

---

① 侯鸿鉴、马鹤天:《西北漫游记·青海考察记》,陶雪玲点校,甘肃人民出版社,2003,第20页。

实际上这里是陕西同盟会秘密革命活动的据点"。这里的焦子静在《长安城中的少年》一著中被作者称为焦子警,而根据《西安老街巷》以及《西安老街村》等诸多资料,我们确定此人应该叫焦子静,是同盟会陕西分会会员。后来,公益书局因为所处的地方狭窄,革命者来西安聚会不够住,焦子静便在南院门街路南,南院广场对面,买了一所有三间门面街房带一个大后院的房子。街房开书局并附设有"公益印书馆",后院办有印刷厂,并将原"公益书局"改名为"含璋书局",大约过了年余又改名为"酉山书局",出售的书报、纸张和印刷材料,并且根据需要秘密翻印革命刊物,也翻印上海商务印书馆和中华书局出的课本和代印其他书刊,出售文化用品。事实上,清朝末年开创的"公益书局"不仅是知识分子寻求新知识的地方,也是他们宣传新思想的机构,陕西留日学生在日本东京创办的《夏声》刊物就是通过"公益书局"宣传革命思想的,所以"公益书局"无疑是当时西安城里重要的文化中枢之一,每天来往的教界人士络绎不绝。

《夏声》是在中国同盟会影响下,由在东京成立的同盟会陕西分会和陕西留日学生组织出版的机关报,是各省留日学生创办的刊物中时间较长的刊物之一。1908年2月创刊至1909年9月停刊,为月刊,共发行9期。发行人为杨铭源,主要撰稿者有井勿幕、李元鼎、茹欲立、张季鸾和于右任等。《夏声》辟有《论著》《时评》《学艺》《文艺》《杂纂》《附录》《时事丛录》等栏目,采用文言体,由在日本东京的陕西籍同盟会会员编辑发行,出版后由日本寄往国内以及美、英等国的各代办处分销,运到陕西的则由西安公益书局经销。读者对象是革命党人、青年学生和旧军队的下级军官。内容以反对清朝专制统治、防止西北权力外溢为主,涉及政治、教育、军事、农业、工商业、历史、风俗民情等,介绍国内外发生的重大事件以及最新的西方科学技术成就。

可见,公益书局不仅是《夏声》的经销书店,而且由于外县的同盟会会员和进步人士常来书局居住,并与省城的会员、开明士绅们在此聚会,所以这里也是革命党人联络感情和交换工作意见的主要场所。当时陕西的同盟会能够团结许多士绅，并得到了他们的帮助，不言而喻，公益书局（后改名为"酉山书局"）发挥了巨大的作用。辛亥革命后，"酉山书局"在陈树藩督陕，西安围城后和宋哲元驻陕时，先后三次因故被封闭，旋又复业。到1932年左右，该书局仍承印景梅九办的《国风报》和《出路》杂志等。后因生意萧条，焦子静遂将南院门街书店的房屋出租上海商人开的"亨达利"钟表店，将印刷机搬到竹笆市。解放后，焦子静将南院门街原书局的房屋租赁给西北工程总局，以三年得的租金还清了他欠亨达利的债款，此后，房归公有，在这里开设了一家"古旧书店"。（后文第七章第三节"城市生活与文化"部分谈及，故不再赘述。）

少年王独清在公益书局里接触到《新民丛报》。这是清朝末年资产阶级兴办的一份报刊，1902年2月8日在日本横滨创刊，1907年11月20日停刊，前后出版了5年零9个月，共发行了96号。内容分图画、论说、学说、时局、政治、史传、地理、教育、宗教、学术、农工商、名家、谈丛、文苑、小说、新书介绍等类别，包含人文社会科学的各个领域以及自然科学的某些学科。梁启超是《新民丛报》的创办者和主编，也是《新民丛报》的主要撰稿人。《新民丛报》对报刊界、新式教育界影响颇大，梁启超的文章充满热情，纵横捭阖，对青年人更有吸引力，"使读的人不能不跟着他走，不能不跟着他想"。胡适在其自传《四十自述》里也多次提到梁启超对他的影响。他说梁启超及其文章，"引起了我们的好奇心，指着一个未知的世界叫我们去探寻"。陕西近代一些重要文人都曾经深受《新民丛报》的影响，像于右任、郑伯奇都曾接受了《新民丛报》的先进思想。《新民说》等诸文给他们开辟了一个新世界，使他们彻底相信中国之外还有很高等的民族、很高等的文化，知道了"四书五经"之外中国还有学术思想。王独清还介绍了自己接触到的陕西本省创办的《秦风报》。这是一种权威报纸，每天四大张，评论是一篇文字相当长的文章，时评总有五六篇，还有至少两天一次的"杂俎"。王独清在《长安城中的少年》一书中不仅介绍了西安城内主要的文化空间，还描述了这些文化空间的动态发展。民国二年陆建章督陕，社会上出现了一群学生退学的风潮。然而，还有一部分青年因为烦闷而走上了革命新路。王独清认识了民党一位叫姚树陔的人物,他在思想方面是很激进的革命家,又是汉学家和历史学家。"他创办了一个带有革命性质的文化团体,叫作'觉社',那算是在长安——恐怕也是在全陕西——第一次出现的平民教育机关。"[①]

晚清之际,西方列强迫使中国开放二十四处通商口岸城市,以上海为中心的通商口岸城市几乎都成为中国后来的工业基地和现代化中心、文化重镇。而西安作为一座深处内陆的都市,尤其是拥有几千年的都城史,可以想象,在中国,没有哪座古都像西安这样,它的现代化转型举步维艰。但是,在20世纪上半叶,笼罩在西北黄尘飞沙之中的西安大街上出现了代表殖民现代化的碎石马路(这是中国挪用外国都市技术关键之点),出现了新式的城市景观。毋庸置疑,传统的和现代的物质文化交织在西安,现代的新式文化空间在这座古老的城市里艰难地扩展着自己的地盘。民国时期的作家们从物质文化、历史遗迹以及文化新空间视域勾勒出了这座古老城市古今杂糅、现代与传统交融的特色。尽管从声光电角度讲,西安的现代化发展还是那么的微弱,但是在这些作家们的笔下,我们发现这座城市的街衢发生了变迁,旧有的宫学、书院被新兴的学堂、书局、书店、报馆所代替。正是这些新城市景观、新兴文化空间的诞生,西安城逐渐走进现代化城市的行列之中。这些新文化空间培养了大批现代人才,他们很多走出西安,走向欧洲,成为中国新文化的先驱和创建者,对普及陕西地区的文化事业做出了重大贡献,同时,他们的存在本身就意味着西安城市的生命力不断得到绵延。

第二节 移风易俗的易俗社

国剧研究家齐如山指出:"我们国中各种戏剧的发起点,都是来自陕西。"并提出:若想考究以前的法则,当然应该追本寻源。秦腔,陕西人称桄桄,外地人称梆子,主要因所用的乐器桄桄而得名。

[①] 王独清:《长安城中的少年》,光明书局,1935,第31页。

一、秦腔的新变：文明戏

秦腔最早起源于西音，吕不韦在《吕氏春秋·音初篇》说："殷整甲徙宅西河，犹思故处，实始作为西音。长公继是音以处西山，秦缪公取风焉，实始作为秦音。"①殷整甲即是商朝第十一代国君亶河甲，西河是今天陕西大荔地区，位于黄河以西，殷人西迁而作的西音，即是秦音，它慷慨激昂、悲壮激越，有强节奏、高音程的特点。由秦音转化为秦腔，中间经过汉代的长安百戏，这是民间歌舞、杂技、武术、杂耍等各类艺术的总称。秦汉之际，古乐虽已失传，然而乐工犹能记其铿锵鼓舞，"魏得晋乐，不知采用，后平河西，杂以秦声"②。在秦人居住的河西地域，在魏晋时秦乐就已经融入了胡乐。到唐季，秦地音乐夹杂的胡乐更多，最有名的现存唐人秦声剧目是《秦王破阵乐》。这一剧目是歌颂秦王李世民完成唐代大一统功业的，乐调以秦声为主，夹杂有龟兹乐，伴有紧密的锣鼓点，声韵慷慨，气势雄壮。宋金时期，北方杂剧广布民间，利用迎神赛会的机会，戏曲逐渐发展起来，山陕一带许多寺庙都建造有戏楼，并成为整座寺庙建筑的有机组成部分。宋金时期修建的戏楼相当多，陕西朝邑有东岳庙舞台，大荔县文庙有宋庆历元年（1041年）修建的乐台，金大定二十四年（1184年）蒲城城隍庙前修露台（即戏台），同官（今铜川市）有董公露台，澄县城隍庙前有二戏楼，韩城有西禹王舞台。元代是我国戏曲繁荣时期，"元北戏有'乱弹''西腔''梆子''高腔'等，皆以性质立名。到明昆腔出，南北杂剧有全体并入者，如乱弹、梆子等，但此等腔调，一经昆腔之改编，即非本来面目；独立未变者，南戏有平四调，北戏有秦腔、高腔之句子而已。"③可见，在元代诸多种戏曲中，秦腔始终没有被其他声腔所融汇，而是保持了自己的特色。从命名上来看，秦腔称"腔"而不称"音"，音以人声唱歌为主，腔是声中一个单位，歌调为

---

① 焦文彬主编《秦腔史稿》，陕西人民出版社，1987，第69页。
② 柳诒徵：《中国文化史》，上海古籍出版社，2001，第444页。
③ 焦文彬主编《秦腔史稿》，陕西人民出版社，1987，第232页。

腔，前面加上鲜明的地域名称"秦"，可见这一歌调有鲜明的秦地声腔的特点。

明清之际是秦腔发展的鼎盛时期，出现戏曲史上有名的花雅之争，即以秦腔为主的地方戏曲和以昆曲为代表的正宗戏曲之争。雅，指的是正宗、高尚、尔雅之意；花，是旁出、多变、粗俗之意。秦腔斗败昆曲以及京腔，是清代魏长生二次带秦腔班入京的结果。清名流学者焦循在其所著的《花部农谭》中写道："自西蜀魏三儿倡为淫哇鄙谑之词，市井中如樊八、郝天秀之辈，转相效法，染及乡偶……余特喜之，每携老妇、幼孙、乘驾小舟，沿湖观阅。"①

陕西关中是中国农耕文明重要发祥地之一，秦地百姓尊后稷为农业始祖，商周时就常举行祭祀。春祈秋报又成定例。秦地报赛，上自文庙、城隍、山川清坛，下至忠臣烈女之祠，无不报赛，因此赛会演戏风颇盛。

及至19世纪末20世纪初叶，近代戏曲改良运动兴起。1897年，严复、夏曾佑在天津《国闻报》发表"国闻报馆印说缘起"一文，指出小说和戏曲对社会具有移风易俗的重要作用，倡导通过戏曲、小说向大众进行资产阶级的启蒙教育。1902年，梁启超发表的《论小说与群治之关系》提出："今日欲改良群治，必自小说界革命始；欲新民，必自新小说始。"②指出，"吾尝以为中国韵文其后乎今日者，进化之运未知何如；其前乎今日者，则必以曲本为巨擘矣。"③继梁启超之后，蔡元培、柳亚子、陈去病、王钟麟、蒋观云、李桐轩等思想家、戏曲家通过创办报刊、发表文章、编写新剧等方式，为戏剧改良推波助澜。1904年，柳亚子、陈去病在上海创办了我国第一个戏剧杂志《二十世纪大舞台》，在创刊词与《论戏剧之有益》中，他们热情洋溢地阐述自己的戏剧主张，认为戏曲是最通俗、最有效的启迪民众的手段。1905年陈独秀写《论戏曲》，提出"戏园

---

① 焦文彬主编《秦腔史稿》，陕西人民出版社，1987，第368页。
② 梁启超：《饮冰室合集》第4册，中华书局，2015，第868页。
③ 梁启超：《小说丛话》，《〈饮冰室合集〉集外文》上册，夏晓虹辑，北京大学出版社，2005年，第150页。

者,实普天下人之大学堂也,优伶者,实普天下人之大教师"的命题,倡导改良戏曲的五项基本措施,宜多编"做得忠孝义烈,唱得激昂慷慨,于世道人心极有益"的戏。正是清朝末年这种戏曲改良情形,催生了陕西易俗社。

二、易俗社的社会活动及影响

易俗社成立于1912年,直至今日尚存,已成为西安一道非常引人注目的人文景观。易俗社在关中颇有声誉,所编剧本有数十种,秦腔以二簧、古琴辅之,过门时有类广东戏。社名易俗社,在于取当时"移风易俗,辅助社会教育,改良戏曲,救济贫寒兄弟"的民主革命主张。社章规定:"社会上的名流、捐过钱的,以及为社写过剧本的人得为社员。由社员选举社长,每年改选一次,能连选连任。凡捐500银元的人,可当选为名誉社长。"演员有刘缄俗,人称"陕西的梅兰芳"。易俗社新剧之于秦腔,犹上海新舞台新戏之于皮黄,同为一种改良戏剧,易俗社注重社会教育。

易俗社延续不断,在民国成为西安城市文化一道亮丽景点,最主要的原因是拥有一批当地的精英分子的支持。李桐轩(1860—1932)、孙仁玉(1872—1934)、高培支(1881—1960)、范紫东(1878—1954),他们是一批拥有现代理念的中国知识分子。李桐轩和孙仁玉为易俗社的主要创建者。李桐轩在20岁时考中秀才,才华出众,曾负责缮修《蒲城县志》,1908年加入同盟会,1909年被推选为陕西咨议局的副议长。他胸怀大志,组织自治社,倡议抵制日货,成立天足会,同时编写剧本供当地皮影戏团演出,演出内容颇受欢迎。孙仁玉亦为陕西人,曾在陕西宏道高等学堂、省立中学及女子师范任教。1912年,孙仁玉于陕西修史局任职修纂,当时李桐轩为总编纂,他们几个经常在一起讨论社会改革方面的议题。1912年8月,他们两人创立陕西易俗社,由杨西堂和李桐轩担任社长,杨西堂曾留学日本,时为东征军军标长。

创社成员社会地位之高,显示出此次结社被看重的程度。传统意识上,伶人是备受社会歧视的,一个旧时代的戏剧班社,其成员就不可能

第二章 现代教育与都市生活

尚小云游园惊梦

上面这幅戏照,有说是沈富贵百凉楼,(可是甚盏不对)、也有说是贯大元定军山,但都不敢确定。读者如能指出甚係某剧,当以本刊三期作酬,以前五名为限。

陕西易俗社学生莊正中之奇双会

下图为名伶尚绮霞富昆仲一幅家庭游戏图,此照为十二年前所摄。十数年来外間從未一見,四大名旦中尚綺霞以豪貴顯閥公子,亦想見當年尚氏之逸興也,四大名且私生活照片,從屬罕見,固彌足珍贵也。
杏公附識

尚小云与其公子女及弟尚富霞杏公贈刊

易俗社学生刘迪民之玉狮坠冯娘

易俗社剧照

083

由出身良好的学生所组成,更遑论邀请或得到地方权威人士的支持。因此,易俗社得到当地政府的支持已是一件非同寻常的事情了。易俗社的名望在于不上演传统剧目,社长李桐轩编有《甄别戏剧草》一书,规定:历史不实的不演,荒诞不经的不演,不可为训的不演,迷信的不演。即在剧目上,不落于秦腔传统戏的俗套。社里的名流、学者李桐轩、高培支、范紫东、孙仁玉等配合当时形势编写了很多剧本,如《还我河山》《山河破碎》《文天祥》《史可法》《三知己》《双锦衣》《太平天国》《英雄泪》《夺锦楼》《一字狱》《颐和园》等。

在当时的北京、上海像易俗社这样的剧社可能是微不足道的,但是在陕西则不同。易俗社可以说是陕西现代文化的一个重要机构,是社会教育的主要媒介。易俗社从未被定为商业性班社。易俗社能够长久维持的原因在于:第一,易俗社是纯粹为大众兴趣而成立的社团,这使得它能和其他资本家为了个人私利而经营的剧团有所区别。1913年,易俗社首次公演,是在城隍庙前的戏台演出。1917年,易俗社关于岳庙街购置宅院,院中有一年前落成的戏院。穿着时装演出的文明戏从1921年开始在西安出现,舞台上出现作为道具的实物,如脚踏车和人力车,布景和灯光也开始走向写实。易俗社发挥教化作用在于编排的剧目上,第一种为历史戏曲,引用历史上政治之优缺点及个人善恶之行作为后人良善德行之宣扬;第二种为社会戏曲,编演时着重社会风俗之改良;第三种为家庭戏曲,编演时着重牵连家庭安乐和顺之一体;第四种为科学戏曲,编演目标为传播浅显易懂的科学知识;第五种为诙谐戏曲,将来自民间的故事编演成戏教育群众。

爱国主义和国家主义是易俗社剧作的常用主题。高培支创作的《亡国影》讲述了1931年日本占领东北之后,东北军阀张学良之妹如何逃离东北。1932年易俗社首次进京表演,《颐和园》获得极大的好评。该剧又名《赛金花》,讲述八国联军入侵的历史,批评慈禧太后的忍辱求全,割地赔款。1937年6月,易俗社再次受邀进京表演,为了宣传抗日,易俗社演出《还我山河》和《山河破碎》,皆以南宋为时代背景,讲述岳飞和韩世忠的英勇事迹,谴责卖国贼。易俗社以戏剧为教育、娱乐大众的媒介,在近现代中国戏曲史上影响深远。

三、民国文人与易俗社

大凡外省来的文人，大部分都有在易俗社看戏的经历，易俗社自然成为西安城市的一道独特的文化景观。陈万里写道："易俗社在关中颇有声誉，民国初元开演实至今日，所编剧本有数十种，营业亦极发达。秦腔以二簧、胡琴辅之，过门有时类广东戏，无繁弦急管之弊。演员中颇有出色者，今晚所见小生某，表情极佳，使饰周公瑾排演《三气》必能惬意。且角刘箴俗已于数月前故世，当时有'陕西梅兰芳'之称，其负盛名可想。晚场下午六时开演，九时半即散，其时间颇似演电影，不若京师演剧动辄至夜深二三时始散，使观众神疲力竭，非休养数日不能恢复可比。至于喜剧内容，就《飞虹桥》一剧言之，编制确煞费苦心，穿插亦颇能引人入胜，惟前半出微嫌淡耳。演员身段，并不过火，有二簧戏神情。总之易俗社新剧之于秦腔，犹上海新舞台新戏之于皮黄，同为一种所谓改良戏剧；惟易俗社颇注意于社会教育四字，新舞台专以《九时我济颠活佛》等一类戏剧惑人，此其大较也。"①

易俗社以演新戏而著名，到易俗社看秦腔成为民国文人的一个雅趣。鲁迅先生到西安先后多次去看秦腔，曾题写了一块匾额——"古调独弹"，至今还悬挂在易俗剧社内。1938年，著名女作家丁玲率西北战地服务团到西安演出，当时借的剧场就是易俗社。

民国七年（1918年），侯鸿鉴奉教育部之命，视察陕、甘、新三省教育。1935年4月他在此作西北游。此次漫游历时三个月，经苏、皖、豫、陕、甘、青、宁七省，换用汽车、火车、飞机、斗子、脚窝子等交通工具，每日辛勤写作，《西北漫游记》真实地记录了当时考察陕、甘、青、宁的艰辛历程。在西安他访高培支于兴隆巷，高赠以易俗社报告书。易俗社社长胡闻钦邀请他晚餐于长庆园，座上有高君、封君，餐后前往易俗社参观。这晚易俗社演的是高培支所编的《侠风奇缘》，情节离奇，含义深

---

① 陈万里：《西行日记》，甘肃人民出版社，2003，第34-35页。

刻。胡闻钦增秦腔剧本十余种。作者看其剧本时，更觉易俗社劝勉社会，针砭风俗，尤为深远。

孙伏园于1924年到西安，在他的《长安道上》专门提及易俗社。在孙伏园眼中易俗社的秦腔新戏仍然与旧戏无异。他对易俗社的内部结构做了介绍："现在的社长，是一个绍兴人，久官西安的，吕南钟先生。承他引导参观，并告诉我们社内组织：学堂即在戏馆间壁，外面是两个门，里边是打通的；招来的学生，大抵是初小程度，间有一字不识的，社中即授以初高小一切普通课程，而同时教练戏剧；待高小毕业以后，入职业特班，则戏剧功课居大半了。寝室、自修室、教室具备，与普通学堂一样，有花园，有草地，空气很是清洁。学膳宿费是全免的，学生都住在校中。演戏的大抵白天是高小班，晚上是职业班。所演出的戏，大抵是本社编的，或由社中请人编的，虽于腔调上或有些须的改变，但由我们外行看来，依然是一派秦腔的旧戏。戏馆建筑是半新的，楼座与池子像北京之广德楼，而容量之大过之；舞台则为圆口而旋转；亦有布景，惟稍简单；衣服有时亦用时装，惟演时仍加歌唱，如庆华园之演'一念差'，不过唱的是秦腔。有旦角大小刘者，大刘曰刘迪民，小刘曰刘箴俗，最受陕西人赞美。易俗社全体赴汉演戏，汉人对于小刘尤为倾倒，有东梅西刘之目。张辛南先生尝说：'你如果说刘箴俗不好，千万不要对陕西人说，因为陕西人无一不是刘党。'其实，刘箴俗的确演的不坏，我与陕西人是同党。"[①]

1938年，丁玲奉命带领西北战地服务团来西安进行抗日宣传演出，曾与易俗社结下不解之缘，后来丁玲在易俗社建社七十周年之际，写下《易俗社与西北战地服务团》一文以纪念当年易俗社对西战团的帮助。丁玲的描述让我们对20世纪30年代的易俗社有了些许了解。"一九三八年三月初，正当日寇突破娘子关，太原沦陷，侵略军沿同蒲路南下，风陵渡岌岌可危的时候，正当八路军在山西战场火烧阳明堡、平型关大捷之后，胜利消息被国民党严密封锁的时候，我们西北战地服务团奉十八集团军总司令部的命令，从山西乘最后一列火车、搭最后一只木船，横渡黄河，来

---

① 孙伏园：《伏园游记》，北新书局，1927，第99—100页。

到国民党统治区陕西省省会古城西安。由于敌机的频繁扫射轰炸,由于国民党政府抗战不力,领导失策,抗战失利,这时西安人心惶惶,到处挤满了南逃的无家可归的难民和从前线下来的兵士与伤员。我们奉命来到这里,带来了八路军在山西旗开得胜的捷报,带来了共产党全面抗战的主张和抗战必胜的信心。"[1]西北战地服务团在易俗社上演反映山西前线军民团结抗战的多幕剧《突击》,剧本由塞克、作家萧红、萧军、端木蕻良编写,三天演出七场,其中有一场是专门慰劳伤兵的,场场客满,掌声雷动,轰动了战时的古都。尽管每天都有空袭警报,但阻挡不住潮水般涌来的观众。丁玲与易俗社社长高培支建立了真诚的友谊,演出时受到减场租的优待,接着又在西安进行第三次公演,因为考虑在西安抗日宣传的广泛性,丁玲决定同时演出京剧与秦腔,然而西北战地服务团里懂陕西方言的人很少,这次又得到易俗社社长和演员的无私帮助。在丁玲的回忆中,高培支社长讲:"'我们帮助你们从开排的日子起,文武场面派人来,你们演员不全,我们派人补,导演我们负责……'我们谁也没谈到场租。就这样,在酷热的西安,我们的同志每天到易俗社时,易俗社的先生们都按时等候在舞台上,汪振华、肖润华两先生负责导演。易俗社的其他演员从旁辅导,旦教旦、丑教丑,头牌旦角有名的'陕西梅兰芳'王天民亲自指导夏革非。"[2]易俗社不仅支持了西北战地服务团演出,更表现出抗日救国的高涨热情,为中国共产党在国统区宣传抗日主张给予了极大的帮助。

第三节　影院、公园与旅馆

从1930年到1937年,是民国时期陕西政局相对稳定,经济相对发展较快,文化开始振兴的黄金岁月。这其中主要原因是手握重兵、思想进步的杨虎城将军登上陕西政坛。1930年4月,杨虎城出掌"讨逆军"第十七

---

[1] 丁玲:《易俗社与西北战地服务团》,《陕西戏剧》,1982年第10期。
[2] 丁玲:《易俗社与西北战地服务团》,《陕西戏剧》,1982年第10期。

路军总指挥权位后,立即担任陕西省政府主席。杨在陕西主政后,旋即着手实施自己的治陕计划,集中精力抓教育和水利事业,任命南汉辰、李仪祉、王幼农、韩威西等一批杰出人物出任陕西省府各重要部门要职,一时之间封闭落后的陕西迅速出现新的变化。由李仪祉主持的关中泾惠渠一期工程很快竣工。1932年6月,负责全面建设西京的西京筹备委员会开始办公,同时由国民党中央宣传部主办的《西京日报》,由王季陶集资筹办的西京医院,以及陇海铁路潼西段工程、西兰公路等一系列大型工程建设项目,也均在积极筹备之中。

一、阿房、民光与西京影院

电影院是风行的活动场所,也是一种新的视听媒介传播的场域,故此,电影与报刊、书籍和出版物一起构成西安现代文化母体。"一九二七年的一个报告就提供了关于中国电影环境的重大信息。其中提到'中国目前有一百零六家电影院,共六万八千个座位。它们分布于十八个大城市',这些城市主要是通商口岸,而在其中的一百零六家影院中,上海占了二十六家。"①

西安有电影院是1932年的事情,比较大的有三所:阿房宫大戏院、民光大戏院与西京大戏院。一位署名今僧的作者在他的《西安电影》一文里介绍了西安的这三大影院:"西安电影前有'秦光''先声'等院,皆不幸早逝,现存者三:曰阿房宫,曰民光,曰西京。①阿房宫大戏院地点很好,是在离人物荟萃的中心的南院门很近,为了要'名实相符',所以门面也就涂上了红绿,怪耀眼的。柱子是一条龙绕着,宛然如生,小孩望而生畏。大厅里台子为洋式,以用泥所烧之砖头为地板。有太平门二,却做了男女厕所,四周的墙,欲剥则易。一触,大片应手而落。所赁片,联华最多,明星电通两公司次之,洋片亦不少;国片新出如《秋扇明灯》《国风》《桃花扇》《自由神》……入道片早已映过,票价甚昂,有'看

---

① C.J.诺斯(C.J.Jorth):《中国的电影市场》,《贸易信息公报》,1927年第467期,第13—14页。

一次影戏□①一斗麦子'的话头。惟下午五时至七时一场优待教育界,半价售票。于是一般穷学生亦类频出入阿房之宫。有没有领上爱人上影院,那可不知道。②民光大戏院较阿房宫则逊一筹,地点与阿房宫距离十分地近,惟建筑太觉小气。购票后必经一甬道,甚狭,尽可通人。入其室,则竖帐横匾,琳琅满目,盖为初开张时,人所送者,如'财发万溢'等语之红喜对联,伊数见不鲜,此一点殊觉不雅。座位不多,约可容千余人。有转角楼,皆中式,不大好。所赁片明星公司为最多,天一次之,联华又次之,新片如《热血忠魂》等曾在该院开映,上座亦可。太平门之用法与阿房宫同。③西京大戏院建造较民光、阿房宫,均为大,然苍凉之气颇见,不知何故。所赁片亦以明星为最多,联华次之,天一又次之。廊所门即太平门,这是西安影院的通病。这三姊妹要算'阿房宫'是妖冶一点,'民光'庄重一点,'西京'呢,却是个顽梗不化的滞气。——这是从外貌上来分的。"②这篇文章介绍了西安阿房宫、民光、西京三所影院的地理位置、影院内部基本设施、所播放影片情况。相比较而言,西京大戏院介绍得比较简单,但可看出民国西安影院的基本情形。

另一署名老寿的作者在他的《西安的电影事业》一文中讲述自西北开发,对西安市民吸引比较大的当属影院。作者介绍的影院依然是阿房宫大戏院、西京大戏院、民光大戏院。该文补充了今僧文中没有交代的西京大戏院的地理位置,西京大戏院曾在青年会,后迁到东大街。那时有公共汽车专驶向西京大戏院,观众乘车而来,为的是一观《渔光曲》。"未到开演,场内已无一毛之地!不幸得很!第一因为光线太暗。第二因为是部旧机器,片子忽有忽无,忽明忽暗。第三更糟!正开演,在中间天花板上水泥掉下了几大片!观众为之哗然,幸未伤人,由此西京大戏院的名誉一落千丈!大有门市冷落之概。票价三四五角之间。最近招待很好。消费部同阿房宫一样。太平门三:两个作廊所,一个我没去过。映的完全国货声默片。民光大戏院在距离南院门很近的马坊门,位置不错。座位分为三等:

---

① "□"为缺字。
② 今僧:《西安电影》,民国报刊。

一为偏座,是左楼上下同右楼上下,票价日二夜三,很合'民光'二字。二为正座即池子前排,日三夜四。三为特座,是池子后排同中楼,日四夜五,全以自计。偏正座的椅子,同前所叙述一样,特座为藤心靠背弹簧椅,因为戏院经济地位关系!故观众坐下弗想伸腿。也全映的国产片,明星、联华、天一等都有。招待也好。消费全部不用说。男女厕所各一等于太平门二:如果拥挤或意外,很是危险!经过很少很长的一个小弄堂,大约能并行两人,改善与不改善!自有公论。这就是西安银幕的精华!娱乐的乐府,及影业界的一切。"①这篇文章对民光大戏院的介绍应算详细,使我们对民国西安影业了解一斑。一名署名惟质的作者曾在《陪都西安》里也描述了上述民国西安这几所影院:"关于娱乐场所,则全市只有马坊门一个阿旁宫影戏院(虽然还有个分院设在盐店街,但只是演在大总院放过的片子),大部的片子,来自联华,尚有可观,其余投机的片子,像什么《荒江女侠》等,在这里也盛行。本地的秦腔戏,则有易俗社、三意社、民社等,不过我是外江人跑过去,若是没有本地人领你讲解,那就会呆着护不住脑袋。"②

关于西安的影院及其播映情况,我们实在知道得太少,上述作家仅仅勾勒出西安影院的一个初步轮廓,介绍了当时国内非常有名的联华公司、明星公司和天一几家电影公司,至于观众的状况、演剧的内容等详细情况我们无法得知。事实上,看电影就像看橱窗里的时兴货物,电影院就像是百货大楼,给人们提供一个进入公共空间的机会,一个出门的理由,这样城市的人就可以平衡私人和公共的关系。看电影已经是都市现代生活的重要构成内容,不过近代以来,西安的声光电发展仍然很落后,因此,我们也只能是简单地了解这一现代生活在西安发展的一个基本状况。

二、莲湖与建国公园

中国园林艺术历史悠久,最早见于公元前11世纪西周的灵囿。囿是当时供帝王贵族狩猎、游乐的场所。西汉时出现了皇家园林上林苑,这里是

---

① 老寿:《西安的电影事业》,民国报刊。
② 惟质:《陪都西安》第23期,民国报刊。

汉武帝狩猎场所，里面放有各种珍禽异兽。到魏晋南北朝时，南方开始出现大量园林，诗赋就是在园林和庄园中创作出来，并进行交流而产生的文学形式。公元547年，杨衒之写就《洛阳伽蓝记》，描述洛阳寺庙里修建的园林，这时正处北方园林滥觞之际。至唐时(617—907)，人们已经普遍视园林为皇家场所的一部分，它或是宫殿内部的围场，或作为独立的实体供人远足游览。明清时是我国园林艺术发展的高峰期，江南出现许多闻名的私家园林，像拙政园、留园等。

19世纪中叶，公园这种现代城市设施由西方引入中国，逐渐在城市发展起来。20世纪前三十年，由于民国市政当局的开辟和兴建，中国公园进入大发展时期。公园的开辟一般是通过两种方式：一是通过拨地新建；二是开发皇家或官家园林，也包括一些在民间享有盛誉的名胜古迹。在中国各大城市中，上海的公园最为丰富。有外滩公园、虹口公园、顾家宅公园与兆丰公园，此外还有一些私人公园，像豫园（明代即有）、申园（1882年）、张园（1885年)、徐园（1887年）、愚园（1888年）、大花园（1889年）等，其中以张园最为著名。这些公园承载着休闲娱乐、社交和广场功能，对上海居民的城市生活影响极大。

从公园的特点来看，每个城市的公园都是个案，比如费城有费厄蒙公园，纽约有中央公园，芝加哥有格兰特公园。公园承担着愉悦眼睛的功能，茂盛的绿色植物，精心设计的路径和亭台，给城市人更多的生活享受。相比较，近代以来，西安所建的公园较少。比较早的公园是莲湖公园。该园位于西安城西北，隋代之前是田园、农舍以及葬墓所在地。开皇二年（582年），隋文帝创建大兴城，该地划入都邑范围内。武德元年（618年），这个地方成为太极宫嘉德门。明朝时建秦王府，要扩充园囿，则以龙首渠疏引浐水与通济渠等附近水系，于此开凿南北两池，用作"放生"，故称作"放生池"，因广植莲花，又名"莲花池"。明崇祯八年（1635年）、清康熙七年（1668年）及雍正元年（1723年），"莲花池"先后经过三次大的疏浚，规模越来越大，逐渐成为长安名胜之一。冯玉祥主陕时，将这里修建为莲湖公园，为民国时期西安人休息场所。王济远（上海美术专科学校教授。1926年赴欧洲旅行，考察西洋美术。1927年创办艺苑绘画研究所。1941年赴美国，创办华美画学院）在20世纪30年代时候曾经到西安，写下《西安一日游》，介绍了莲湖公园。"长安的公园，以莲湖为最胜，其他有建国公园、革命公园、森林公园、郑氏公园等，其树木皆不及莲湖。止欺在下城坡时同我这样说，我也想看看长安的公园，所以从止欺议，等车到莲湖公园去饮茶解渴。

"莲湖公园的大门，像公署一样，两旁置民众阅览的报纸贴在牌上，秋天的林木，带着暗绿和金黄，园地甚广，高低曲折向里面走去，那所谓莲湖，只剩下底下的塘泥与败草，一些清水都没有，显出久旱的陕域，莲湖也涸了。……公园中似乎比马路上的感觉好些，我们在凉棚下坐定，叫了两杯茶，看看来往的游人，止欺很得意说，这里有诗意，静坐一下，脑际充满碑林、孔庙、卧龙寺、下马陵这几处的回忆，又想到西安城内为他处所不及者，惟古代文化之遗物，省立图书馆古代遗物甚丰，不如趁此晚昼，前往观光。"①闻名的莲湖公园已无荷花亭亭，荷叶田田，着实令人慨叹一番。

民国时期西安莲湖公园

---

① 杨博主编《长安道·西安一日游》，南京师范大学出版社，2016，第110页。

惟质在其《陪都西安》里提及"西安的公园,计有莲湖、革命、建国等三处,和一个新近开放的宋家花园,当那春色潦〔撩〕人的时际,是有不少的闲阶级穿梭似的去游览,不过像海上那样挽着情侣一双双去的则绝少,有的那多年半是他的尊夫人或她的贤外子了"①。建国公园是西安城内另一所重要公园。"看完了城里的比较有名的庙宇寺观,我(惟质)再寻到一个公园叫'建国'的,进去逛了一圈,野草和麦子,青青郁郁,花儿没有一朵。只有园里甬道两旁的小柏树,葱翠蓬勃,还值得一看。一座假山如灰堆般大,一间茅亭倾斜欲倒,三五个游人在那里没精打采地散步,如我们一般,这是怡情养性的场所呵,真是辜负了远方游子们的光顾!……建国公园是使我失望了,那城的东北角的革命公园,倒刺激了我不少。……园中还有许多碑石,都是追悼和纪念革命阵亡的诸健儿的。"②革命公园修建于20世纪20年代,是杨虎城将军为纪念在西安围城之役中牺牲的死难者而修建的。惟质的文章里基本上没有比较细腻的细节描写,我们可以和另一位署名寄紫的作家在《西安漫游杂记》里写的建国公园相对应去看:"公共游憩的场所,有公园五处,及公共运动场所等,有一建国公园,花草缤纷,颇堪涉足,余皆仅见规模,荒野残邸,了无生趣。所谓'所以路旁草,少于衣上尘',虽觉戏谑,以即西京公园的真实描写。"③可能建国公园太过简陋,作者寥寥数笔,只写公园荒寒,而没有更多的其他景物渲染。

另有一家私家园林就是宋家花园,是清末民初陕西著名学人宋伯鲁的私人花园,在瓦胡同巷,民国时也是人们游玩的场所。宋伯鲁曾参加过康有为、梁启超发起的戊戌变法,在近代陕西文化界颇有文名。李长之在《从长安到安阳》一文中提及此园子,觉无甚意思。显然,关于20世纪上半叶的西安城内公园,所叙确实非常有限,这座古老的内陆城市向现代化转型期间,举步维艰。

---

① 惟质:《陪都西安》,民国报刊。
② 惟质:《陪都西安》,民国报刊。
③ 寄紫:《西安漫游杂记》,《道路月刊》第41卷第1号。

三、西北饭店与西京招待所

一座城市的发展与交通、娱乐有关，与饭店、旅行社更有密切联系。西安城内的饭店，张恨水在《西游小记》中旅客生活指南里讲："（一）旅馆旧有西北饭店、大华饭店、西京饭店、关中旅馆，共一二十家。西北饭店，是首屈一指，现在共有六七十间屋子，有楼房，有窑洞，有平房，并且有大餐厅。房间里带有铺盖。大华饭店，是次于西北饭店的，也有铺盖。旅客不带行李，以二处为宜。房金不带伙食，起码每日五角，多到二元五角，住久了，大概可以打个八折。带有铺盖，住关中等旅馆，那就便宜得多。五六角一日的屋子，就很可以住。旅馆都在东大街，很容易找。若是打算住久，可以到西北饭店后身太平巷青年会去。"①这如同条目一般的介绍，使读者知晓民国宾馆的大致情况，若想深入了解，可看一些外省人旅陕时的记叙。张彭春曾经在绥远和西安游览，留有一篇《暑假旅行记——绥远西安之行》，在这篇文章里记叙在西安入住饭店的情形。"当夜投宿'西北饭店'，听这个名字好像很现代化的，可巧因为我去得晚了点，较好的房间都已被别人占用。便住了一个旧式房间，砖砌的地面，纸糊的顶棚，屋子里充满了潮湿的气味，桌上放着一盏煤油灯，住在顶棚里的耗子不时地东跳西跑，更有伴睡的臭虫常见光临。这一切，像是使人感觉出没有现代各种生活方式的舒适。其实这都不算什么，全国得享受海岸生活的人数很少，全国以内按其生产能力，配享受现代海岸式生活的人更非常之少，因之联想到海岸人的消费习惯，觉得其生活基础摇摇不稳。第二天便移搬中国银行去住。生活设备比较舒适多了。中国银行主任李紫东先生和办理农村放贷的孙天放先生都是南开校友，蒙他们费神招待。"②显然，从南方城市而来的张彭春对人称西安最好的饭店也深感不满，不免进行沿海和内陆城市生活条件的比较。

---

① 张恨水：《西游小记·西行杂记》，甘肃人民出版社，2003，第47页。
② 张彭春：《暑假旅行记·绥远西安之行》，《南开校友》，民国期刊。

民国时西京招待所外景

事实上，1934年火车通达西安后，最先增加起来的是旅馆、饭店，随后是洋房子、大商店，最后才是电影场和妓院。在西安还有一所繁华的旅馆，凡军政要人、社会名流来到西安都会选择它，那就是西京招待所。这所高档饭店的创建与中国大旅行社有直接关系。1927年，在上海银行的支持下，中国大旅行社在全国铁路沿线交通要道遍设分支机构。1933年，中国大旅行社在西安购得尚仁路一块地皮，准备修建西京招待所。尚仁路即是现在的解放路，民国时取名尚仁，以应国民党推行新生活运动之意。1934年陇海铁路通车至西安，在这条路的北口修了一座仿古建筑，这就是西安火车站。对着车站在北城墙上劈开豁口，修建了一座城门，翌年蒋介石来陕，将此门命名为中正门，尚仁路又被重新命名为中正路。1950年，为纪念西安解放，更名为解放路，西京招待所就在这条路上，现在的西四路东口北侧是它的旧址。

1934年西京招待所开始修建，所需的建筑材料，内部装修所用的水、电暖、卫生等设备，以及所有木器家具，全部从上海采办运转回来。直到1936年的春天，西京招待所才对外营业，其先进水平绝不亚于上海、重庆，乃至国外一些旅馆。中国大旅行社在各大城市修筑的招待所均以当地城市名命名，所以中国大旅行社在西京的旅馆叫作西京招待所。西京招待所是与南京首都饭店、南昌鸿都招待所并列的三大招待所之一。前有花园,正中为三层楼房,两翼为二层楼。20世纪30年代许许多多军政要员、西方记者、游客、文人到西安就在此下榻,1936年的西安事变也发生在这里。诸多作家、记者盛赞它的奢华:"'西京招待所'是一座建筑在荒场上的巨大丑陋的房屋,然而在这西北的省会,它是最出色的新式旅馆。一列很漂亮的汽车停在门口,因为这时有许多东北军长官住在这旅馆里,他们毫不介意前些时住在这里的一群长官的命运。这是西安最时髦的集合地。"[①]20世纪30年代,诗人徐迟也来到西京招待所,他颇为感慨:"下机之后,我们到了华丽的西京招待所。立刻是鸡尾酒,是西京招待所用以招待洋人的'顶好鸡尾酒'。我在西京招待所住了七天。暖气管,冷暖水龙头,弹簧床。当时,我坐在圆形的餐厅内,我想,除了空气干燥一点,这跟重庆的嘉陵宾馆有什么不同?鸡尾酒之后,又出现了冷盘、浓汤,再后是猪排、牛排、鸡、点心、水果、咖啡,味道跟重庆的胜利大厦又完全相同。七天之内,这圆形的厅上,举行了三次跳舞会。西安的绅士淑女、中国空军和酬金女郎照式照样跳Boogie—Woogie。我们观舞了一次,大使说:'这很像纽约。'我想,难道这便是所谓'歌舞地'吗?"[②]西京招待所从1936年开业到1954年停业,营业大概20年。就像德国人安娜所讲,"在西安,这家由中国旅行社新建的旅馆,就像是坐落在中世纪环境里的二十世纪孤岛一样。在陈设华丽的拱顶餐厅里进餐,或在设备齐全的舒适的客房里休息,会使人相信自己正置身于欧洲,至少是上海的大旅馆里。"[③]由于距离火车站近,装修豪华,生活舒适程度较高,西京招待所俨然成为西安一座孤岛式的高级公共建筑物,它给那些在此流连的中外记者、作家留下难以磨灭的印象。"我住的是西京招待所。西安居然有这么好的旅舍,真是我料想不到的。弹簧的床铺,冷热的

[①] 〔英〕詹姆斯·贝特莱:《中国的新生》,林淡秋译,新华出版社,1986,第143页。

[②] 徐迟:《回首可怜歌舞地——西安记游》,载西安市政协文史资料委员会编《西安记忆》,陕西人民教育出版社,2010,第302页。

[③] 〔西德〕王安娜:《中国——我的第二故乡》,生活·读书·新知三联出版社,1980,第28页。

水管,堂皇的餐厅,举凡一切摩登的设备,一应俱全;而且房价又比在郑州所出的便宜。使我处之,真不想回豫了。"①但这样一座充满现代生活气息的饭店如孤岛一般耸立在西安街市,也是让人唏嘘不已,西安的现代化微弱。

---

① 平越:《西安之行》,《关声》第5卷第6、7期。

第三章
胜迹废墟与作家文旅

"闻道关中多胜迹,男儿须到古长安。"清代江南才子袁枚的诗句表达了江南人对长安的艳羡。之所以会产生这么强烈的羡慕心,大概在于,"西安诸胜,最令人怀恋爱者,为碑林,为大小雁塔,为咸阳古道,为灞桥折柳,为曲江池,为乐游原,最富风趣者为武家坡,兼诗情画意而殿余等此行者为华清池。碑林分十区,树碑如林,自夏禹直至清代,数千年名贵之刻石,罔不包罗,诚大观也。大小雁塔为前人题名之处,小塔十四级,毁其一,大塔七级甚完整,古貌盎然"①。不言而喻,长安的胜迹废墟与作家的文旅紧紧地联系在一起。

第一节 胜迹废墟

当作家走遍城里街衢巷道,寻找历史遗迹之际,他们仍热衷于到郊外寻访胜迹。如果从东而来,必然过华山,经临潼,那么就可见唐明皇与杨玉环的行宫华清池了。

一、华清池与曲江

华清池故址,在今西安市临潼区南门外的骊山下,系644年(唐贞观十八年)所建。671年(咸亨二年)改名为温泉宫,747年(天宝六年)仍

---

① 易君左:《西安述胜》,《圣公会报》杂俎第13卷。

(1) 骊山远望
(2) 华清宫
(3) 华清宫、温泉

民国时骊山和华清宫

复旧名。然而,当年建筑被清朝咸丰年间战乱毁坏,现在的建筑乃为同治年间新造。华清池本起源于骊山脚下的温泉,经过白乐天的《长恨歌》以及历代文人的吟咏,从而久负盛名。历来有杜牧的《过华清池》,洪昇的《长生殿》,白朴的《梧桐雨》,乃至近代以来王独清的《杨贵妃之死》,就连鲁迅先生也有写历史剧(或历史小说)《杨贵妃》的打算,这些文学作品在很大程度上将华清池的文化内涵打造出来。情感与空间本是两个独立的概念,但是因物达情,城市就不再是一板一眼的静态描述,而变成有生命的动态画面,哪怕是站在这座城市的废墟处皆能逗人情思。

在西北要找个水木清华的地方实属不易,有温泉就更难得,因此,临潼华清池就显得非常重要了。外来者,无不在临潼住一夜,洗温泉澡,这真是"灞桥折柳,遂至临潼。浴华清之温泉,月明山暗;消太真之姿态,水滑脂浓。此一夕也,为人生难得之宵。一月长征,连宵繁梦,抽片刻之清暇,涤万里之征尘。于是皓月漂空,骊山在望,亭台花木,各系离情"①。1901年美国人尼克尔斯在抵达西安前的晚上,住进临潼温泉浴池旁的公馆。他讲:"山坡上有一处硫黄温泉。温泉位于开凿而成的石洞里,洞内形成了一处约40平方英尺的池塘。当西方世界的不同帝国在历史的舞台上你来我往时,这里黄色的泉水在石头砌成的池塘中就已经冒着泡泡了。石洞入口上方的铭文记载着这处温泉由2000年前统治中国的一位皇帝修建。热水通过地下管道系统被输送至1000码外山坡上的山洞里,在那儿形成一处人工湖泊。湖边灌木丛生,还有在陕西难得一见的各种郁郁葱葱的植物。窄窄的木桥架在桥桩上,从岸边一直延伸到湖泊中央的一组亭阁。一条狭窄步道与亭阁相连,在周边环绕。值得细说的是建筑的精致,由红、蓝交织的扶手构成的低栏形成一条蜿蜒曲径,位于黄色的水面上。在设计亭阁时,采用不同颜色的琉璃屋顶显然颇具匠心。在湖面上,迷宫似的曲折道路通向山坡,直达山顶上的一座小庙。"②

尼克尔斯极尽描写自己所见华清池的亭阁楼台,通幽曲径,各种美丽的色彩在夕阳笼罩下熠熠生辉。"但是,临潼并没有受人注视的有利条件。闪闪发光的屋顶与洒落在灰色的被遗忘土地上的阳光一起演出……对陕西临潼附近村庄里的男人和女人们来说,窑洞位于山坡上,黄色的薄雾永远飘升在绿色、紫色亭阁的阴影下,那就足够了。他们就像父辈们所做的那样热爱这些景观。他们可能不知晓通行的所谓'美感'的含义,但在西方人来到古老的灰色土地上的黄种人中间时,当这一天来到时,西方人会说,'我们懵懂无知,请赐教何谓美丽'。"③在一位西方人眼中的华清池美不胜收,作者感慨当地老百姓对这种美景熟视无睹,大概处于晚清动荡之中的中国民众还没有能力鉴赏这样的景色,保命和生存是他们面临的第一任务。

---

① 易君左:《西安迷胜》,《圣公会报》杂俎第13卷。
② 〔美〕弗朗西斯·尼克尔斯:《穿越神秘的陕西》,史红帅译,三秦出版社,2009,第61页。
③ 〔美〕弗朗西斯·尼克尔斯:《穿越神秘的陕西》,史红帅译,三秦出版社,2009,第61页。

民国时曲江池

与华清池演绎帝妃间朝不保夕的悲剧爱情不同,武家坡这个地域传诵着另一个坚贞不渝的爱情故事。王宝钏的故事在民间广为流传,有《宝钏》曲词,弹词《龙凤金钗传》,京剧《红鬃烈马》《花园赠金》《彩楼配》《三击掌》《探寒窑》《平贵别窑》《武家坡》《大登殿》等,秦腔则有《五典坡》,也有如《陕西民间传说》《中国民间传说》《历代名女的传说》等故事书的记载。大概是民间这种广泛的影响力,清末在曲江修建了王宝钏祠堂。可是,到民国时这里已是一片平地。作家们总是喜欢以诗文描述胜地,张恨水借人物之口讲:"唐朝皇帝常常赐宴的所在,就是这个样子吗?杜甫的曲江诗,自小就念过的了,什么桃花细逐杨花落,黄鸟时兼白鸟飞;什么林花着雨胭脂湿,水荇牵风翠带长;龙武新军深驻辇,芙蓉别殿谩焚香。这地方不但是鸟啼花落,而且也可以看到建筑很伟大的。"①而今"关中沃野千里,日坏一日。到了近代,简直成了灾区,何况曲江这一勺水"②。唐时曲江是风景名胜,到民国时,"但见山容入

---

① 张恨水:《燕归来》,国际文化出版公司,2013,第183页。
② 张恨水:《燕归来》,国际文化出版公司,2013,第185页。

画,树影连村,麦秀平畴,鸦翻白日。昔时宫殿乐游燕喜之迹,已丝毫不见"[①]。历史的沧桑变化便在于此,物是人非,胜景成荒芜,是时代之悲凉,也是地域之情伤。就在这一盛一废中,有了岁月的苍茫和文人追忆的想象。一座城市拥有这些储备丰富的事实资料(包括诗词),后人利用这些资料不断地重建那已经逝去或者荒废的地方。

二、烟柳灞桥与咸阳古渡

灞桥距离西安城东二十里,桥旁多植柳树,古人饯别在此,故曰消魂桥。据说曾有汉桥、隋桥,民国时,汉桥已经不可考。清初陕西巡抚杨名飏集数十县人民之钱,用十万余之巨金重建,而至民国时桥洞六十余已湮没二十余矣,20世纪30年代年代张恨水所见:"桥形是平面,跨灞水两面,由目力估计,约莫有三十丈长,一丈四五尺宽,离水面,也只有四五尺。两旁有浅池横卧,石条做的,不能俯靠,但可以坐。桥两头各树有一堵牌坊,上书'灞桥'二字。桥下的河床,多半是浮沙,积为大滩,不大清的水,在沙滩中间,蜿蜒着,分了好几股流去。由建桥的日子到现在,河床垫高了许多,那是无疑问的,当年桥离水面,绝不是这样近吧?桥两岸,略有树林,杨柳占半数,在春夏之交,杨柳飞花,人行桥上,回想着古代的风味,这景致是有些意思了。"[②]

灞桥的盛名一来自唐人诗。因唐代灞桥是京城东门户,所以是行人东向潼关、函谷,东南向商山,东北向蒲津必经之地,送别多至此处,折柳留诗相别,于是灞桥就成为盛唐时一个重要诗歌意象。后来,晚唐宰相郑綮谈作诗时曾言,"诗思在灞桥风雪驴子背上"。灞桥在世人心中就变成一个诗人苦吟之处,灞桥由具体意象转化为抽象诗思的内涵。宋人秦观诗:"驴背吟诗清到骨,人间别是闲勋业。云台烟阁久销沉,千载人图灞桥雪。"从而又产生一个新的长安意象"灞桥雪"。苏轼也曾写下过《雪

[①] 田荣:《长安一月》,载西安市政协文史资料委员会编《西安记忆》,陕西人民教育出版社,2006,第331页。

[②] 张恨水、李孤帆:《西游小记·西行杂记》,甘肃人民出版社,2003,第45页。

第三章　胜迹废墟与作家文旅

西安灞桥（1936年，张佐周　摄）

中骑驴孟浩然》："君不见潞洲别驾眼如电，左手挂弓横捻箭，又不见雪中骑驴孟浩然，皱眉吟诗肩耸山，饥寒富贵两安在，空有遗像留人间。"唐代诗人孟浩然出现在灞桥雪的画面里，大概从王维画《孟浩然骑驴图》开始，以后绘画里将孟浩然与灞桥画在一起的作品就多起来了。到民国时一些文人过灞桥写诗也写到了这一层。1935年侯鸿鉴作西北游，历时三个月，经苏、皖、豫、陕、甘、青、宁七省，换汽车、火车、飞机、脚窝子等交通工具，过灞桥时，得诗两首：

　　铁辙辚辚过灞桥，水流曲折望迢迢。
　　红坊两岸离人泪，碧柳千丝送客桡。
　　沙白渚清鸿爪印，酒魂剑胆马蹄骄。
　　须知自古征途远，日近长安意气消。

　　数千里外漫游客，况自江南独往来。
　　陇路停车斜日黯，柳堤系马晚风隤。

水分浐灞出蓝谷,迹溯隋唐已劫灰。

何待雪花点驴背,敞窗诗思暗相催。①

这两首诗,第一首的灞桥既有眼前所见实景,也有对历史的追思。第二首写诗人从江南而来,叙眼中所见灞桥柳堤,并写浐、灞二河出蓝谷,而隋唐的历史遗迹早已湮灭,不由想起"诗思在灞桥风雪驴子背上"的典故来,自己也诗兴大发,吟诗以记怀。隋代统一中国南北方,隋文帝迁南方贵族至长安,蓝谷是从长安至南方必经之路,因此,沿途隋唐遗迹较多。民国另一文人项叔翔在他的《四十日旅行散记》里也写到自己所见的灞桥景观。"到灞桥已万家灯火。桥长三百步,有七十二孔,全以石砌成,两端有牌坊题曰:'东接崤函西通关陇'。此桥是汉代所建,因架灞水之上,故曰灞桥。王莽时曾易名为长存桥,宋韩建曾移石碑修理,明代又施修葺。桥西则灞桥镇,唐代称曰杨亭,相传当时长安人士送东行客至此,必折柳相赠以示惜别,故开元天宝遗事又称灞桥为消魂桥。"②张恨水却看到灞桥另一派景色:"偏西的太阳,由牌坊上斜照过来,对这道长桥,两行疏柳,更是动人的情感。那半空里的柳花,近看是雪,远看是白影子,飞得更起劲。有些落在无声的水面上看了去,真个是水化无痕,这又可以增加一种趣味。"③张恨水所见灞桥雪不是真实的雪,而是柳絮,算是对灞桥雪的一种新演绎。

翻阅作家游记、小说,以及搜集来的549篇民国报刊上所载文学文本,常见笔端的另一处古迹便是咸阳渡口。从西安出西关,行至四十里便是渭水桥,作家们吟着唐诗,感叹着周的灵囿、秦的阿房宫全看不到了,只见:"在咸阳城外,渭水西岸,立着一幢木牌坊,上写着'咸阳古渡'四个字。这'咸阳古渡'四个字,是含着多么浓厚的苍凉诗意呵!但是这渭水河,虽是姜子牙钓过鱼的所在,和我们理想清溪老石、游鱼历历可数

---

① 侯鸿鉴、马鹤天:《西北漫游记·青海考察记》,甘肃人民出版社,2003,第13页。

② 项叔翔:《四十日旅行散记(十四)》,民国期刊。

③ 张恨水:《燕归来》,国际文化出版公司,2013,第179页。

第三章　胜迹废墟与作家文旅

民国时咸阳古渡口

的景象完全两样。这里是一片泥滩，湮没了西兰公路的路线。到泥滩上一看，那渭河由北而南微湾的［地］流着，虽不曾发出什么巨浪，可是像黄河一样，流着很急的波纹，向前奔去。水的颜色也像黄河的水带着浑浊的泥沙，黄中有黑，令人望着，生不到一点美感。河面却是不怎么样的窄，约有半里，两岸没有山，也不见什么渔村蟹舍，东边是平原，西边是高原而已。河岸两边，都停有渡船四五只。这船和黄河里的渡船，形式也差不多，是平扁的，舱面上盖着板子，骡车人担，一齐上船，船后有一方略高的舵楼，但是没有舵，将两棵微弯的树料拼凑在一处，当了个催艄橹，拖在水里。扶橹的艄公汉子脱得赤条条的，不挂一根丝，口里吆喝着，当是指挥的口令。在他指挥之下，有四五个船夫，拿着瘦小的树干，当了篙撑。有时撑篙的也就跳下船去，硬扶了船走。这样一道河面，往往是要一小时才能渡过，至快至快，也要三十分钟，这渡船的蠢笨，可想而知。我拟想着，古人造这种渡船，也许是用他们的鸟打样的，所以头尾都是方的。由汉唐到现在，大概这船都保持着它的原状，不曾改换，若说是古渡，也真可以称得起古渡了。咸阳城外，临水有三五十户人家，映带着两个小箭楼，和一条浑浊的渭水，旷野上的太阳，斜斜的［地］照着，那种荒寒的景象，是深深的［地］印在我脑筋里。因为咸阳古渡这四个字，老

105

早唤起了我的注意呀。咸阳城内,还有不少的神话古迹,因赶着行路,没有进城去参观。"①

一位名叫李文一的文人在他的《从西安到汉中》文中也记叙了咸阳古渡的情景。"渭水河面,约有半里宽,并未架设桥梁,来往的汽车、大车和行旅们,都由民船摆渡。我跑出汽车,举目远眺,渭水北岸,咸阳城的雉堞城楼,倒映在河水中。欸乃的船声,清脆可听。南岸一带绿油油的白杨,在微风中接腰摇摆。那长方形的古旧的渡船,每次摆渡,可装二三辆汽车,四五辆大车,和数十名行旅。十余个脱得精光的船夫,全身晒得黝黑,像印度人一样,有些立在船上用木棒撑着,有些浸在水里用力推着,'杭育'不断的呼声,是何等的悲惨和沉痛!这一切景物,点缀成'咸阳'的美景。我们很不凑巧,汽车到时,渭水南岸已停着八九辆军用汽车。照渭水渡河的'惯例',需把军用汽车渡完,然后摆渡商民的汽车。这种惯例,自然不能改变,只好等着。心想:这不是什么惯例,而因那些汽车上坐着'守土安民'的士兵罢了。等渡摆渡,约莫二小时,总算渡过渭水,绕咸阳东北西进,经过阿房宫故址(应为秦咸阳城故址),那'五步一楼,十步一阁'的壮观,已成一堆瓦砾,徒增过览者的凭吊而已。"②咸阳是秦国都,早已成废墟,咸阳古渡却是向西而行的必经之路。从这些民国作家的描述中,这个曾被称为关中八景之一的"咸阳古渡几千年",在民国时期仍然担负着沉重的运载任务,每行驶至此,便有历史沧桑凄凉的感触。

三、碑林与省图

关中素有"金石渊薮"之称,因此,海内博雅君子涉足长安,一则是为了寻古访胜,二则无不肆力搜求购买碑帖。唐代诗人王建有诗曾云:

---

① 张恨水、李孤帆:《西游小记·西行杂记》,甘肃人民出版社,2003,第58-59页。

② 李文一:《从西安到汉中》,载杨博编《长安道上》,南京师范大学出版社,2017,第276-277页。

"古碑凭人拓,闲诗任客吟。"可见,在唐时长安碑帖业就已经很兴隆了,到清乾隆年间,据山东人赵均在其《游碑林日记》里描述:"秦人射利贩宇遍天下,凡穷乡村塾,皆知碑洞,固奇观也。历常巷到学宫,多列帖肆,充积为堵墙。"①就可看出,到清时长安碑帖业仍然很发达。长安碑帖的发达,主要是因为有驰名中外的碑林。碑林在西安市三学街文庙后,唐文宗开成二年(837年),将《周易》《尚书》《毛诗》《周礼》《仪礼》《礼记》《春秋左氏传》《春秋公羊传》《穀梁传》《孝经》《论语》《尔雅》等十二部经书勒于碑石,立于长安务本坊的国子监中,这便是著名的"开成石经"。然而,904年,佑国军节度使韩建在改制长安城时,将这些碑石弃置于郊外。后梁时节度使刘鄩才将这些碑石移到城内,但是由于地上潮湿,碑石略有折损。北宋元祐二年(1087年)龙图阁学士吕大忠将这些碑石安置在城内的府学中,并予以妥善的保护,还将长安附近的颜真卿、褚遂良、欧阳询、徐浩、柳公权等人书写的石碑汇于一处。碑林现存元祐五年(1090年)黎持所著京兆府学《新移石经碑》,详细地叙述了这件事。明嘉靖三十四年(1555年)和四十二年(1563年),碑林遭受两次大的震灾,碑石折损了一些。清康熙五十年(1711年)和乾隆三十七年(1772年),两度修葺碑林,其中毕沅的贡献极大。西安碑林丰赡的碑刻为长安碑帖业发展提供了良好条件,为此,来长安的文人大多有在西安城内购买碑林碑帖的文化行为。

1924年鲁迅先生到西安,游碑林、孔庙、大小雁塔,看灞桥、曲江,前后七次"阅市",穷搜西安古碑碑帖,先后购买了《张僧妙碑》《大智禅师碑侧》《苍公碑》等碑帖。作为新文化健将,鲁迅先生对中国传统文化的喜爱之情,从碑林购帖可见一斑。除却购帖,游览碑林更是不可或缺。

---

① 罗宏才:《陕西考古会史》,陕西师范大学出版总社,2014,第282-283页。

民国时碑林

20世纪30年代碑林里工人正在拓碑

20世纪30年代，陈万里在西部考察，至西安，看到道光二年（1822年）《复修碑林记》，他写道：

> 关中碑林之建，自宋龙图阁学士吕大忠移至石经始。石经由汉迄唐，凡六刻。其开成以前，石均已荡为寒烟，渺无见者；而碑林独如鲁灵光，巍然具存。书贾日毡椎诸帖，以饷天下。士非有神力拟呵，守护之不及此。我朝天章炳焕，署臣恭逢列圣宸翰，摹刻尊藏于敬一亭之北。盖自康熙七年巡抚贾汉复补刻《孟子》七篇后，至康熙庚子，县令徐朱熽葺之；康熙壬辰，巡抚毕沅再修之；嘉庆乙丑，知府盛惇崇续葺之。逮今已三十余年矣。臣富呢扬阿，来抚是邦，仰瞻御墨，并旁览汉唐以下各家书，恝然思所以垂示万世者，惟庭楹廊庑，日就摧落，爰商司道诸君亟捐赀新之，三月工毕。窃惟关中为金石薮，而图经载宋姜遵知永兴军，取汉碑代砖甓以建浮图，是碑林未建时，碑版已多散佚；况其爬搜扶剔于元明兵燹之后者，其珍惜更当奚若也！昔昌黎公作石鼓歌，患其销铄埋没至欲移之太学。论者谓公三为国子博士，一为祭酒；卒不得取岐阳旧刻安置妥帖于深檐大厦之间，以实其言。于中朝大官又何责焉？不知公当德宗朝，政出多门，方摈斥佛老异端不暇，何暇讲求石墨。今海内承平久，好古之士日益。众居是邦者，与二三同志从容访古于公退之余，又幸值年丰、民乐、政平、讼理得。乘农隙，以修举废坠，一复开成旧规。固非重熙累洽之日不能也！视昌黎之西望，吟哦蹉跎，自慨者相越，岂不远哉？惟时布政使为黔阳陶廷杰，按察使为宝应朱士达，督粮道为安化罗绕典，署潼关道为那丹珠，署凤邠道为贵麟。例得备书。①

不仅国人喜爱流连碑林，西方学者也爱在这里消磨时光。20世纪30年代，普实克在碑林流连忘返。他讲："我最喜欢消磨时间的地方是'碑林'，那里聚集着几百块石板，上面布满了最美的书法作品，仿佛就是废弃墓地上的墓碑。这些是中国所有杰出人物的亲笔字。在中国是不会让某位工匠刻的缺乏艺术的字迹流传的，不会的。而只有某位著名文人下笔如

---

① 陈万里：《西行日记》，甘肃人民出版社，2003，第32-33页。

神的书法佳作,才是最有魅力的。那位文人把字写在与石板相当的大幅的纸上,把纸贴在石板上,然后石匠准确地把纸上的字刻到石碑上。于是,这些著名书法家的字迹就永久地保留了下来。甚至在石板上准确地刻上了整部重要的书籍,以便后代有可能纠正在抄书过程中出现的一切疏漏错误。这里竖立着唐朝时代刻写在石板上的'十三经'中的相当大的一部分。由于这一方法,诞生了中国的书籍印刷术,就是把整页的书刻在木板上,然后在上面贴上纸,把字拓下来。如今当然已经是活字印刷了。"……

"碑林中最有名的是立于公元781年的《大秦景教流行中国碑》,它描述了聂斯托利教派传入中国的过程。它是在19世纪发现的,可是至今欧洲学者还在围绕它争论不休。有些信徒们的观点是,那碑不是聂斯托利教派的,而是基督教派的。中国人对于在他们国家流传的各类宗教信仰不怎么重视,从事低社会阶层的那些迷信的研究不符合文人们的严肃性。他们把基督教义认为是佛教甚至是道教的一个特殊派别,仅仅因为如此才保留下来了类似摩尼教、嘛呢堆的某些怪诞教义的碑刻。这种嘛呢堆在欧洲有相当大的影响,如阿尔比较派,而它的学说在中国是所有基督教派里流传最广的。石碑一块一块地耸立着,就像各种思潮和观点的集体舞蹈,但是,它们之间的所有差别都融入了统一的形式;佛教的碑刻与聂斯托利教派的碑刻,或者由孔夫子的信徒们树立起的碑刻都一样,中国将自己的宽容、智慧和相对的意识渗透到一切之中,令所有的人都叹服不已。"①

一个捷克斯洛伐克人对中国文化熟稔到这般程度,可谓对中国文化的喜爱已到骨子里了,《大秦景教流行中国碑》于近代被发现是一重大历史事件。景教碑充分证明了基督教在唐时就传入中国的事实,此后无数西方人为这块碑来到西北这片偏僻之地,其中丹麦人何乐模就是其一。在20世纪初叶,他不远万里、历经艰辛来到西安,在西安制作了一块仿制碑,《我为景教碑在中国的历险》就是何乐模自述寻访景教碑和将仿制的碑石运送到西方的一部作品。

---

① 〔捷克斯洛伐克〕雅罗斯拉夫·普实克:《中国 我的姐妹》,外语教学与研究出版社,2005,第410—412页。

在碑林附近，西安城垣南部东西向高阜北侧，南临南城墙，西接端履门大街，东南数百米近和平门一带，即为闻名遐迩的下马陵（俗称"蛤蟆陵"）。1936年8月，上海美专王济远教授游览西安时写就的《西安一日游》中《过下马陵》这样描述："车向僻静处前进，沿着很高的城墙下去谒汉大儒董仲舒墓。我们读过白乐天《琵琶行》诗中'家在虾蟆陵下住'，这时骤然见一门额，邵力子题——'汉下马陵'，正疑惑着，停车细视墙上一大块青底白字的解释，始悉白乐天诗中的蛤蟆陵，就是下马陵的谐音，因董仲舒大儒墓在长安城东南隅胭脂坡下……"①

陕西省立图书馆创建于1909年，初称为陕西图书馆，馆址在宋时张载、程颢、程颐诸理学家讲学之处，南院门的东南角"马坊门"西口，明代是正学书院所在地，常遇春改建。清宣统元年（1909年），这里设为"劝工陈列所"，附设的小型藏书机构设在梁府街。民国四年（1915年），在陈列所的后部修建了一座高大的以砖为主的两层楼房，于是将梁府街的藏书，以及从各处收集来的公私藏书移到此楼内，改名为"陕西省立图书馆"。民国十六年（1927年）初，改名为"中山图书馆"。省立图书馆里面珍藏着大量古物和书籍：①《八骏图》。这是唐代的石刻，乃是在大石块上浮雕起来的，有古朴味。②宋版藏经。这就是我们后面在康有为盗经处讲的宋版《碛砂藏经》，因为后文专书，故在此不赘述。③唐钟。是唐睿宗用铜铸就的，高一丈多。④北魏造像，在西廊。⑤出土古物。⑥《汉宫春晓图》，此图长二丈一二尺，阔一丈二尺余，上面所绘楼阁山水人物，非常细致。

此外，西安城内还有新城与小碑林。这里是明朝的秦王府所在，四周筑有土城，土城里很大的一片空旷地，是清驻防旗人的校场，辛亥革命中毁于战火。民国十年，冯玉祥在这里重建，称之为新城。宋哲元做陕西主席时，盖了一幢中西合璧的大厅。1931年，西安绥靖公署设在新城，内设营房、办公厅、军需处、参议处等机构。此后，新城就成为西安的行政中心。

---

① 王济远：《西安一日游·过下马陵》，《东方杂志》1937年第34卷第9号，第59页。

第二节　康有为城南览胜与"碛砂藏经"风波

　　1923年，军阀刘镇华邀请维新派领袖康有为来西安讲学。其主要目的，一是想借"圣人"之口压制陕西正在兴起的新文化与新思想，二是想利用康有为的影响缓解当时因为文界朝孔而引起的反对教育厅长的风波。康有为此时刚刚应吴佩孚之邀在河南做客，顺路到西安，也不是一件难事，于是欣然应允。11月，康有为到西安受到了极高的礼遇，省长刘镇华亲率军政学绅商各界人士迎康有为于八仙庵。八仙庵是西安城东长乐坊的一座著名道观，供奉的主神是民间传说的吕洞宾、铁拐李、钟汉离、韩湘子、蓝采和、张果老、何仙姑、曹国舅八位神仙。经过千年发展，八仙庵已成为西安城内重要的道教丛林。庚子国变时慈禧到西安，亲自赐八仙庵匾额，于是称敕建八仙庵。民国初年康有为来到西安，可谓是康有为后期政治与学术生涯的一个重要缩影，也是他青壮年时期激扬政坛、倡导君主立宪活动的继续。在西安期间，陕西方面热情招待康有为，着意安排他四处演讲、题字，到城南郊外游览，到城内大兴善寺、小雁塔、卧龙寺观光，而康有为则在随到之处赋诗抒怀，挥毫留念。

一、城内文化活动

　　1923年，康有为应军阀刘镇华之邀到西安。刘镇华来陕之前，本是豫西的镇嵩军首领。在袁世凯掌握政权时，投靠袁世凯。袁死后，又与段祺瑞拉上关系，在政治上翻云覆雨。这不仅是当时陕西政治舞台各派势力斗争的必然，也是刘镇华反复无常、个性使然。1917年10月，高峻、焦子静在陕西白水宣布独立，传檄文讨伐陈树藩。同时，胡景翼等树起了靖国军旗帜，并围攻西安。陈树藩不得已许刘镇华省长一职，请刘入陕解救。刘率军入陕，解了西安之围。1920年，直皖军阀大战，段祺瑞战败，吴佩孚免去陈树藩的陕西督军，以直系第二师师长阎相文代陈治陕。阎相文督陕后，大权掌握在冯玉祥手中。1922年冯玉祥赴河南攻打赵倜，把督军一职让给刘镇华，不久刘成为陕西督军兼省长，从此开始他的在陕八年统治。

在刘镇华的统治下，陕西文化事业深受其害。为平息陕西人发起的"驱刘"风潮，刘镇华邀请康有为西行讲学。这一时期康有为漫游河北、河南、江苏、山东等地。1923年他游览河南时拜访吴佩孚，吴将康有为推荐给刘镇华。1923年10月，康有为到达陕西潼关，刘镇华派张鹏一、万钝安、李仲山到潼关迎接，康有为11月6日抵达西安。

康有为到陕后进行演讲，他的演讲涉及陕西的建设和文化事业。他声称："鄙人所闻陕西……百政未能进行者，已铁路电话银行之全无，见闻不周，交通不便，不能共则不能和也。……吾为陕西计，有二事相劝。一急修铁路，求地方交通，而后百业兴，一遍植草木，可通天地之气，而收材木之大利。"[①]1923年11月7日，康有为游览陕西图书馆。该馆前面已经叙述，故不赘述。康有为参观了馆内所藏图书文物后，为馆题匾"兰台石渠"四字。"兰台"取汉代官中藏书处之意，"石渠"指汉代藏书处石渠阁。12月9日参观碑林。康有为是近代著名书法家、书法理论家，故对碑林各种碑刻细心观赏，凝神揣摩。下午游南郊大雁塔。12月10日，陕西大儒刘古愚的弟子设宴欢迎康有为。12月12日，康有为游览城内西北隅的广仁寺与西五台，在两处均有题字，前处题"宝相庄严"四字，后者匾额已佚。广仁寺是喇嘛寺，康熙四十二年（1703年）巡视陕西时决定修建此寺，康熙四十四年建成，内藏有清乾隆时刊刻的龙藏6770卷，康熙年间刻印的藏文《甘珠尔大藏经》108卷，目录文字为汉、藏、满、蒙并陈，甚为珍贵。西五台在玉祥门内，为五座高台，因终南山有五台，此处命名为西五台。游览碑林、孔庙之后，康有为参观了当时的国立西北大学，并为其题写校名。

二、游城南赋诗

1923年11月20日，康有为在众人陪同下游城南，随行有好友李时敏、王湛尘，省长秘书纪后、万钝安、熊冥、张鹏一，长安县知事王书樵等

---

① 单演义：《康有为在西安》，陕西人民出版社，1990，第106页。

人。其中张扶万是康有为的学生,20世纪30年代曾经在西安参加陕西考古会,主持西安的考古发掘工作,康有为到陕西时张扶万相陪左右。

南山是秦岭在关中一段的重要山脉,《尚书·禹贡》《诗·秦风》以及潘岳的《关中记》里都作终南,《括地志》里称太乙山、周南山、橘山、楚山、秦山等。终南山的范围是西自眉县,东抵蓝田,又为西至褒斜,东至太华,山中诸峰绵亘,众谷幽深,林泉古寺众多,还坐落着许多黄土原,依次有白鹿原、少陵原、神禾原。这些原面平坦,坡度舒缓,大多为东南、西北走向,从终南山下一直延伸到西安城郊。

2017年的终南山内茅屋(刘宁 摄)

西安城南水系众多,人常讲,八水绕长安,城南就有六条水盘旋,因此,城南原坡相望,水流潺潺,著名的樊川(汉高祖赐樊哙的食邑)即在此。由韦曲向东南,经皇子陂、少陵原,延至杜曲东南,平川相间,潏水流淌而过。秀丽的水光山色使这里在唐时就修建了许多别墅园林,并且名刹和高僧藏塔亦多建于此。最著名者是"樊川八寺",北边有牛头、华严、兴国、兴教四寺,南边有云栖、禅定、洪福、观音四寺,何将军山林、郑驸马洞、韦安石别墅亦分布于此。城南风光秀美，注定从唐代以来游览者众多，宋代张礼曾经在此追寻古迹，所到之处，留下文字，即《游城南记》。明代的赵涵也有《游城南记》传世。只是唐时的城南景色秀美，到张礼游览时已经荒废了。张礼曾道："城南之景，有闻其名而失其地者，有具其名得其地而不知其所以者，有见于近世而为著于前代者。若牛头寺碑阴记永清公主庄，长安志载沙城镇、薛据南山别业，罗隐杂感诗有景星观、姚家园、叶家林，闻其名而失其地者也。"[1]也就是说，城南唐代的寺院胜景有的只留下了美名，到宋代已经消失。有的有名称，也找到了地方所在，但是不知道为什么这样称谓。

1923年11月21日，康有为等人游五佛殿、紫竹林，在五佛殿休息时，康有为题七绝一首，并有小序。

竹林寺，五福（应为"佛"字）殿，有古槐，大数抱，高十余丈，必唐前物，比泰山唐槐还要大。康有为题有诗：

竹林寺上古槐树，树身两抱上参天。
飞燕玉环旧摩抚，美人黄土几千年。[2]

过吕祖宫时，康有为又作七绝一首：

群峭环屏松满巅，俛看众岭现秦川。
此是终南峰顶寺，水岚山翠豁青天。

次日夜宿南五台，康有为留诗一首：

火龙洞石最雄奇，数丈高临万壑卑。
无数楼台压峰顶，上环峭壁万松枝。

南五台是终南山中著名的景致，高峰上建有庙宇——圆光寺。圆光寺创建于隋文帝仁寿年间，原名观音寺，唐代宗时名圣寿寺，宋太宗以六现五色圆光之故，改名圆光寺。近代高僧印光法师曾居此寺。登临台顶，东瞩翠华山，乱石飞渡。南望秦岭，林海苍苍，翠屏环列。北瞰秦川，渭水

---

[1] 〔宋〕张礼：《游城南记校注》，史念海、曹尔琴校注，三秦出版社，2006，第173页。

[2] 单演义：《康有为在西安》，陕西人民出版社，1990，第133页。

近现代作家视域中的西安意象

如线,悠然东去,古城西安的壮丽景色尽收眼底。康有为当晚诗兴大发,连写七绝四首:

> 万木苍崖落叶多,四天门上壁嵯峨;
> 百盘磴道千余级,紫竹深深鸾凤和。

> 绝顶双峰峭壁悬,翠崖丹磴万松喧。
> 下临茅庵真面壁,争先一觉法方圆。

> 终南绝顶圆光寺,五顶群峦亦五台。
> 俯瞰汉城八川走,背看秦岭万山堆。

> 月明太白连峰出,云接昆仑太塞回。
> 最是雪峰峰顶白,万松天籁跨鸾回。①

11月22日早晨,康有为一行由大顶下山,于途中写诗数首,记山川之胜。

游山

> 昆仑云气接苍茫,星宿海头起陇岗。
> 中走太白□穹苍,面对终南开明堂。
> 龙吟回头成帝乡,南山插天何雄哉?
> 峰峦五顶亦五台,楼阁高下压崔嵬。
> 沿崖四十八寺观,排云但见金银璀。
> 五度天门群峰上,楼阁华岩属相望。
> 溪回松风水潺潺,苍鼠窜瓦坠碧鬟。
> 此是汉唐离宫与别馆,常傍南山间。
> 五步一楼,十步一阁,阿旁宫殿至此苹,
> 汉武长扬五柞上林作苑囿,
> 南山当时驰道时来还,至今御宿近樊川。

---

① 单演义:《康有为在西安》,陕西人民出版社,1990,第135-136页。

116

霓旌避暑频行幸，排云但见金露盘。
钟鼓不移帷帐具，飞燕玉环梳洗处，
只今为四十八寺，禅寂朝香游憩住，
回生大顶一何许。①

昨宵望月高卧

万松郁郁蔽诸峰，落叶满山拨云雾。
天半真人不可攀，但听溪泉出山去。②

之后，进入樊川境地，村落星列，树木荫荫，诸水相汇，出兴教寺，沿少陵原西北行，不久至杜曲镇，康有为赋诗，赠予郑子屏，诗曰：

晚饮杜曲酒，夕望樊川月。
长杨被村野，峻坂纡九折。
终南何岩岩，烟霞风撇裂。
山巅松下屋，澹影映古辙。
引镜视月中，山海目光彻。
河山夕如画，古昔多豪杰。
少陵桑麻田，桑海多复灭。
耆英同雅游，俊髦并分列。
材官骑士辈，联步蹴张接。
四海比邻近，元气混未歇。
（末四句张抚万续）③

癸亥十月望，游杜曲，偕李时敏、王湛尘、张抚万、郑子屏、步月口占。

天游化人 康有为

---

① 单演义：《康有为在西安》，陕西人民出版社，1990，第136-137页。
② 单演义：《康有为在西安》，陕西人民出版社，1990，第137页。
③ 单演义：《康有为在西安》，陕西人民出版社，1990，第139-140页。

终南山寺(刘宁 摄)

这几首诗从昆仑山写起，秦岭乃昆仑之余脉，接着赞太白山，而转入终南山，因太白山是终南山最高山峰，然后歌咏西安城北依龙首山，是帝王之乡。继之吟咏南五台寺院繁多，随后视野从高处落到原坡、平原，城南秦岭脚下的一些重要名胜古迹都出现在康有为诗中。写四十八寺，大概是言城南寺庙之多。（城南诸古刹本书后半部分会专门谈及，故在此不多叙。）游过终南山脚下诸多名胜之后，康有为对郑子屏讲："樊川诚名胜地，北方不多有，人处山麓，村相连接，稻田万顷，桃柳成林，古寺相间其中，子居此，何幸如之。"①这也是康有为观后对西安城南的真实评价。

11月25日，康有为参观大兴善寺与小雁塔。大兴善寺本名遵善寺，建于西晋初年（266年），为西安市现存最古的佛寺之一。隋时长安新都，修建此寺，因为隋文帝曾经被封为大兴郡公，所以此寺名为大兴，并取寺址所在靖善坊的"善"字。大兴善寺是中国汉传佛教最后一个形成的全国性大宗派密宗的祖庭，它的创建标志着中国佛教进入到了隋唐的鼎盛时期。小雁塔即是大荐福寺浮图，684年，武则天为去世的高宗建大献福寺，度僧二百人，后改名为大荐福寺。唐中宗景龙年间由宫人出资，修建浮图（即佛塔），因与大雁塔相对，故名小雁塔。康有为游大兴善寺后，题七绝一首，诗前有说明：

兴善寺、胜宝泉，泉甚佳，色极洁。有僧印潭，写《玄秘塔》极清劲。印潭四川人，卒于光绪十五年，禅行清高。

半山临流胜宝泉，寺能净洁水能清。

印潭衣钵有文行，书写诚悬最浑坚。②

熟悉康有为的人，对其"好游"之性格印象深刻。昔日孔、孟周游列国，"辙环天下，卒老于行，行踪尚限于九州海内。维新失败后，康有为被迫流亡海外，倒使得他游历甚远，晚年常用一方印章：维新百日，出亡十六年，神州大地，游遍四洲，经三十一国，行四（一作'六'）

---

① 单演义：《康有为在西安》，陕西人民出版社，1990，第141页。

② 单演义：《康有为在西安》，陕西人民出版社，1990，第144页。

十万里"。文字中充满自豪之感。康早年游桂林，于雷电交加中游兴大发，登望江楼，"观赏雨景，即指示声浪、光浪、电浪之原理"，又率弟子游山，"沿途各摘花在手"。康有为在西安城南所游的名胜，包括南五台、紫竹林、南五台最高峰处的圆光寺。从康有为所赋诗来看，应该还经历了终南山里的一些重要寺院，游览了汉唐时期留下的一些古迹，下山来又到韦曲。据笔者推断，游了华严寺、兴教寺、牛头寺等佛寺，因为1906年到1910年期间，日本人足立喜六在陕西高等学堂任教习时利用闲暇时间到西安城内考察，在其回国写成的《长安史迹研究》一书中写了牛头寺、兴教寺。牛头寺在华严寺之北里许，唐贞元十一年（795年）建。宋太平兴国中，改名福昌寺，明清均有修葺。寺里林木茂盛，曲径通幽，殿宇宏阔，为樊川八寺之冠。唐代诗人司空图《牛头寺》诗云："终南最佳处，禅诵出青霄，群木沉幽寂，疏烟泛沉寥。"其东为杜工部祠，明嘉靖五年（1526年），为纪念唐代诗人杜甫，在寺内建杜工部祠，后移于寺东院。院内高阁长廊，清幽至极。祠为明代张治道修建，祠寺相连，松竹苍翠。

西安城南胜迹遍布，历来是文人吟咏之地，康有为以亲身经历赋诗将此次所游记载下来，诗中多提及隋唐古刹，因此，康有为此次城南赋诗实则是一次隋唐古刹名寺的游览感受。对于国学渊博、佛学深厚的"康圣人"而言，无疑是饱览了隋唐长安文化古迹，我们可以从其文字复现民国初年西安城南的自然人文景观。康有为眼中的终南胜迹和城南景观是当时真实所见，美不胜收的景观令人遥想隋唐佛都长安。

三、"盗经"风波

卧龙寺在西安碑林的柏树林文昌门里，创建于隋时，初名福应禅寺，曾有唐代吴道子手绘的观音像，刻石立碑于寺内，因此也叫观音寺。据《类编长安志》里记载："在本府草场街，宋龙泉院也。前三门乃汾州刘所塑，善神严毅，号为奇绝。"[①]宋时，一位名叫维果的和尚长卧寺中，称之为"卧龙"。卧龙寺乃西北第一禅林，1901年慈禧亲笔为卧龙寺书

---

① 〔元〕骆天骧：《类编长安志》，黄永年点校，三秦出版社，2006，第133页。

"慈云悲日""三乘迭耀"匾额,还为山门书额"敕建十方卧龙禅寺",当时西藏喇嘛、王公都千里迢迢送来各类贡品、佛像,其中佛像均诏令送卧龙寺供养。因此,卧龙寺迎来了它历史上极为辉煌的时期。

康有为到寺里参观时,见寺中珍藏的宋版《碛砂藏经》似乎残缺不全,于是就和主持僧定慧商量,想用北京内务府的三部佛藏来换这部旧版残经。定慧没敢擅自做主,康有为却强行用车来装经卷,遭到陕西佛学界及社会各界的强烈抗议。他们连夜联名向陕西省高等法院控告康有为盗经。佛教协会也派人登门质问康有为,许多学校组织学生截留康有为。一时间,舆论大哗,同声斥责康有为盗经行为。(有关康有为是否真的"盗经",尚需专门撰文述之,此处不再多论。)

据单演义《康有为在西安》一书所叙述:康回去后,就派一马弁押着一车到卧龙寺"借经",来人没有征得寺僧的同意,将经书装车拉走。事后,寺僧四处呼吁,请求各界人士支援。高成忍、李仪祉、杨叔吉等以保护古物为名,邀请诸多人士开会讨论。最后商议,以盗经罪案向法院起诉。拘票传至康有为所住的中州会馆,康非常恼火,决计离开。临走时要了十几匹驼骡,装了几十个箱子,陕西人以为箱子里面装的是藏经,其实乃是康在西安游历古迹名胜时购买的秦砖汉瓦。这是时任陕西督军兼省长的马凌甫所讲的经过。据刘安国讲,康有为和卧龙寺僧人定慧签订了合同,将经书装箱,准备带回北京。此事被易俗社创始人李桐轩得知,遂联系杨叔吉、刘映春、李藩等进步人士,将消息在报纸上披露,接着发传单、宣言、电报,引起省内外文化界人士的反对,同时将康有为告上法院,闹得满城风雨。渭南人武念堂在盗经事件发生后,写了一副对联:国家将亡必有,老而不死是为。横联:王道无小。这副对联上句是根据《礼记·中庸》"国家将亡,必有妖孽",下句是根据《论语·宪问》"老而不死,是为贼",横联是根据"王道无小康",皆是歇后语的运用,引而不言。合起来就是,"康有为"是妖孽,是贼,是国家将亡必有的恶物,是老而不死的人物。康有为因宋版《碛砂藏经》在西安闹得非常被动,却使陕西有一部宋元本《碛砂藏》的消息传遍全国。于是在1928年10月,存于卧龙寺的《碛砂藏》移交给省图保管。

宋版《碛砂藏》是著名的佛教典籍丛书，这部藏经在历史、艺术以及学术资料方面都具有极高的研究价值。它是南宋理宗时平江府碛砂（今江苏省苏州市境内）延圣禅院大藏经局开版雕印的。这部大藏经从宋理宗绍定四年（1231年）开始刊印，到元至治二年（1322年）才全部刊完，历时九十一年，堪称佛教史上的一大壮举。历经战乱，如今延圣禅院早已废弃，《碛砂藏》雕版在江南亦散失无存，所以1923年在陕西省卧龙寺收藏着数千卷《碛砂藏》的消息惊动国人。

1924年语丝社孙伏园与鲁迅等人也到西安，刚刚经历"康圣人盗经"的卧龙寺又迎接了孙伏园等新客人。孙伏园在《长安道上》一文中描述了去卧龙寺的情景："如果不是半年前有圣人去偷经，我这次未必去看经吧。卧龙寺房屋甚为完整，是清慈禧西巡时重修的，距今不过二十四年。我到卧龙寺的时候，方丈定慧和尚没有在寺，我便在寺内闲逛。忽闻西屋有孩童诵书之声，知有学塾，乃进去拜访老夫子。"①在老先生带领下，参观经卷，可见1924年鲁迅和孙伏园到西安的时候，《碛砂藏经》还在卧龙寺内。孙伏园看到："藏经共有五柜，当初制柜是全带抽屉的，制就以后才知道放不下，遂把抽屉统统去掉，但是去掉之后又只能放满三柜，所以两柜至今空着。柜门外描有金彩龙纹，四个大字是'钦赐龙藏'。花纹虽尚清晰，但这五个柜确是经过难来的，最近是道光年间寺曾荒废，破屋被三数个戏班子作寓，藏经虽非全被损毁，但零落散失了不少。咸同年间，某年循旧例于六月六日晒经，而不料是日下午忽有狂雨，寺内全体和尚一齐下手，还被雨打得半干不湿。那时老夫子还年轻，也帮同搬着的。但经有南北藏之分，南藏纸质甚好，经雨打，晾了几天好了；北藏却从此受潮，到如今北藏比南藏还差逊一筹。虽说宋版藏经，其实只是宋版明印，不过南藏年代较早，是洪武时在南京印的，北藏较晚，是永乐时在北京印的。老夫子并将南藏缺本，郑重地交给我阅看，知纸质果然坚实，而

---

① 孙伏园：《伏园游记》，北新书局，1926，第93页。

字迹也甚秀丽。怪不得圣人见之,忽然起了邪念。"①

1931年,朱庆澜将军因放赈到陕西,复见这部经书,返回上海后,遂同叶恭绰等诸居士发起成立了"影印宋版藏经会",并与陕西省当局商洽影印事宜。1931年10月9日商议定,1935年12月告竣。初拟由上海商务印书馆或中华书局承办,均遭推辞,此时日军已占领东北三省,国家处于危难之中,不得已决定自行摄印。委托同孚印刷公司,在西安拍摄冲洗,在上海制版印刷。影印本为四开横式线装本,用本国连史纸,以陕西省图书馆所藏为底本,以北平松坡图书馆之思溪本、番禺叶恭绰之宋景定陆道源本、南海康有为之普宁本、福州涌泉寺之元亦黑迷本等补配,到1935年全书影印完毕。原经本每1函,缩成影印本1册,每册约80页。册首有扉页及本册目录。封面及封底纸,染磁青色。布函套,高6英寸,阔10英寸半,用士林布,红木签。

就康有为在西安所发生的盗经风波来看,可能康有为最初是出于文物保护的念头,但是其刚愎的个性和做法引起了陕西人的反感,于是酿成了一场风波。考察当年这场公案,即使对康有为无好感的知情人,如马凌甫、刘安国均证明《大藏经》并未带走,宋版《碛砂藏经》现收藏在陕西省图书馆里即是明证。康有为在西安期间还为陕西省图书馆题写了"兰台石渠"的匾额,这些都增益于近代西安城市文化建设。

康有为到西安可谓游兴十足,由他勾勒出民国初年西安城内的诸多尚存的隋唐古刹,以此可以遥想隋唐长安。康有为所游的寺院大多是佛寺,且是佛教祖庭。康有为对佛教文化有较深的研究,这为他发现宋版《碛砂藏经》奠定了基础。盗经风波带给康有为一些不良影响,而长安这座隋唐时的佛教之都却以卧龙寺这些真实存在的寺院而重现。

---

① 孙伏园:《伏园游记》,北新书局,1926,第94页。

民国时卧龙寺内景

民国时卧龙寺牌楼

第三节 鲁迅"阅市"与汉唐雄风

1924年，鲁迅先生应西北大学校长傅铜邀请到西北大学暑假学校讲学一事，近年来学界争论颇多，主要是围绕鲁迅是否有创作历史小说或戏剧《杨贵妃》的意图，又着重落在鲁迅先生拟创作的《杨贵妃》最终胎死腹中的缘故上来。然而，在笔者看来，这只是表层的东西。鲁迅西安之行及其文化活动和随后创作的文学作品表现出中国现代作家与中国传统文化之间血脉相连的关系，尤其是中国社会处于传统向现代转型之际，中国传统文化如何参与到构建中国现代文化之中的这一话语是当前我们亟须深入探讨的问题。鉴此，笔者拟以鲁迅来陕之前及其在西安期间的行旅、文化活动以及创作，来探求现代作家与汉唐文化之间的深层渊源关系，寻找东方文明如何参证中西，融合创新，重构现代文化的问题。

一、阅市购拓片

1924年，鲁迅到西安首要任务是讲学，这也是鲁迅受邀到西安最主要的原因。当时督陕的军阀刘镇华，为了表示自己的进步和礼贤下士风度，特命西北大学校长傅铜邀请鲁迅、王桐龄、李顺卿、李济之、蒋廷黻等10多位国内学者到西北大学讲学。鲁迅是"中国文化革命的主将"，五四新文化运动以来，他荷戟而战，呐喊前行，在思想界和学术界享有崇高的威望。1924年7月14日，鲁迅经历7天的舟车劳顿，到达西安。7月21日上午，开始演讲，讲题是《中国小说的历史变迁》，至29日全部讲完。30日下午，鲁迅又前往讲武堂演讲约半小时。

鲁迅之所以欣然接受傅铜的邀请，很多学者认为是为写历史小说《杨贵妃》作准备，来唐朝故都寻找历史遗迹的缘故。最早提及鲁迅准备为杨玉环写小说的，是小说家郁达夫。1926年，郁达夫在《创造月刊》上发表《历史小说论》说："朋友的L先生，从前老和我谈及，说他想把唐玄宗和杨贵妃的事情来做一篇小说。……L先生的这一个腹案，实在是妙不可言的设想,若做出来,我相信一定可以为我们的小说界辟一生面,可惜他近来事忙,终于到现在,还没有写成功。"①郁达夫这里讲的L先生指的就是鲁迅。在1937年的时候,彭雪峰在《鲁迅先生计划而未完成的著作》一文也提及鲁迅想写关于杨贵妃的故事。"鲁迅先生一直以前也曾计划过一部长篇小说的制作,是欲描写唐朝的文明的。这个他后来似乎不想实现的计划,大概很多人知道,因为鲁迅先生似乎对很多人说过,别的人或者知道得比我更详细。我只听他在闲谈中说过好几次,有几点我还记得清楚的是……但他又说,他曾为了要写这小说,特别到长安去跑了一趟(按即一九二四年夏到西安任暑假演讲),去看遗迹。可是现在的遗迹全不是在古籍上所见的那么一回事,黄土,枯蓬……他想写它的兴趣反而因此索然了。"②这些都是鲁迅的朋友所谈到鲁迅有创作历史剧或小说《杨贵妃》的设想,至于究竟是历史小说还是戏剧,有争议,但是有一点可以肯定,那就是鲁迅到西安来确实有意要了解唐明皇和杨贵妃的故事,以及盛唐的时代背景、地理、宫室、服饰、饮食、乐器等方面的内容。1934年鲁迅在致山本夫人的信中也说:"五六年前,我为了想写关于唐朝的小说,特地到长安去了一次。"③因此,按照这样一种说法,讲学之余,鲁迅到西安自然希望能够搜集一些古代的文物和碑刻,以便了解唐朝的社会生活状况。

  古代碑石是宝贵的文献资料,能真实地反映历史,包括文学、艺术、宗教以及思想、政治、军事、经济等社会生活方面的内容。故此,研究碑石,就是研究历史,研究当时的社会生活。况且碑石作为历史的一种呈现,上面有文字,也有图案,因此,不仅可以研究字形,联系到汉文字学运笔的情形,还可以研究碑画,并且由此涉及美术方面的内容,所以由碑石而衍生出来一种综合性的学问叫作金石学。陕西关中是中华文明的重要发祥地,长安又是十三朝古都,秦中自然是金石渊薮,海内博雅君子涉足于此,无不肆力搜求购买碑帖。唐代诗人王建有诗云:"古碣凭人拓,闲

---

① 郁达夫:《历史小说论》,《创造月刊》第1卷第2期,1926年4月16日。
② 冯雪峰:《鲁迅先生计划而未完成的著作》,《宇宙风》第50期。
③ 鲁迅:《鲁迅全集》第14卷,人民文学出版社,2005,第279页。

诗任客吟。"显然，长安碑帖业发达是不言而喻的。观鲁迅一生，以反传统为其思想的主要构成，而其思想深处涌动的潜流又与传统文化有着深层的渊源关系。民国初年的鲁迅，是一位独特的精神存在者。他以沉默排遣痛苦，以沉默锤炼内功。他从金石学到汉画像学的精深世界去探寻中华民族的精魂。在1915年到1936年之间，鲁迅购买了大量的碑刻、石刻、木刻画像拓片近6000种，而从1915年到1918年鲁迅搜集和抄录汉唐碑帖、木制以及造像上千种，《集外集拾遗补编》中收录有1915年的《〈大云寺弥勒重阁碑〉校记》，1917年的《会稽禹庙窆石考》《〈口肱墓志〉考》《〈徐法智墓志〉考》《〈郑季宣残碑〉考》，1918年的《〈吕超墓志铭〉跋》《吕超墓出土吴郡郑蔓镜考》。1915年，鲁迅曾经从北平图书馆借回清人黄易的《小蓬莱金石文字》。黄易是清乾隆年间重新发现、发掘和保护武梁祠画像的金石学家。鲁迅购买他的著作，看来是要下决心学习金石学和考据学。"至于鲁迅整理古碑，不但注意其文字，而且研究其图案……即就碑文而言，也是考证精审，一无泛语。"①

鲁迅对金石学有如此浓厚的兴趣，在来陕之前，曾经通过许多友人搜集陕西碑刻，尤其是从陕西工作的老友杨莘士那里陆续得到《诸葛武侯祠唐碑》拓本、《大秦景教流行中国碑额》拓本、《陕西碑林目录》《颜鲁公象拓》《刘丑奴等造像拓》《石刻拓本》《梵汉合文经幢》《摩利支天等经》《田仅敬造像记》《夏侯纯陀造像记》《钳耳神猛造像记》《周天成造像》碑刻，以及唐塑印佛像和古泉、小铜器等。显然，在没到西安之前，鲁迅已经凭借着对陕西碑刻拓片的收集，而对西安进行了一番神游。《大秦景教流行中国碑》是唐建中二年（781年）由景净撰、吕秀岩书的一块碑刻。在唐长安城义宁坊建有一座波斯胡寺，即存有《大秦景教流行中国碑》的地方。玄宗时将这座寺庙改名为大秦寺，会昌五年（845年）佛教罹难之际，该寺遭到破坏，《大秦景教流行中国碑》被埋入土中，直到明万历年间，村民在崇圣寺附近掘土时，此碑才面世。清初，此碑引起丹麦人何乐模的关注，他风尘仆仆赶到西安，出三千银元收买此碑，欲运

---

① 许寿裳：《亡友鲁迅印象记》，人民文学出版社，1953，第40页。

往伦敦,因被陕西巡抚阻拦,此碑才未流落国外。鲁迅先生购得此碑拓片可谓一件幸事。

在西安期间,鲁迅在讲学前像其他作家、文人到西安一样,在郊外游历,城内"阅市"。所谓"阅市"就是在街市漫步闲走,这是作家了解城市街市情况非常重要的方式,鲁迅《日记》可证鲁迅在西安频繁的阅市活动:

  14日晴。……晚同王峄山、孙伏园至附近街市散步,买枰扇二柄而归。①

  15日昙。……晚同张勉之、孙伏园阅市,历三四古董肆,买得乐妓土偶人2枚,4元,四喜镜1枚,2元,魌头2枚,1元。②

  16日晴。午后同李济之、蒋廷黻阅市。③

  18日昙。午后小雨即霁。同李济之、夏浮筠、孙伏园阅市一周,又往公园饮茗。④

  19日晴。午后往南院门阎甘园家看画。晚往张辛南寓饭。⑤

  23日昙。……晚与五六同人出校游步,践破砌,失足仆地,伤右膝,遂中止,购饼饵少许而回,于伤处涂碘酒。⑥

  29日晴。……下午同孙伏园游南院门市,买弩机1具,小土枭1枚,共泉4元。⑦

  8月1日晴。上午同孙伏园阅古物肆,买小土偶人2枚,磁猿首1枚,彩画鱼龙陶瓶1枚,共泉3元,以猿首赠李剂之,买弩机大者2具,小者2具,其一有字,共泉14元。⑧

  15日昙,午后游碑林。在博古堂买耀州出土之石刻拓片2种,为

---

① 鲁迅:《鲁迅全集》第14卷,人民文学出版社,1981,第505页。
② 鲁迅:《鲁迅全集》第14卷,人民文学出版社,1981,第505页。
③ 鲁迅:《鲁迅全集》第14卷,人民文学出版社,1981,第505页。
④ 鲁迅:《鲁迅全集》第14卷,人民文学出版社,1981,第505页。
⑤ 鲁迅:《鲁迅全集》第14卷,人民文学出版社,1981,第505页。
⑥ 鲁迅:《鲁迅全集》第14卷,人民文学出版社,1981,第506页。
⑦ 鲁迅:《鲁迅全集》第14卷,人民文学出版社,1981,第506页。
⑧ 鲁迅:《鲁迅全集》第14卷,人民文学出版社,1981,第507页。

《吴氏造老君像》4枚,《张僧妙碑》1枚,共泉1元。①

20日晴。上午买杂造像拓片4种10枚,泉2元。②

31日晴,热。上午尊古堂帖贾来,买《苍公碑》并阴2枚,《大智禅师碑侧画像》2枚,《卧龙寺观音像》1枚,共泉1元。③

就以上所述,鲁迅是7月14日到西安,晚上同王峰山、孙伏园出去阅市,15日午后游碑林,16日午后同李济之、蒋廷黻再次阅市,18日午后同李济之、夏浮筠、孙伏园阅市一周,23日同五六人一起出去不幸跌伤,29日下午同孙伏园游南院门,8月1日到古物肆购买碑帖。前后一共阅市8次。鲁迅应邀到西安,居住在西安的繁华街市东大街的东木头市西北大学教员宿舍北院,紧接着在南院门一带阅市。民国时期,西安最繁华的地段以东大街和南院门为最。东大街在钟楼附近,20世纪初叶,有西方人修建的邮电大楼。南院门专指竹笆市以西,南广济街、五味什字以东,东西长三四百米,北起马坊门,南至粉巷——五味什字大道,南北宽200余米的地域。据《咸宁县志》记载:"清顺治元年(1644年),陕西总督部院行署设此,因与鼓楼北的巡抚部院相对,故名南院,门前街道得名南院门。"④南院门兴起于20世纪20年代,在其最为繁华时期,是西安商业区的集合地,各种作坊、商铺、药店、饮食服务行业几乎都云集于此。"如中山大街(东大街)、竹笆市、民众大街(南院门)一带,均为百货、绸缎、皮货、纸庄等商店,装潢尚不少新式者。旅馆饭店,如中山大街之西京饭店,建筑设备,在西北尚属难得。街道亦甚宽敞,人车分行,可免杂沓。"⑤民国二十年(1931年),浙江宁波人许庸令在南院门购进鼎立商馆铺底,开设"亨得利"钟表眼镜公司,这是西安第一家大型钟表店。民国二十三年(1934年),宁波人周庆标在南院门开设"大西洋"钟表行。后来,又有北平慎昌钟表行在西安开设"慎昌"钟表行。"世界""五

---

① 鲁迅《鲁迅全集》第14卷,人民文学出版社,1981,第505页。
② 鲁迅《鲁迅全集》第14卷,人民文学出版社,1981,第506页。
③ 鲁迅《鲁迅全集》第14卷,人民文学出版社,1981,第507页。
④ 田荣:《老西安街村》,陕西旅游出版社,2012,第23页。
⑤ 陈赓雅:《西北视察记》,甘肃人民出版社,2003,第293-294页。

洲"大药房也开设在此。"世界"大药房位于街心花园的东北隅,经营西药及一般医疗器械,后来经营百货。然而,随着1934年陇海铁路西展至西安,火车站成为新的对外交通联系的枢纽地,火车站正南所对尚仁路沿线成为商业发展的繁荣区域。南院门开始退出西安市的中心地位。鲁迅到时,南院门正是繁华之际,和南院门相连的是位于陕西省图书馆内的公园。据与鲁迅同在西安讲学的王桐龄讲,当时西安只有这一所公园,规模比较小。鲁迅到西安后在南院门一带阅市,南院门还是当时西安书局、旧书摊、古董店荟萃之所。

　　确定了鲁迅在西安阅市的地点,那么鲁迅在西安阅市主要阅了哪些内容?前文笔者提及长安繁盛的碑帖业,作为文化巨匠的鲁迅自然在西安要购买些碑帖之物。鲁迅在西安购买碑帖之处是碑林附近的博古堂,此店位于西安府学巷内,主人为李子俊,李家世代居住在长安,以专营碑帖为生。鲁迅在博古店购买的碑帖上文已述,其中《张僧妙碑》实为《张僧妙法师碑》,于清宣统初年在陕西耀州被发现。当时该县高等小学堂堂长任师竹在县西原的文家堡发现了此碑。碑上刻:"法师姓张,字僧妙,雍州咸阳人也。徙居宜州□□□□□□□□精之兵略,佐赤帝于初汉。功济生民,事周世用。爵冠□侯,倍居上相。见宠辱而转惊,临高深而增惧。望鹄驾而高蹈,念无为以保身。其后也,胤上德之余休,若洪源而流润。"①《张僧妙法师碑》笔法精妙,劲健秀美,乃为书法中的精品。所买《大智禅师碑铭》为唐代名碑,开元二十四年(736年)九月由严挺之撰,史维则书,碑阴为开元二十九年(741年)五月阳伯成撰,史维则书。碑长十一尺,碑文完整,无一字缺损。中国的碑石文字始于东汉,盛于唐代,唐碑《大智禅师碑铭》之所以闻名遐迩,在于它的碑侧纹饰非常杰出。所刻为唐代最为常见的西番莲(亦称为宝相花)图案,在高约3米、宽30厘米的长条中,把一枝西番莲的枝叶花朵反复延伸转折,形成多样变化。然后在枝叶间加上狮子、缤伽鸟(佛教神之中善鸣能语的神鸟)和菩萨像,把整个的长条空间构成和谐而又饱满的边带形图案,且全部用

---

① 吴敏霞主编《药王山碑刻》,三秦出版社,2013,第279页。

细线刻出，线条轻柔流畅，可谓盛唐装饰之杰作。此外，鲁迅还购得《卧龙寺观音像》1枚。《卧龙寺观音像》是唐代著名画家吴道子的作品，现存于西安市柏树林街的卧龙寺内。卧龙寺创建于汉灵帝时，隋时称"福应禅院"。唐时因寺内保存吴道子画的观音像，又称"观音寺"。唐懿宗咸通年间（860年）和僖宗乾符年间（874年），先后在寺内建立石刻陀罗尼经幢。唐代吴道子《卧龙寺观音像》线条遒劲，宝相庄严。鲁迅自幼喜欢艺术，对图像与文字相结合的石刻艺术的兴趣浓厚，他说："在唐，可取佛画的灿烂，线画的空实和明快。"①就以上鲁迅在西安广泛收集碑画石刻，可见其对汉唐艺术的喜爱达到相当深厚的程度。在鲁迅看来，"我以为明木刻大有发扬，但大抵趋于超世间的，否则极有纤巧之感。唯汉人石刻，气魄深沉雄大；唐人线画，流动如生。倘取入木刻，或可另辟一境界也"②。

鲁迅阅市购买之物，还有四喜镜和弩机。所谓四喜镜估计是笔误，可能是四神镜，四神则为青龙、白虎、朱雀、玄武，为汉代之物，陕西出土颇多。弩机为发矢的器具，《史记》载，秦始皇穿冶骊山，装满珍器，令匠作机弩矢。另外，鲁迅在阅市时，还见识了几乎家家户户门上都贴有画幅，或律诗四幅或四首的街市景观。鲁迅认为，这正是"唐人的遗风"。理由是唐玄宗自己大造宫殿和私邸，上行下效，其臣下也就效仿起来，以至于"竞务豪奢"，建筑物无一不雕梁画栋；此风扩而大之，漫延到民间，房屋画图案也就成了风气。至于题壁，原是诗人用以彰显才华的手段，唐诗兴盛也就演变成了美的装饰。故此，体现在建筑上就是诗与画结合起来，成了一种风尚而遗留于后世。

二、览胜看盛唐废墟

鲁迅历来虽不喜欢览胜，但是1924年的西安之行，却游了不少名胜古迹。这可能与他要收集写《杨贵妃》的资料，获取亲身感受有关系。据鲁

---

① 鲁迅：《鲁迅全集》第6卷，人民文学出版社，1981，第30页。
② 鲁迅：《鲁迅全集》第13卷，人民文学出版社，1981，第207页。

迅《日记》里说，15日午后就开始游碑林、孔庙。碑林位于府学巷口、孔庙内，630年（贞观四年）建在城外的务本坊，904年移至府学巷。宋人王辟之云："长安故都，多古碑石，景祐初，庄献太后遣中使建塔城中，时姜遵知永兴，尽力于塔，悉取碑碣以为塔材，汉唐公卿墓石，十亡八九。杨大年《谈苑》叙五行德金石厄事，宋有国百余年，长安碑刻再厄矣，惜哉，惜哉！"①南宋吴曾亦云："元祐中，韩垂相玉汝帅长安，修石桥，督责甚竣。村民急于应期，率皆磨石刻以代之，前人之碑尽矣！说者谓石刻之一厄会也。"②后来在转运使吕大忠的倡议下，由京兆府学官黎持主持，先周密计划，后命役兴工，"凡石刻僵仆者，悉攀置于其地，东西陈列。明皇孝经及建学碑则立之中央，颜、褚、欧阳、徐、柳之书，逮偏旁字源之类，则分布于庭之左右。如入东序，河图洛书，大壁琬琰，烂然盈目"③。清初，再刻《圣教序》与《淳化阁帖》于其中，中西交通史上极有价值的《大秦景教流行中国碑》发现后，亦藏于此。碑林集中着历代名碑，尤以唐碑居多。鲁迅游览这里时看到什么情景？他在《说胡须》里有记述。"今年夏天游了一回长安，一个多月之后，胡里胡涂的回来了。知道的朋友便问我：'你以为那边怎样？'我这才粟然地回想长安，记得看见很多的白杨，很大的石榴树，道中喝了不少的黄河水。然而这些又有什么可谈呢？……长安的事，已经不很记得清楚了，大约确乎是游孔庙的时候，其中有一间房子，挂着许多印画，有李二曲像，有历代帝王像，其中有一张是宋太祖或是什么宗，我也记不清楚了，总之是穿一件长袍，而胡子向上翘起的。"④从鲁迅描述中，孔庙的情形似乎已经多不记得了，只记得看到的画像上人物的胡须，这里面有什么缘故，为什么只记得胡须呢？胡须又意味着什么？（后文专门阐述这个问题，此处不赘述。）然而，肯定的是鲁迅游览过碑林，在这里看到过李二曲以及历代帝王像，此

---

① 王辟之：《渑水燕谈录》，中华书局，1985，第70页。
② 吴曾：《能改斋漫录》，中华书局，1960，第349页。
③ 杨德泉：《试论宋代的长安》，《陕西师范大学学报》（哲学社会科学版）1984年第4期。
④ 鲁迅：《鲁迅全集》第1卷，人民文学出版社，2005，第183页。

外还看了什么？就鲁迅在《看镜有感》里所讲："遥想汉人多么闳放，新来的动植物，即毫不拘忌，来充装饰的花纹。唐人也还不算弱，例如汉人的墓前石兽，多是羊，虎，天禄，辟邪，而长安的昭陵上，却刻着带箭的骏马，还有一匹鸵鸟，则办法简直前无古人。现今在坟墓上不待言，即平常的绘画，可有人敢用一朵洋花一只洋鸟，即私人的印章，可有人肯用一个草书一个俗字么？许多雅人，连记年月也必是甲子，怕用民国纪元。不知道是没有如此大胆的艺术家，还是虽有而民众都加迫害，他于是乎只得萎缩，死掉了？"①从这段话中，我们可以推测出鲁迅应该在碑林还看了"昭陵六骏"中的四骏。这段话的前半部分讲汉墓前的石刻，这大概是鲁迅从自己收藏的汉镜里观察到的图案中了解到的汉人精神气质。

可以推测，在20世纪20年代的时代背景之下，在不足20天的时间内，鲁迅既讲学，又在西安游览，在交通不便利的情况下，估计他应该没时间到霍去病墓前看汉代的石刻。后半段讲的是唐太宗李世民陵墓前的昭陵六骏。鲁迅在西安时，六骏中的二骏已被美国人掠走，剩余的四骏放置在碑林里。因此，鲁迅游碑林又怎能不看"刻着带箭的骏马"呢，自然就会发出一通感慨来。

唐太宗昭陵六骏碑之一（飒露紫）

---

① 鲁迅：《鲁迅全集》第1卷，人民文学出版社，2005，第208-209页。

至于鲁迅在西安还游了什么地方？鲁迅在日记里讲，7月17日与李济之、蒋廷黻、孙伏园游览大慈恩寺及荐福寺，看大、小雁塔，然后游灞桥、曲江。

大慈恩寺建于隋开皇九年（589年），初名无漏寺。贞观二十二年（648年），高宗李治为去世的母亲文德皇后追荐冥福，在大明宫正面方向的无漏寺旧址上修建寺院，命名为慈恩。慈恩寺南临黄渠、杏园，风景秀丽。唐永徽三年（652年），玄奘为保存由印度带回的经籍，仿西域浮图，建造大雁塔。当时玄奘建的佛塔共有5层，高180尺，武则天年间进行改造。塔前有两个石龛，内设《圣教序》和《圣教序记》碑，没有移动过的痕迹。《圣教序》碑为唐太宗亲撰，褚遂良书，《圣教序记》碑由高宗亲撰，褚遂良书，此乃褚遂良的代表作。

大唐三藏圣教序记碑　拓本　　　　大唐三藏圣教之序碑　拓本

第三章　胜迹废墟与作家文旅

作者在大雁塔（王雪瑛　摄）

　　大荐福寺在西安城南三里，是684年高宗去世百日武则天为其所建的寺院。度僧二百人，令居寺中。神龙年间，大唐高僧义净在此翻译佛经。

　　灞桥距离西安二十里，据说有汉桥和隋桥。汉桥已经不可考。灞桥旁多植柳树，古人饯别在此处，故曰消魂桥。曲江为唐时长安城南一水域，著名的风景旅游区。剧谈曰："'曲江，本秦𡶜洲。唐开元中疏凿为胜境。'……唐进士新及第者，往往泛舟游宴于此。文宗时，曲江宫殿废之十之九。帝因诵杜甫哀江头之诗，慨然有意复升平故事。大和九年，发左右神策军三千人疏浚。修紫云楼、彩霞亭。仍敕诸司有力建亭馆者，官给闲地，任营造焉。今遗址尚多存者。"①这两个地域鲁迅在日记中提

---

① 〔宋〕张礼：《游城南记校注》，史念海、曹尔琴校注，三秦出版社，2006，第42-43页。

及过,但是没有讲游览的情景。他的学生语丝社孙伏园曾在《长安道上》描述:"古迹虽然游的也不甚少,但大都引不起好感,反把从前的幻想打破了;鲁迅先生说,'看这种古迹,好像看梅兰芳扮林黛玉,姜妙香扮贾宝玉,所以本来还打算到马嵬坡去,为避免看后失望起见,终于没有去。'"①民国时期的曲江一带萧条荒凉,估计鲁迅没有太多的良好感受。曲江由盛唐时期的兴盛,到五代时期的凋敝,再到民国时期的荒凉,想必鲁迅先生早已有黍离麦秀之悲滋生了。至于其他的感受,目前除却孙伏园,以及和鲁迅同去西安讲学的蒋廷黻、王桐龄等人有记游作品记载外,我们不可得知更多的情景,而且同行的人又没有提及鲁迅当时的反应,故此不能妄断。然而,可以肯定的是,西安之旅,鲁迅在城南以及城东南游览过,曾经亲自到过盛唐最重要的地域。

三、遥祭汉唐文化

如果说鲁迅在西安东大街、南院门一带阅市,纸上汉唐长安皆现,而这一切与现实长安的凋敝构成鲜明对比。仅以20世纪初期讲,1900—1901年,陕西发生严重的自然灾害,城内大批人口饿毙,流离失所者不计其数。民国十八年(1929年),关中的灾荒达到惊人的程度。至20世纪30年代末期,西安都市人口有11万人,商户占千户,而饥民却有3万人。潼西路上,除了麦田已不容易找到其他树木,遍地都是荒山土岭,而且人烟也很稀少。据笔者所看到的民国报刊讲,灾民拆屋卖料之事常见,旧木料市场南北蜿蜒成堆的是从屋上拆下来的旧木料,宛如露天市场,门窗板柱应有尽有。商店前马路上灾民如织,当以旱灾为最。咸阳等80个县夙年大旱,颗粒无收,黑霜灾自然灾害也很严重。这种灾害蔓延全陕达到十分之七,尤以关中、陕南为最。

20世纪初叶的汉唐废都是一幅衰落的图画,我们可以想象鲁迅等人当时在西安的心境。结束西安的讲学览胜活动之后,刘镇华于8月3日在易

---

① 1924年8月17日《晨报副刊》,又见《1913—1983鲁迅研究学术论著资料汇编》第1卷,中国文联出版公司,1985,第65页。

俗社为鲁迅等人饯行。8月4日鲁迅等人离开西安，7日后回到北京，多日后，鲁迅写下《说胡须》和《看镜有感》两篇杂文。前者是刚刚旅陕回来之作，一开篇鲁迅就表明不记得西安那边怎么样，只记得看见很多的白杨树，还有很大的石榴树，并且道中还喝了不少的黄河水。所有的一切归结于没有什么可谈的。于是鲁迅一边剪胡须，一面又忽而记起不大清楚的长安，原因是在孔庙里宋太祖印画的胡须是向上翘起的。那么胡须向上翘与下垂与长安有什么关系？从鲁迅撰文来看，国人大多数认为向上翘的胡须是日本式的，向下垂的胡须是蒙古式的，可是鲁迅从大量汉画像里汉人的形象发现，这些汉人的胡须都是向上翘的，"于是一位名士就毅然决然地说：'这都是日本人假造的，你看这胡子就是日本式的胡子。'……我剪下自己的胡子的左尖端毕，想，陕西人费心劳力，备饭化钱，用汽车载，用船装，用骡车拉，用自行车装，请到长安去讲演，大约万料不到我是一个虽对于决无杀身之祸的小事情，也不肯直抒自己的意见，只会'嗡，嗡，对啦'的罢。他们简直是受了骗了"①。紧接着鲁迅以清乾隆年间，黄易掘出汉武梁祠石刻画像为证据，申明"男子的胡须多翘上；我们现在所见北魏至唐的佛教造像中的信士像，凡有胡子的也多翘上，直到元明的画像，则胡子大抵受了地心的吸力作用，向下面拖下去了。日本人何其补惮烦，孳孳汲汲地造了这许多从汉到唐的石刻，来埋在中国的齐鲁燕晋秦陇巴蜀的深山邃古废墟荒地里？"②

从这段文字的记述看，鲁迅一方面表达对长安的记忆甚淡，另一方面又在不住地遥祭汉唐文化，由胡须论及从汉到唐的石刻男子的胡须都是向上的，说明国粹家对国粹的认识存在许多偏差。然而仅有这些还不足以说明鲁迅对汉唐文化的神往，只能说明他对汉唐文化比较熟悉。如果我们分析《看镜有感》一文，就可以清楚地看到鲁迅对汉唐文化的神往和遥祭。"因为翻衣箱，翻出几面古镜来，大概是民国初年初到北京时候买在那里的，'情随事迁'，全然忘却，宛如见了隔世的东西了。一面圆径不过二

---

① 鲁迅：《鲁迅全集》第1卷，人民文学出版社，2005，第183-185页。
② 鲁迅：《鲁迅全集》第1卷，人民文学出版社，2005，第184页。

寸，很厚重，背面满刻蒲陶，还有跳跃的鼯鼠，沿边是一圈小飞禽。古董店家都称为'海马葡萄镜'。但我的一面并无海马，其实和名称不相当。记得曾见过别一面，是有海马的，但贵极，没有买。这些都是汉代的镜子；后来也有模造或翻沙者，花纹可造粗拙得多了。汉武通大宛安息，以致天马葡萄，大概当时是视为盛事的，所以便取作什器的装饰。古时，于外来物品，每加海字，如海榴，海红花，海棠之类。海即现在之所谓洋，海马译成今文，当然就是洋马。镜鼻是一个蛤蟆，则因为镜如满月，月中有蟾蜍之故，和汉事不相干了。"[1]鲁迅遥想汉唐盛世气象，先从汉代开始，汉代又从张骞通西域始。西汉武帝时期是中国丝绸之路开辟，中西文化第一次交流的时期。此时期，朝廷东西南北方向皆有武力扩张，立朔方郡，通西域，引入西方文化，堪见汉人的胆量和魄力。张骞凿空西域，沟通中西交通之路，天马和葡萄都来自大宛。《汉书·西域传六十六上》曰："大宛左右以蒲陶为酒，富人藏酒至万余石，久者数十岁不败。俗嗜酒，马嗜目宿。"[2]（此处的目宿乃为苜蓿。）另有张骞出使大夏，曾见邛竹杖、蜀布，这说明曾经有一条从四川通往大汉西南，到今天印度的道路。音乐上，琵琶胡乐也是在汉代进入中原。汉人开拓的心胸造就汉文化艺术生命也就在不事细节修饰的夸张姿态和大动作中，呈现出力量、运动以及由此而产生的气势，于是鲁迅不禁"遥想汉人多么闳放，新来的动植物，即毫不拘忌，来充装的花纹"[3]。同时"唐人也还不算弱，例如汉人的墓前石兽，多是羊，虎，天禄，辟邪，而长安的昭陵上，却刻着带箭的骏马，还有一匹鸵鸟，则办法简直前无古人。现今在坟墓上不待言，即平常的绘画，可有人敢用一朵洋花一只洋鸟，即私人的印章，可有人肯用一个草书一个俗字么？许多雅人，连记年月也必是甲子，怕用民国纪元。不知道是没有如此大胆的艺术家，还是虽有而民众都加迫害，他于是乎只得萎缩，死掉了？"[4]这段文字我们在前面

---

[1] 鲁迅：《鲁迅全集》第1卷，人民文学出版社，2005，第208页。
[2] 〔汉〕班固：《汉书·西域传六十六上》，中华书局，1962，第3894页。
[3] 鲁迅：《鲁迅全集》第1卷，人民文学出版社，2005，第208页。
[4] 鲁迅：《鲁迅全集》第1卷，人民文学出版社，2005，第208页。

引用过，但是在这里不得不再次引用，因为鲁迅对汉唐文化的浓厚情结绝大部分是通过这段文字体现出来的。

汉人墓前的石刻艺术多刻画动物形象，霍去病墓前的石刻艺术最具有代表性。霍去病墓石刻有马踏匈奴、卧马、跃马、卧虎、卧象、石蛙、石鱼二、野人、野兽食羊、卧牛、人与熊、野猪、卧蟾等14件，另有题铭刻石两件。西汉艺术以夸张抽象的方式表现人的外在活动和对环境的征服为特征。在笔者看来，鲁迅对汉代文化的推崇还体现在他的《汉文学纲要》这一学术著作方面。1926年，鲁迅先生在厦门大学讲授中古文学史课程。所编写的讲义，前三篇为中国文学史略（或简称"文学史"）；第四至第十篇为汉文学史纲要，里面囊括有第六篇汉宫之楚声；第七篇为贾谊与晁错的散文创作；第八篇藩国之文术，里面列举梁孝王身边的作家群，淮南王刘安近旁文人的创作，河间献王刘德所好文辞；第九篇为武帝时文术之盛，武帝本人慕词赋，喜楚辞，文学之士在武帝左右甚多；第十篇为司马相如与司马迁。汉人广阔的心胸，雄浑、粗犷的气势和力量感，使得汉文学呈现出宏大的精神气魄，尤在汉大赋中体现出来。"赋家之心，苞括宇宙，总览人物，斯乃得之于内，不可得而传。"事实上，这不仅仅是辞赋家个人的才能所致，空前繁荣的大汉帝国，加强了文人学士的胸襟和眼界，才使他们有可能反映出大汉王朝雄浑博大的气象和魅力来。《史记》则得到鲁迅的高度评价，"虽背《春秋》之义，固不失为史家之绝唱，无韵之《离骚》矣"[①]。

及至唐代，中国文化呈现出一种前所未有的包容、开放性。东汉时期佛教传入中国，到隋唐时期完全走上了中国化的道路，隋唐长安城作为佛教的第二故乡，汉传佛教得到鼎盛发展。唐长安城经由丝绸之路向西域辐射，乃至更远的地域，同时西域文明也源源不断地进入长安，这座城市走向世界化，成为国际大都市。另有大唐长安不断胡化，继而这种文明又传至日本、朝鲜等国，形成东亚文化圈。于是，国力的昌盛、文明的交相辉映造就唐人海纳百川、气势豪迈的雄强民族自信心，从唐太宗昭陵六骏

---

① 鲁迅：《鲁迅全集》第9卷，人民文学出版社，2005，第435页。

中战马中箭一或三四支不等,但是仍然雄姿英发的姿态来看,大唐文化的雄强刚健已达到顶峰。而从艺术层面上讲,中国绘画在唐代也得到极大发展。唐以前以线条为主,至吴道子始,以凹凸法渗入人物画中,山水树石开始进入画家的视野,从而在绘画领域里呈现出别开生面的局面。鲁迅在长安购买吴道子的《卧龙寺观音像》可看作对大唐文化艳羡的表现。另外,因中国国威及至西陲以汉唐为盛,临近诸国子弟入唐为人质者居多,这就使得西域文明流布于长安街市。更有"景教为基督教之别支。其入中国在贞观九年(635年),大秦国上德阿罗本始来长安,诏于义宁坊造大秦司一所度僧二十人"①。《大秦景教流行中国碑》的出土充分证明西亚宗教流入长安的盛况。

就以上分析,汉唐长安存于碑石、拓片、历史文献、文学作品上,然而,如果从现有的历史遗迹来讲,"到那里一看,想不到连天空都不像唐朝的天空"②。因此,鲁迅"费尽心机用幻想描绘的计划完全被打破了,至今一个字也未能写出"③。与鲁迅随行的语丝社孙伏园身有同感,他在《长安道上》写道:"唐都并不是现在的长安,现在的长安城里几乎看不见一点唐人的遗迹。……至于古迹,大抵模胡得很……陵墓而外,古代建筑物,如大小二雁塔,名声虽然甚为好听,但细看他的重修碑记,至早也不过是清之乾嘉,叫人如何引得起古代的印象?照样重修,原不要紧,但看建筑时大抵加入新鲜分子,所以一代一代的去真愈远。就是函谷关这样的古迹,远望去也已经是新式洋楼气象。"④这是孙伏园当时记录的一些观感。"我们看大小雁塔,看曲江,看灞桥,看碑林,看各家古董铺,多少都有一点收获。在我已觉得相当满意,但一叩问鲁迅先生的意见,果然在我意中又出我意外地答复我说,'我不但甚么印象也没有得到,反而把

---

① 向达:《唐代长安与西域文明》,生活·读书·新知三联书店,1957,第92页。
② 鲁迅:《鲁迅全集》第14卷,人民文学出版社,2005,第279页。
③ 孙伏园:《杨贵妃》,载中国社会科学院文学研究所鲁迅研究室编《1913—1983鲁迅研究学术论著资料汇编》第3卷,中国文联出版公司,1985,第794-795页。
④ 孙伏园:《长安道上》,载中国社会科学院文学研究所鲁迅研究室编《1913—1983鲁迅研究学术论著资料汇编》第1卷,中国文联出版公司,1985,第5页。

我原有的一点印象也打破了!'鲁迅先生少与实际社会往还,也少与真正自然接近,许多印象都从白纸黑字得来。在先生给我的几封信中,尝谈到这一点。……那时的西安也的确残破得可以。残破还不要紧,其间因为人事有所未尽而呈现着复杂、颓唐、零乱等征象,耳目所接触的几无不是这些,又怎么不破坏他那想象中的'杨贵妃'的完美呢?在我们的归途中,鲁迅先生几乎已经完全决定无意再写《杨贵妃》了。"①

然而,我们看待"五四"文学的先锋鲁迅,需要将其思想放置到一个更加宏伟阔大的文明史空间来思考。因为只有思想释放,才能根基深厚,才可达到闳放。鲁迅从西安归来,想想在陕期间,没有看到汉唐的天空,但是看古镜之际,那种汉唐遥祭的心理便滋生了。"汉唐虽然也有边患,但魄力究竟雄大,人民具有不至于为异族奴隶的自信心,或者竟毫未想到,凡取用外来事物的时候,就如将彼俘来一样,自由驱使,绝不介怀。"②20世纪初期的鲁迅思想是在世界视野和现代精神参照下所诞生的,他的文化思路主张讲究根基的多元开放性,中西参证,接通血脉,融合创新。1929年初,鲁迅就身体力行来推崇汉文化,与柔石一起创办"朝花社","目的是在绍介东欧和北欧的文学,输入外国的版画,因为我们都以为应该来扶植一点刚健质朴的文艺"③。

故此,他追忆汉唐艺术,推崇西汉沉着、粗豪、雄厚的美术,赞美汉石刻艺术是石与像的结合,因为以斧凿代笔墨,斧斧需要力度,故而汉石刻马匹健硕,牛虎刚猛,龙体流淌,禽鸟简捷,建筑豁亮,充满力之美感。至于对唐朝的文化则更是推崇了,《孙氏兄弟谈鲁迅》时说:"鲁迅先生对于唐朝的文化,有很深的研究,他认为唐朝各民族的文化都有很大的发展,汉族有汉族的文化,但没有扼杀其他民族文化的发展。"④因此,鲁迅大力彰显汉唐文化,这其中核心的思想内涵在于汉唐时期中华

---

① 孙伏园:《杨贵妃》,载中国社会科学院文学研究所鲁迅研究室编《1913—1983鲁迅研究学术论著资料汇编》第3卷,中国文联出版公司,1987,第794-795页。
② 鲁迅:《鲁迅全集》第1卷,人民文学出版社,2005,第207-208页。
③ 鲁迅:《鲁迅全集》第7卷,人民文学出版社,2005,第457页。
④ 孙伏园、孙福熙:《孙氏兄弟谈鲁迅》,新星出版社,2006,第131页。

文明处于一种开放、包容的状态，汉唐文化在当时世界上是一种具有世界性的文明，在此文明基础上诞生的汉唐文学艺术是凝聚着东方神韵美的文明，在民国初年中国社会处于积弱积贫的状态下，显然鲁迅遥祭这种洋溢着刚健雄强之美的文化是具有极强的民族文化重构设想的。

第四节　张恨水笔下的西京生活与建设

1934年5月，张恨水携北华美专工友小李离开北京，前往西北考察。他乘火车先到郑州，再至洛阳，过潼关，上华山，经渭南，游临潼，至西安。在西安停留半个月后，乘经济委员会西安办事处主任刘景山、西兰公路总工程师刘如松的轿车，沿着正在修建的西兰公路，经过咸阳、礼泉、乾县、永寿、彬县、长武，到平凉、隆德、静宁、定西，抵达兰州，本要去新疆，因盛世才阴刻多疑，乃返回西安。张恨水在西北考察三个月，他以西北民生疾苦作为考察的中心内容，创作了两部章回体小说《燕归来》《小西天》，一部旅游手册《西游小记》。这三部著作是张恨水一次考察的结果，所写内容大致相同，只不过表现形式不同罢了。《燕归来》采用的线性游记体，《小西天》选取西安一个名叫小西天的宾馆横截面反映西北社会民生，《西游小记》是旅游手册式的作品。这三部作品虽然表现形式不同，但都反映出"予作陕甘之游，意在调查西北民生疾苦，写入稗官"[1]的写作目的。

一、西北考察视野中的西京民生与风情

"九一八"事变爆发后，国人深感民族前途危机紧迫，遂将目光移于边疆，开发西北的呼声洋溢于表。一时之间，学者、作家、科学家、记者、要员等不同群体纷纷进入西北广袤地域，他们通过自己的考察、行旅、采访留下大量西行文字，其中涉及西北地区的经济、政治、文化、军事、民风习俗、道路交通、山川景观、气候物产等内容，多层面反映了西北社会、历史、文化现实。

---

[1] 张恨水、李孤帆：《西游小记·西行杂记》，甘肃人民出版社，2003，第3页。

1934年，张恨水的西北考察是与北华美专一位姓李的工友一起开始的。北华美专是20世纪30年代由中国国民党临时行动委员会借助张恨水的名望与力量，由张牧野负责筹办的一所美术学校。从1931年始创办到1937年停办，前后历时七年。这个阶段正是日寇铁蹄践踏中华大地，东北沦陷，华北危机，平津沦陷，民族处于生死存亡之际，北华美专以其顽强的生命力，培养出了不少艺术人才，拥有很好的社会声誉，齐白石、李苦禅、徐悲鸿等曾经在此任教。

张恨水1934年的西北考察怀揣爱国目的，以了解西北风俗风情为主旨。作为中国现代文学中鸳鸯蝴蝶派代表作家之一，张恨水长于言情表现社会风貌，故此，《小西天》与《燕归来》通过青年女子的婚恋故事展开对陕甘诸省的描述，其中西安是作家重点展示的对象。《燕归来》里作者以女主人公杨燕秋为中心，讲述几位男子随她前往西北寻亲的故事。青年男女一行四人从南京出发，一路迤逦向西北而去。先到徐州，然后换上陇海线，为看一点文化上的东西，沿途在开封和洛阳下车。在开封看龙亭、铁塔、古吹台，至潼关与黄河相会，然后过华阴、华州到达渭南，穿过村堡，从灞桥进入西京城，看到西京城"两旁的店户，全是旧式的门面。有两三间将面墙起得高一点，开两个圆洞式的窗户，那就算洋房了。这和另一个省会开封打比，实不知相去有多少倍了。……里面是北方的旧式房屋，屋子里有床铺板及桌椅等项，墙上也用石灰粉刷过，比之潼关的旅社，那已经是好得多了"①。然后游曲江、听秦腔、饮新丰美酒、游览碑林。水盆大肉是西京特有的饮食，张恨水细致地描述了西京城内大块吃肉、大碗喝酒的豪爽特性，他写道："在肉盘子四周，列着生葱段子，大蒜瓣儿，辣椒末子，各样小碟子，陈公干挑了些椒末，在酱油碟里调和了，然后夹块肥瘦兼半的羊肉，在酱油碟子里蘸了几下，于是夹了一根葱段，和羊肉卷着一处，便向嘴里塞了进去。接上端起杯子，把一杯米酒喝个干净，一面提壶斟酒，一面笑道：'真是回味无穷！'"②夜里便去赏震耳的秦腔。

---

① 张恨水：《燕归来》，国际文化出版公司，2013，第181页。
② 张恨水：《燕归来》，国际文化出版公司，2013，第224页。

张恨水一生走过中国很多地方,安徽、北平、南京、重庆、上海,在第一次西北行之前,他主要以北平与南京等城市作为写作空间,在《两都赋》中,他写北平的壮丽,南京的纤秀,北平以人为胜,南京以天然为特色,北平的雪是冬季最壮美的景观,北平的吆喝声是最富有情趣的世态民生,而在南京感受的是江南旖旎风景。"在南京城里,或者还看不到杨柳的众生相,你如果走过南京的四郊,就会觉得扬子江边的杨柳,大群配着江水芦洲,有一种浩荡的雄风,秦淮水上的杨柳两行,配着长堤板桥,有一种绵渺的幽思。"[1]长江流域的南京古都与深处内陆的汉唐古都拥有决然不同的风姿。正是有在南京生活的经历,在《燕归来》里张恨水以南京与西京作对比。"当年南京没有建都的时候,北城一带,也是很荒凉的。可是大陆两边,竹林菜圃,以及狮子山清凉山,全是青葱可爱的。这个古代的废都,却是满眼带了病色的黄土很不容易看出一点汉唐遗迹了。"[2]西京城市面貌与南京差异甚大。时隔二十二年,1956年,张恨水再到西安,看到的却是一幅欣欣向荣的城市景观,"我就回想二十二年以前,那时初到西安,有这样一个说法:说火车通了,靠北一带是城墙,城墙以下,是黄土一片,种了一些菜,二三里路不见人家,车站就设在那里"[3]。广阔西北中的西京,一座历史文化名城牵引着作家对当时社会交通、治安、经济、民生等诸多事宜的观察和思考,也体现出张恨水言情小说中强烈的现实关怀之情。

无疑,20世纪30年代的西北考察是一个普遍行为,许许多多心怀西北开发的科学家、作家、学人都怀揣着从事开发西北落后地区经济文化、发展教育、启发民族的社会调查规划工作的想法先后到达中国的西北。1937年至1938年期间,我国著名的历史学家和社会学家顾颉刚对甘肃进行考察,于20世纪40年代写下《西北考察日记》。顾颉刚吊故城,搜残碑,跋涉于河、湟、洮、渭之间。他们之所以对西北寄予如此巨大的情感,在于"沿

---

[1] 张恨水:《张恨水散文》第1卷,安徽文艺出版社,1995,第173页。
[2] 张恨水:《燕归来》,国际文化出版公司,2013,第181页。
[3] 张恨水:《张恨水散文》第1卷,安徽文艺出版社,1995,第347页。

海膏腴,群虎竞噬,一有兵事,则江浙闽粤,首当其冲,不及五载,悉数台湾,割弃仓猝,呼号莫闻。……惟西北腹地,远距海岸,外迹尚罕,地利未辟,垂涎稍迟;而矿脉之盛,物产之饶,随举一省,皆可自立"①。也正因为如此,西北考察视域中西安这座城市凸显出来,成为张恨水描写的一个剪影。

二、两种城市生活与新旧女性

众所周知,张恨水以描写社会世相为能事,《燕归来》《小西天》两部作品展示了上层与下层社会两种不同生活样态。《小西天》描写西安城里第一个大旅馆,虽处于西北之地,但是这个旅馆里有奢华的西餐。"走到窗子外,向里面张望时,只见汽油灯,放出灿烂的银光,照着满堂的宾客,围了一张长到二丈的大餐桌子坐着。只看那桌面上铺着雪白的桌布,银光的刀叉,高高的玻璃杯子,层层叠叠的,顺了桌沿摆着,男的来宾,有一大半是穿了那平叠整齐的西服,此外也都是绸衣,其中夹坐着几个女人深红浅绿的旗袍,配上那雪白的脸子,殷红的嘴唇,弯曲的头发,都是西安市所少见的。惟其是这样,也适足以证明这宴会不同非凡,在女人脸上,多半是胭脂粉蒙着,还不足为奇。"②落后的西北有这样奢华的西餐、摩登女郎也是令人吃惊,事实上,在20世纪30年代的西安是真有这样的饭店的。

《燕归来》与《小西天》这两部章回体小说同写了民国十八年的饥荒,《燕归来》以主人公行旅为线索,写出沿途所见所闻,《小西天》以西安一家著名大旅店为主要活动场所,对这场西北社会现状做了一个解剖面的描述。这两部作品中分别塑造了两位性格各异的女性形象杨燕秋与朱月英,同样处于落魄中的女孩子,杨燕秋有幸被一位姓宋的人家收养,接受了现代教育,转变为一名现代女性,不仅可以自主选择恋人,追求个人幸福,而且对社会多有抱负,是新式女性形象。在作者笔下:"她今年十九岁,在南京某大学的附属中学里读书,不但她那白里透红的脸,乌眼珠,一

---

① 陈庚雅:《西北视察记》,甘肃人民出版社,2002,第7页。
② 张恨水:《小西天》,中国文联出版社,2005,第97页。

见就让人赞她美丽；便是她那强壮的体格，没有一点旧式小姐的病态。她除了在本校女子篮球队里，作个首领而外，而且她二百米短跑，在华南运动会中，还夺得锦标。这不仅是本校全体学生，都钦慕她了不得，就是社会上醉心于健美姑娘的少年，哪一个不是对她一见为荣。"①热爱体育的杨秋燕被同行的几位男士奉为"体育皇后"，本人也充满自信，具有主体性，常常表现出自己不凡的抱负。《小西天》里的为贫寒女朱月英抱打不平的蓝专员夫人更是一位现代时髦女性，用女性解放思想来对待朱月英被欺凌的事情，表示出女子要有人格，不做人家玩物。故此，蓝专员夫人提出："既是各位先生都赞成我的提议了，现在就推两位当代表，去和那位贾先生交涉。我们交涉的原则，第一，是姓贾的要立刻恢复朱女士的自由。第二，朱女士恢复以后，我们设法和她找一份职业，贾先生不能再干涉她。"②显然，这位女性带有强烈的女权主义思想。相比之下，朱月英是传统女性形象，带有长期以来男权社会赋予女性第二性、被看、被欺凌的特性。

三、西北复兴中的西京建设

在张恨水充满同情的西安社会生活描述中，既能感觉到作家看到曾经的汉唐繁华之都走向衰败而滋生的文人黍离之悲，又能深切感受到他那种哀叹之后渴望西北重建的愿望。就张恨水上述几部著作中设计的一些章回，就可以看到这种渴望建设西北的设想，比如《小西天》第十四回的题目是：别有悟心西人谈建设 不无遗憾寒土种相思。张恨水1934年的西北考察，从北平出发，途经洛阳，再到西安，后赴甘肃，一路上他将北平、南京、洛阳、西安几座古都进行比较，得出的结论是洛阳和西安已经大大落后了，于是借助人物之口，谈在陕西发现的延长石油，西北的公路建设，陕西的水利设施。他写道："泾惠渠修建成功后，一班当地的绅士和富农，老早的，就把各支渠左右的地亩，完全收买去了。贫农明知道水利快要通畅，将来有利可图。可是无奈那是将来的事，眼前可以将田地卖

---

① 张恨水：《燕归来》，国际文化公司，2013，第2页。
② 张恨水：《小西天》，中国文联出版社，2005，第258页。

得现款，他们只图目前，终于是把地亩卖了。"①泾惠渠是民国时期水利专家李仪祉主持的一项关中水利工程。泾惠渠引泾灌溉工程在秦时郑国渠老灌区的基础建成。当年秦国凭借修筑郑国渠水利工程迅速富强起来，从而扫平六国，一统天下。秦之后，郑国渠屡废屡修，几易渠名，可经久不辍，汉代为白公渠，唐代为三白渠，宋代为丰利渠，元代为王御史渠，明时为广惠渠。两千多年来关中人民引泾灌溉造就了"陆海之国"，真如汉代民谣里所歌："郑国在前，白渠起后。举锸为云，决渠为雨。泾水一石，其泥数斗，且溉且粪，长我禾黍。"两千年后，时任陕西水利局局长李仪祉负责修建关中八惠，泾惠渠是八惠中最重要的一项工程。李仪祉用两年时间勘探，借助历史上引泾灌溉经验，利用现代科学技术，1930年12月7日泾惠渠开工，1932年6月20日建成通水，到1935年关中平原上已有两年的好收成，老百姓有了新衣穿，有了粮食吃，重新回归家园。主政陕西的杨虎城将军盛赞："洛渭继起，八惠待兴，资始于泾。秦人望之，而今始遂。年书大有，麦结两穗。忆昔秦人，谋食四方。今各归里，邑无流亡。"今天，在陕西泾阳县泾惠渠渠首保留了自秦以来历代引泾灌溉的遗址和碑刻，这些碑文记载了历代引泾灌溉工程的变迁兴衰过程，反映了历代关中人民治水的伟大壮举，从郑国到李仪祉，中国水利事业经历了从中华帝国秦的第一渠到现代中国的第一个水利工程发展历程，黄河养育的中华文明绵延永继。泾惠渠渠首位于泾阳县王桥镇张家山泾河谷口，坝体为混凝土溢流坝，原设计灌溉面积64万亩。1932年通水，灌溉面积3.3万公顷。

在《小西天》中，张恨水不仅谈论西北水利，而且借人物之口讲出："若论到东方人向西北跑，头一站就是西安。西安人口繁盛起来之后，第一项事，必定办水利，水利不讲求，农产森林，甚至于简介提到牧畜工艺，都谈不上。至少也当到以前的八水绕长安吧？你看，太白终南两大山，全在西安南方。那引山上的水到西安来，是必然之理。或者将来西安人的饮料，也就处在终南山上。若是引终南山上的水到西安来，或者由

---

① 张恨水：《小西天》，中国文联出版社，2005，第159页。

这里经过曲江古道,并非不可能之事。"①在民国二十年张恨水就看到水利建设对西安城市发展的重要性,21世纪,西安城内水利建设蓬勃发展起来,东边建有浐灞国家生态公园,西有昆明湖,南有南湖,北有汉城湖,也不枉当年作家为西安发展寄予的美好希望。

同时期陈庚雅在其《西北视察记》里也谈及西安近郊的水利设施建设:"(一)泾惠渠,原由陕西省政府及华洋义赈灾会修筑。二十二年,洪水冲毁多处,继又由全国经济委员会估定修补费二十三万九千余元,从事改善引水设备。又总干渠、北干渠修理等工程,均经全部完成,已可顺利放水。南干渠,设计改良坡度,并增修南一、北一、北四支渠三道,及延长南一支渠至泾河岸,架设灌溉区环境电话,以期交通灵活。"②民国时李仪祉在郑国渠原址修建泾惠渠,这条渠水可灌溉泾阳、三原、高陵、醴泉、临潼五县,灌溉面积569 900亩。今天,在关中平原上到处能看到李仪祉修建的关中八惠留下的沟渠。关中老百姓享用着李仪祉带给他们的福祉,在古老的土地上不仅辛勤耕作,而且开拓创新。每年春天,桃花、杏花、梨花、苹果花开满八百里秦川,而及至秋天,那富平的柿子、礼泉的苹果、户县的猕猴桃和葡萄就都成为全国人民食用的佳果。关中不仅是中国大粮仓,而且成为国民一座大果园!

第五节 林语堂的西京传奇与现代化思考

如果说,张恨水在他的"西京三部曲"里,通过反映西安及其西北社会生活,以引起人们对西北的注意并积极投身到西北建设中去,那么林语堂的西京传奇故事里就蕴含着关于这座城市现代化的思考。

一、传统与现代化交织的西安

20世纪50年代初,林语堂出版了长篇小说《朱门》,这部以西安为中

---

① 张恨水:《燕归来》,国际文化公司,2013,第187页。
② 陈庚雅:《西北视察记》,甘肃人民出版社,2002,第299页。

心，而牵连西北的传奇式小说，里面浸透着林语堂对于西安这座古老城市的一些现代化认知。作品通过讲述女主人公杜柔安的父亲杜忠——一位翰林，来谈20世纪的中国实现现代化的路径。杜忠有两条信念：一是中国革新，也该和日本一样保持帝制。二是中学为体，西学为用。西学专指汽船、枪炮、电气和水管之类的东西。杜忠的思想是20世纪初叶保守派知识分子谋求国家现代化思想的体现。

事实上，林语堂在抗战时期到西安时，已经看到这座古老的城市旧与新两种面貌。"狂风从那已被骡车压成沟槽的人行道上刮起尘土。下雨的时候，污水流不进人行道与柏油路之间的水沟，于是把骡车的压痕化成一片泥沼，天一放晴，清风又扬起灰尘，抹得行人一脸的灰。在传统的束缚下，老骡车仍行驶在人行道上，避免走上中央的柏油大道。"①作品开篇就写西安这座城糟糕的城市道路，通过主人公李飞的想法来表达作家的观点。"他是在古城西安长大的，以它为荣，希望看到它改善和现代化。他觉得眼见这座城随着自己的成长而改变是件有趣的事。他记得在念书的时候，曾经为了南北大道装上街灯而兴奋不已。中央公园当年设立，几条铺上柏油的道路，橡胶轮胎的黄包车和汽车都曾经令他兴奋过。他看过一些外国人——主要是路德教会的传教士、医生和老师，还有不少穿着西裤和衬衫的长腿的欧洲旅客或工程师，他们的脸像是半生不熟的牛肉。"②显然20世纪40年代的西安城市市政发展迅速，南北大街有了路灯，城里有了中央公园，这是城市现代化的象征，还有许多外国人，加强了这座城市的异域化特色。

不过，在作家心中，无论如何变，"西安位于内陆，是中国西北的心脏。他称西安是'中国传统之锚'。这是他的故乡，他爱这里的一切。西安不会温文地转变。人们、风气、政治和衣着的改变都是紊乱的，他就爱这一片纷乱的困惑"③。现在"整座城充满了显眼炫目的色彩，像集市里村姑们的打扮那样，鲜红、鸭蛋绿和深紫色。在西安的街上你可以看到

---

① 林语堂：《朱门》，湖南文艺出版社，2012，第2页。
② 林语堂：《朱门》，湖南文艺出版社，2012，第3页。
③ 林语堂：《朱门》，湖南文艺出版社，2012，第3页。

裹小脚的母亲和她们在学校念书、穿笔挺长裙、头发烫卷的女儿们同行。这座城市充满了强烈的对比,有古城墙、骡车和现代汽车,有高大、苍老的北方商人和穿着中山装的年轻忠党爱国志士,有不识字的军阀和无赖的士兵,有骗子和娼妓,有厨房临着路边而前门褪色的老饭馆和现代豪华的'中国旅行饭店',有骆驼商旅团和堂堂的铁路局竞争,还有裹着紫袍的喇嘛僧,少数因没有马匹可骑而茫然若失的蒙古人和数以千计包着头巾的回教徒,尤其是城西北角处更易见到这些对比"①。以上所引小说中的作者描述,展现出西安是一座传统与现代交织的城市。

说它传统,是因为那种旧式官邸还存在。林语堂《朱门》描述的大夫邸是:

午后严静的阳光照着大夫邸高耸的大门。这是一幢六七十年前官邸格局的大宅,横卧在大门上的绿色匾额上写着烫金的"大夫邸",顶端有"皇恩"两个小字。这一类大宅都没有供马车停放的空地,现在停着一辆漆黑的派克轿车。面对大门口的是一面一百二十度角的照壁,两座石狮子并列在台阶的两侧。抄手游廊中是门厅。正门的后面,直通往正院,只有在正式宴会时才敞开,平时都是由边门进出。

朱红色的大门最近才漆过一层,那镀金的手扣环在门上闪闪发光。这座大门高约十二尺,宽约十尺,炫耀着建这幢大宅的大官气派。地砖泛着深红色,似乎不是现在铺的,每块是一尺半见方。门厅两侧的门房屋子特别宽敞,令人忆起几十年前,房子是房子,空地是空地的时代。正门上的隔板和边门都漆成黑色。杜范林很留意大门的外观,他要保持这股古典的高贵气派,指派门房老王保持门环的光泽。虽然有人揶揄说:"那幢房子连那对石狮子都令人唾弃。"可是看到门上的朱红色和金黄色,都会不由自主地羡慕这家人富裕。除了正式场合以外,这大门从不开放,可见它的装饰价值远超过实用价值,但是它确实博得了来访者的敬仰,被认为是这家人社会地位的显著象征。第一个院子,铺着硕大精致的石板,走上三级台阶就是第一厅堂,这是接待客人用的。中央的镶板上挂着一张爷爷的水彩画像。

---

① 林语堂:《朱门》,湖南文艺出版社,2012,第16页。

细致的格子窗略泛金黄色和桃红色,可以进而瞥见第二个院子。家具都是雅朴的檀香木打造的,带有圆圆的角和大理石的面。墙上挂着几轴字体不凡的书法,西墙上挂的是柔安的父亲仔细临摹的"翰林"字体,东墙上挂的是光绪年间最后的忠臣之一,也是杜忠的好友——翁同龢的对联,这副对联约有一尺高。对联的旁边是一幅马远的巨幅山水画,这可是稀世珍宝呢!①

奇怪的是,大夫邸整个古典庄严的气氛被廉价的优化复制品《巴黎之抉择》破坏无遗,画里是三个站在不同角度的裸体女神。这是前市长的儿子祖仁买回来当摆饰用的,他搬出去住在东城的住宅区。这个家还有"一座椭圆镀金的穿衣镜框斜立在角落,是十八世纪闺房里摆的那种。这件进口艺术品叫作西洋镜,被人看成一种时髦高雅的玩意儿。据说平常看不见的妖魔鬼怪,一到镜子前就会现形,所以自怜一番。他习惯在出门前站在镜子前面,捻捻胡须,研究一下他那圆肿易发胖的脸孔"②。这些家庭陈设显示出20世纪30年代西安的西洋化,抑或说是现代化。

而说西安现代,这个城市还有电话、火车、汽车,这些现代通信和交通工具,在男主人公被迫离开西安的时候,被描绘出来。他发现:"火车绕着渭河,驶进咸阳站。他逐渐清楚,自己已离开西安,不知哪一天才能回去。而他关爱的每一个人都在那儿,内心一阵绞痛。他永是西安的一部分,西安已经在他心田里生了根。西安有时像个酗酒的老太婆,不肯丢下酒杯,却把医生踢出门外。他喜欢它的稚嫩、紊乱、新面孔和旧风情的混合,喜欢寝宫、废宫、半掩的石碑和荒凉的古庙,喜欢它的电话、电灯和此刻疾驶的火车。离城使他难过,但是并不伤心。"③

作家笔下所呈现的西安现代化,还在于富家子弟在西安城内的豪华现代生活。"那幢房子有个紧挨着邻居的小花园,但是这座现代化的花园有白色的墙和绿色的百叶窗。最正当的理由就是房子里有个瓷浴缸,浴室

---

① 林语堂:《朱门》,湖南文艺出版社,2012,第30-31页。
② 林语堂:《朱门》,湖南文艺出版社,2012,第30-31页。
③ 林语堂:《朱门》,湖南文艺出版社,2012,第148页。

里的白瓷砖一直铺到半墙上。祖仁装了个淋浴喷头，幻想自己又回到美国。"①他们家还有冰箱，进口的白马威士忌，只是冰箱老发生故障，西安竟然没有一个人会修理。

通过上述陈述，可以说明："西安是以常矛盾下组成的社会。那儿有代表中国中古文化的文物，有机械社会的文明。在马路旁东一堆，西一伙，蜂拥着谈命的相士。旅舍门壁上，你可看到名人介绍的山海奇人，和买药郎中的告白。你若在旅舍中，茶房更可以很客气地接待你，并可告诉你，你不乐意的奇异的消息。夜里灯光的黑暗中，虚掩着半扇门，露出半截身体，干那迎新送旧的生活。……"②

众所周知，林语堂是一位脚踏东西方文化的作家。他对中国本土城市的体验，其中一个重要因素来自域外，特别是经历过对欧美发达地区的游历之后而产生的强烈的世界意识，和同样强烈的民族感情，常常使得他滋生出中西文化比较的心理，因此竭力想呈现西安城市的现代化进程。像西安这样一座历史悠久的都城，他更希望它走向现代化，而他笔下所展现的西安所处的历史时间正是20世纪30年代，这是西安在近代以来发展最迅速的时期。

二、上流舞会与摩登女郎

小说总是通过丰富的日常生活细节来呈现作家的思想与情怀，林语堂在展现西安的现代化时也借助了人们的衣食住行、文化娱乐活动。舞会是体现现代摩登生活的方式之一。20世纪30年代，上海《玲珑》这本流行的妇女杂志，有一篇文章讲，跳舞不光是一种社交，也是需要认真研究的一门学问。文中还简要地介绍各种流行的交谊舞，从快步、狐步、华尔兹、探戈到伦巴。关于上海舞厅的景象，李欧梵在他的《上海摩登》里引用了这样一条信息：

> 上海的茶话舞会是首次把中国和西洋精英集合起来的文化事件。

---

① 林语堂：《朱门》，湖南文艺出版社，2012，第54页。
② 《苦雨西安》，《新青海》第5卷第3期。

随着西洋舞的流行，它在小市民中也传播得越来越广，然后舞校出现了，有些是经当局特批的……公共舞厅从前总或多或少地被白俄女子垄断着，但一九三〇年左右，有中国舞女的西洋舞厅开始在上海和中国的其他港口城市开张。而三十年代末的某些无信用舞校不会比高等妓院更好，使得那些领有正规执照的卡巴莱和舞厅向当局抱怨说他们正被人挤出这个行当。①

西安地处内陆，现代化程度自然无法和上海相比，唯有在最豪华的西京招待所里举办盛大的舞会。林语堂的《朱门》描写了一场在西京招待所举行的上流社会舞会。西安城内重要官员和眷属，不论会不会跳舞，都被邀请了。女士们都会盛装，穿着优雅高贵的丝绸袍，年轻的女人梳着波浪式卷发，"这是西安正流行的发型，不过西安的潮流要比上海晚了两年"②。西安前任市长杜范林的侍妾春梅穿了件镶黑边的粉红色礼服出现在舞会上，而放在平时，这些富人家的妻子小妾女儿们都喜欢穿旗袍，头发剪短烫卷，可谓摩登之至。就以春梅为例，原本是一个女佣，按照传统的着衣规矩，她只能穿长裤，不能穿裙子，但是由于得到杜范林的宠爱，地位逐渐上升，更由于时代的变迁，"二十世纪二十年代的现代女性突然换下短衣长裤，改穿旗袍了"③。在礼制严格的古代中国，服装曾是一种身份的自我演示，从20世纪20年代至40年代末，旗袍风行了20多年，款式几经变化，领子的高低、袖子的长短、开衩的高低，这些变化改变了中国妇女长期来束胸裹臂的旧貌，把东方女性轻盈体态和曲线美充分展示出来。张恨水在《小西天》里也写了西安时髦少妇的打扮，"她的上装是粉红色，外罩了青色薄呢短大衣。下面宝兰色的裙子，走得飘飘荡荡的，风韵十分的好。西安剪发的女子就不多，而她的头发呢，还是烫着弯弯曲曲的"④。可见，当时烫发、旗袍是最时尚的女性装扮，而这都是以大上海

---

① 韦科曼：《特许休闲》，转引自李欧梵：《上海摩登：一种新都市文化在中国1930—1945》，上海三联书店，2008，第28页。

② 林语堂：《朱门》，湖南人民出版社，2012，第97页。

③ 林语堂：《朱门》，湖南文艺出版社，2012，第96页。

④ 张恨水：《小西天》，中国文联出版社，2005，第247页。

为模仿的对象。

都市的现代化生活虽总以女性引领风尚,不过男士们的服饰也在悄然发生着变化。"杨主席很突出,饱受风霜的脸和身上的丝袍极不相称。那位满洲客则和其他年轻男士一样,穿着西式小礼服;……稍微年轻的男士穿着蓝色中山装,很引人注目。"①在居家生活里,富裕家庭的小男孩穿着鲜红的长袍,留洋的祖仁则一身白麻中山装。林语堂笔下关于西安人服饰的描写细致入微,与20世纪30年代张恨水观察到的西安人着装比照来看还是有些差异。"西北人的衣服,都很朴实,男子有终身不穿绸缎的。近年来,年轻的女子,也慢慢染上东方人士奢华的习气,但是也不过穿人造丝织的衣料而已。"②人造丝是当时社会时兴的一种面料,只有富家女眷才有条件穿。据西人普实克的描述:西安城里"比较多的作坊里是生产带白花纹的蓝布,有些像日本农民穿的和服的料子。我们参观了一个这样的染坊,其工作程序是惊人的原始。花纹用某种白粉及豆子的提取物印在布上,于是就没有被蓝色染料染上。然后把布浸入热水,使沉积物溶解,在作坊前的绳子上晾干就完事了"③。因此说,普通平民家庭的妇女们根本是没有可能穿人造丝的,更别说烫发、旗袍,她们基本上是缠足、留发,脑后挽髻,和那些摩登女郎的装扮大相径庭了。在西安这座城里摩登太少,传统太久,现代化需要深入再推进,而这尚需很长一段时间的努力。

三、青年的婚恋生活

毋庸置疑,两性生活是揭示人性最为深刻的内容,也最能反映社会风气。林语堂的《朱门》核心故事是男女主人公冲破门第的婚恋。以小说命名为朱门来看,隐含着豪门大族之意。小说中除讲述李杜二人跨门第的爱情故事外,还写了其他几对男女的情感故事。富家子弟蓝如水与大鼓女艺

---

① 林语堂:《朱门》,湖南文艺出版社,2012,第96—97页。
② 张恨水、李孤帆:《西游小记·西行杂记》,甘肃人民出版社,2002,第56页。
③ 〔捷克斯洛伐克〕雅罗斯拉夫·普实克:《中国 我的姐妹》,丛林、陈平陵、李梅译,外语教学与研究出版社,2005,第397页。

人遏云的爱情，西安前任市长杜范林与侍妾春梅的暧昧关系，杜范林次子祖仁与香华的现代婚姻，包括后来祖仁横死后香华再嫁，杜范林暴亡后，春梅与范文澜之间关系微妙的转变，这让我们从一个侧面看到20世纪30年代西安城市青年的婚恋生活。

小说中的爱情生活描写一定程度上是当时社会生活的真实反映，即便是小说中虚构世界的生活也是当时生活的折射。因此，我们可以开诚布公地讨论《朱门》里上述几对男女的婚恋故事。民国时期，整个社会正处于现代化转型的初期，西安城市生活亦新亦旧。杜柔安是翰林杜忠的女儿，杜忠乃清光绪皇帝师翁同龢的好友，出生在这样家庭的杜柔安无疑是朱门里大家闺秀式的人物。李飞出身于平民家庭，从他家住西安城北乡村的住宅可看到家境的普通乃至清寒。李飞凭借个人努力成为《西安通讯》的记者，在采访青年学生支援上海抗战游行活动中与杜柔安相识在西安街头，交往后产生爱情。

民国时期封建贵族日渐退出历史舞台，教会学校和新式学堂开始培养儒家框架之外的城市知识分子，记者、编辑等新兴的阶层诞生，李飞是这新兴阶层中的一员。而按照杜柔安父亲的身份，杜柔安属于名媛，但到民国时期，曾经社会上的权贵已经衰败，因此，柔安与李飞看似跨门第的婚恋实际是符合民国社会生活的。婚姻自主是现代化生活非常重要的方面，从"五四"时起，恋爱、婚姻自由即是进步青年男女的追求，李飞与杜柔安皆接受过现代教育，他们的爱情观自然是现代的，早已摆脱父母之命、媒妁之言的陈规旧俗，追求个人幸福便是合乎自然的事情。祖仁和香华的感情属于另一种现代性。祖仁"到美国留学，专攻企业管理，简言之，他对身边那股懒散、不求效率的调调儿感到很不耐烦。他已经尽全力帮助这里走进现代了，全西安只有他的办事处有一组橄榄绿的铁柜，存放档案的夹子和一张会回转的椅子"[①]。就这段描述看，祖仁接受的是西式教育，拥有现代的企业管理思想，现代充满洋派的生活方式，这使祖仁和西安城市显得格格不入，因为这座城市拥有太多的历史文物古迹。祖仁与香华在

---

① 林语堂：《朱门》，湖南文艺出版社，2012，第46页。

上海相识,两人几乎每两天就到一些闪亮豪华、五光十色的夜总会跳舞,过摩登现代生活。婚后,他们的家庭生活也充满西洋色彩,譬如每晚要洗澡、互道晚安,然后分床而睡。从香华到西安后的感受看,她应该来自比较现代化的家庭,然而西安的古朴、悠久历史让香华有所触动。作者有意将祖仁与香华的相识安排在上海。20世纪30年代,摩登的上海是中国其他各大城市追捧模仿的对象,自近代以来,上海始终以它的现代化遥遥领先于中国其他城市,所以作者就将思想新潮的两位年轻人安排在上海相识,之后结婚,然后回到现代思想和设施都落后的西安。将接受西方现代文明较深的两位青年放置在现代文明程度落后的西安,这就有了比照意味,一种以旧而映照新的考量。

前任市长杜范林与春梅的关系要复杂些。杜范林有妻子,却和家中婢女春梅生了两个孩子,这如果在旧时代也没有什么问题,但问题是20世纪30年代的中国已进入现代社会,一夫一妻制是现代文明社会的家庭模式,一妻一妾的家庭模式是封建传统的家庭样式。作为一市之长,杜范林必须做出道德文明的表率,但杜范林又热爱年轻充满活力的春梅,于是就出现杜范林的一妻一妾生活模式。为了掩人耳目,春梅与杜范林所生的孩子以继承杜范林已逝长子的名义而存在,这样杜范林就升了一级,变成自己孩子的爷爷。杜范林的私生活带有明显的亦新亦旧痕迹,一方面虚伪地宣讲新社会文明、欺世盗名,另一方面继承传统社会的遗产。新旧并存正是民国社会生活处于转型期的特点,杜范林的家庭婚姻生活模式可以说是那个时代无数类似阶层的写照。

第四章
抗战烽火与流亡岁月

抗战期间,西安作为陕西省会和陪都,战略地位十分重要。一方面,随着东北、华北沦陷,邻省山西、河南被日军占领,西安成为"前方之后方",是重庆陪都的天然屏障,也是沦陷区难民的避难之所。那些从河北、山东、河南、安徽逃难而来的,被敌人烧毁了家,大炮轰击,炸弹爆炸,从倒塌的房屋和淹没了的农田里爬出来的不幸的人们,在西安街头巷尾流浪;另一方面,晋陕、豫陕交界时时遭到日寇攻击,这些地域一旦失守,敌人则会深入到西北腹地,中共中央和陕甘宁边区将面临巨大威胁,西南和重庆就会更加危急,整个战局及战事将不堪设想。

第一节 战时的西北角

九一八事变后,东北沦陷,日本侵华的步伐日益加紧,西北的后方战略地位愈来愈重要。1937年,抗战全面爆发,西北的战略地位进一步凸显出来。国民政府试图以"西北为建国的根据地",通过加强对西北的政治军事领导和军事战略部署,发展西北农业经济,促进与军事关系最为密切的工矿业建设,发展交通运输事业,推动西北后方建设。1939 年1月,国民党五届五中全会决议指出:"今长江南北各省既多数沦为战区,则今后长期抗战之坚持不懈,必有赖于西南、西北各省之迅速开发,以为支持抗战之后方。"1942 年,蒋介石亲赴西北各省进行了为期一个月的视察，返回重庆后，于9月22日就西北建设问题发表了讲话，视西北各省为将来建国最重要的基础。因此，作为战时西北角的西安有战时短暂的繁荣，大街小巷到处流淌着抗战的热潮。

一、长安剪影

西北以及西安出现在外省作家视野是在九一八事变之后，大批的科学家、实业家、记者、文人到西北考察，留下很多西北游记，其中也涉及战时的西安。因为这些作家、科学家大多只是途经西安，所以对西安的描写几乎都是剪影式的。

1936年记者范长江在察绥宁甘青一带考察，他的行程南起成都，东至西安，西经西宁止于敦煌，北由宁夏而终于包头。他曾经翻越高达五千米的大雪山，横渡"平沙万里绝人烟"的戈壁。足迹所至，除描述政治黑暗、经济破产、民间疾苦之外，对于历史、地理、宗教亦均有确当的论述，而对于汉、蒙、回、藏诸民族的生活常态及相互间纠纷如何解决也做了叙述。在陕甘形势片段，他对长安进行了剪影式描写：

> 目前长安市面，与国内任何省会以上的都市，在其相异的外观。……土地价格从每亩十数元，暴涨至数百元，甚至千余元以上。旅馆业尤为兴盛，无论大小旅馆欲求得一席地，亦殊有"长安居，大不易"之观。长安繁荣，系以陇海路通车为主要的原因，而"剿匪"军事中心，由成都移至长安，亦为重要的助力。铁路直达长安以后，外来货物，不必再由潼关用汽车转运，这里省去了一笔汽车运费，和在潼关转车时的起卸费，减轻了长安市上货物的成本，因而市价一般的低落，增加了市民的购买力。铁路伸入关中，对于关中农产品的收集，既在交通方面增加进了便利的程度，同时运费的减少，使渭河流域的农产品在潼关以东的市场有更大的竞争力量。交通经济发达的结果，则目前成为交通上起卸点的长安，自然相因而至的，有多量货栈，旅馆，饮食店等建筑的需要。建筑需要扩张，地价亦因以增大。加以西北剿匪总部之成立，整批西来的军事政治人员，与乎大量的前

方部队的供给,在衣食住的消费方面,皆给予重大的兴奋,形成了长安的"非常景气"。①

从范长江的描述来看,战时的西安一方面因战事有所繁荣,市容、市政都有所改善,另一方面唐人诗中的盛景已无所寻觅。当记者于十月中旬到达长安后,遍游城内都不见唐诗中所讲的供丽人游玩的水边,曲江是一片干沙沟。城南景观不尽如人意,发展与萧条同存于长安。

与范长江关注西安的暂时繁荣不同,台湾作家尹雪曼笔下20世纪30年代的西安是笼罩在战争氛围下的城市。尹雪曼本名尹光荣,抗战期间就读于国立西北大学,在美国密苏里大学新闻学院获得硕士学位。民国二十三年(1934年)6月26日,尹光荣以尹雪曼的笔名发表了第一篇小说《二憨子》,从此走上文学道路。1939年在西北大学就读时,尹雪曼与爱好文艺的同学组成了"西北文艺笔会",出版"文艺习作"刊物,并经常举办文艺座谈会。《战争与春天》是尹雪曼最早的一本创作集,里面收集了民国二十四年到民国三十三年的小说和散文,这些作品里有些篇章描写了抗战期间的西安城市状况,以及国立西北大学学生南迁汉中,过秦岭的过程。

抗战时西安街景

---

① 范长江:《中国的西北角》,天津大公报馆,1936,第96-97页。

那时,在尹雪曼眼里,西安"古老的街上,流着无穷无尽的人群、车、马,摩托和卡车亦仍然放肆地在奔驰,奔驰在古长安的街头。但人们的心却为惶恐不佳的战事消息所笼罩住了。然而在凝冻的三月的早晨,当一些人们还酣睡在温暖和爱抚气息里的时候。在清冷的街头,报贩撕裂了嗓子呼叫着:'报,报呵!西京日报,好消息呵'……(报上用大字标着:我军阵地固若金汤!)于是人们嘴角上挂着一丝笑,轻快地说:——不含糊呀!铁的临汾。但是在街头,在巷尾,在小树林里,在屋角,在人们的耳朵旁,谣言却像水银一样的钻进来了。——走吧,走吧,五月占西安"①。秦晋自古唇亡齿寒,山西战事吃紧,意味着西安的战事即将逼近,尹雪曼就是在这烽火弥漫的岁月里目睹古城的慌乱和动荡,在他以后的《战争与春天》里留下了古城匆忙的一笔剪影。

1938年,作家碧野流亡到西安,发现西安这座庄严、美丽的古城,变成了围困陕甘宁边区的一把大锁,锁住关中平原,使南北分成两个不同的世界。碧野走进城里,像到了一个陌生的地方,西安已不比往昔,日本轰炸机时常飞临城市上空,瓦砾成堆,走了好几条街巷,才在残垣断壁之间找到一家小旅社。小旅社破烂的窗纸像招魂似的在风中飘着。房间斗大,床很脏,又是虱子又是跳蚤。穷途落魄的碧野在西安城内游荡了一些时日,决定往洛阳去。战乱中民不聊生,长安也似碧野笔下的小饭铺一样风雨飘摇。碧野这一笔长安剪影里笼罩着时局的混乱,个人遭遇的悲凉。

二、西安抗战

作为战略大后方,抗战期间,西安虽然没有遭到日军铁蹄践踏,但是从1937年至1944年日机的轰炸从未间断。1938年,西安空袭进入最为惨烈的阶段。8月6日敌侦察机及轰炸机三十八架复来西安肆虐,"于十一时五十分分四批由东北、西北、西南三方面侵入本市上空,高度达三千余公尺",旋"在西郊外及东郊外仓皇投弹百余枚,内有烧夷弹(即燃烧弹)

---

① 尹雪曼:《战争与春天》,成文出版社有限公司,1980,第63-64页。

十余枚"①。日机的狂轰滥炸致使西安人员伤亡惨重、生产萎缩、工商凋敝、人心惶恐。据载,自1937年11月13日至1944年12月4日,日机累计轰炸西安147次,日机出动累计1232次,投掷各类炸弹累计3657枚以上,造成人员伤亡累计3947次,死亡2719人,炸毁房屋累计7972间以上。日军对陕西的攻击除却空袭,另一事件就是1938年3月7日,向晋南进攻的日军至黄河天险风陵渡,隔河向潼关炮击。潼关北依黄河,南凭秦岭,是秦、晋、豫三省交界处,入陕咽喉要隘,所以日军隔河炮击潼关,引起西安极大的恐慌,因为日军随时都有可能进军陕西。20世纪30年代在陕西成立的陕西考古学会此时也开始将大量文物转移,陕西的战事愈来愈近了,但是日本人终究没有渡过黄河打到陕西来。

还是青年学生的尹雪曼此时看到:"在这古城的一角,遥遥对着整日香烟缭绕的城隍庙,有着一片古学院的一大排房间。这里,住着那些从北平、天津、广东、福建各省各地跑来的年轻人,他们每一个都带着辛酸的、苦难的记忆,都有着一串讲不完的故事。那些记忆和故事是说他们有几个踏上了战斗的前线,有几个已为祖国壮烈地牺牲了!还有他们怎样巧妙地逃避敌人的刀尖、检查,而安全地投向祖国的怀抱。(民国)二十六年秋天,他们陆陆续续地来到了这座古城。从此,古城里便掀起了抗战的波涛。寂静的街头巷尾有了歌声,歌唱着抗战,歌唱着祖国;壁报和漫画亦贴满了街头,用大字写出了英勇的战事,报道着全国每个角落里燃起来的民族的烽火,给这古城里的居民们一些新颖的、兴奋的刺激,使他们惯于生活在古老、肃穆、平静的空气里的心,多多少少振荡起来。歌声响彻了古城,唱遍了古城,振醒了古城平静、寂寞的心呵!连卖油条的小孩子,亦张着冻紫了的嘴巴,在冬天的大风雪里,在春天冷冽的早晨,唱着:向前走,别退后,牺牲已到最后关头!但是当谣言吹进了这整日澎湃着嘈杂、叫喊、歌唱、笑语的院落里时,并没有使他们的心感到不安和振荡。年轻孩子们全拥护着战争的进行,并且都具有一种强有力的执拗,热

---

① 1938年8月6日《西京日报》,转引自罗宏才《陕西考古会史》,陕西师范大学出版总社,2014,第414页。

情,和爱祖国的心。显然,这儿并不是一个适宜的读书环境,没有一次有太阳的晴天,敌机会放过了它进袭的机会;谣言更伴随着炸弹,在三月的晴空里,带着隆重的浑浊的响声,从远方走来,爆炸着。"①

枪炮声越来越隆,"这古城自从抗战始,便渐渐地繁荣起来了,一个陌生人从别的地方来到了这里。虽然不免还能够看到她的荒凉,在这突然的局部的繁荣变化,但是从街上的行人的增多,和无数的小饭馆的兴起,便可以证明这古城确是变了。抗战开展后,西安不特成为西北军事政治的重心,同时文化事业也相当蓬勃开展。商业自然也不例外,许多北平、太原的大商店,都迁移到了这里,顿然使这古城的市面活跃了起来,和其他大城市一样,白天马路的行人道上,挤着很多的行人,马路上的行人,马路中飞驰着各色各样的车,装着橡皮轮的马车来往的奔驰着,不停的。但是使人们感到最不痛快的一点,要算这儿的马路了,也许还没有人在其他的城市里像开封,像保定这一些次等的都会里看到的这样的马路,行人道是倾斜的,走在上面的时间久了,也许会感到脚胫疼,马路上的灰尘的烟雾至少要拉长半里路"②。

抗战期间,西安大华纱厂遭到日机猛烈轰炸是人们无法想象的。1941年5月11日,当二十余枚炸弹落在工厂时,工厂全部停工。5月19日,三十七架飞机分批侵入西安,遭到我军高射枪炮射击,敌机未敢低飞,在高空狂炸西安。此后,像这样的轰炸时常发生,在敌机狂轰滥炸中,西安方面着力解决抗战将士负伤归来,避难民众流离到陕问题。作家阿垅就是这个时候来到西安养伤时完成了他著名的《南京血祭》一著。此时,社会各界踊跃捐款救济伤兵难民。同时,招募陕西青年组成远征军,首批已经奔赴云南。据《西北文化日报》报道:爱国青年学生,从军远征首批将首途,西安各界,已定于(二十四)日开会热烈欢送,省军管区司令部欢送志愿从军远征学生,特发表告陕西学生书,原文如下:"……亲爱的同学们,当他们远征壮士踏上伟大的滇缅公路的时候,或坐上远征的运输机,

---

① 尹雪曼:《战争与春天》,成文出版社有限公司,1980,第65-66页。
② 尹雪曼:《战时的西北角》,《创导》1938年第2卷第6期。

在那晴空万里的天空，掠过喜马拉雅山峰，俯瞰着缅甸和古印度的风光景色的时候，他们的心情应是如何的愉快，意气是如何的豪壮啊！同学们！时代已点燃了我们雄心之火，让热情循环着我们的血液，让悲壮交织着我们的心情，崇高美丽的理想，久已憧憬在我们的心身，我们是最光明的追求者，我们是充满着愉快与荣誉的一代，他们要以斯巴达武士的雄姿，像一个巨人站起来，我们在这一个亘古未有千载一时的大时代，需要赶快参加远征军的工作。"①

在西安市民和青年学生积极投身抗战洪流之际，加强防空的工作也在紧张开展着。西安的防空洞很多是在城墙上挖的。而为了鼓舞西安人民抗战，由成仿吾作词、吕骥作曲创作了《保卫陕西之歌》，歌词曰："日本强盗打到了陕西门前，黄河两岸都成了抗日的前线；野兽般的敌人在向我们逼近，他想占领咱们的城市和田园。咱们是黄帝子孙，咱们是三秦好汉。起来，男女老少，一千万同胞，大家联合加入抗战。为了保卫家乡、土地、老婆、娃娃、生命、财产，咱们排成队伍，一起拿起枪杆。在城市、在乡村，在乡村、在城市，八百里秦川到处燃起抗日的烽烟，让日寇的鲜血染红泾渭河水。保卫长安，拼着头颅热血，保卫我们的河山，河山！"②无疑，20世纪30年代的西安不仅是抗战腹地，而且在象征意义上成为全中国命运的一个指向标。

三、烽火中的街市

"1938年10月下旬武汉和广州失陷后，日本人不加区别地空袭军事和居民的目标。与破坏军事设施和工厂相比，它们的目标更重在使民众在精神上垮掉，包括桂林、昆明和西安，都遭到了空袭。"③相比之下，重庆遭受空袭最为严重，1939—1941年轰炸了268次，城市大部分被毁坏，成

---

① 西安市档案馆编《西安：抗战备忘录》，三秦出版社，2015，第257页。
② 西安市档案馆编《西安：抗战备忘录》，三秦出版社，2015，第521页。
③ 〔美〕费正清、费维凯编《剑桥中华民国：1912—1949年》下卷，中国社会科学出版社，1994，第563页。

千上万的人死亡。在飞机用于战争之前,危险的只限于前线士兵。现代战争一旦爆发,敌人使用飞机随处可炸毁我们的建筑,杀伤军队和人民。敌机的飞行半径,可达一千五百公里,即是隔着前线两三千里的地方,都会受到攻击。因此,旷日持久的战争使中国人民付出惨重的代价,留下痛苦而深刻的记忆。

1940年,茅盾行至西安,此次茅盾是从新疆而来,准备前往延安,西安只是途经。据茅盾自述这一路甚是坎坷,从新疆乘坐飞机到达兰州,搭乘西藏活佛的专车前往西安,途中经过华家岭,天下雪,道路险滑,十分难行,历经艰辛到达西安,辗转间写下了《西京插曲》和《市场》两篇描写西安的记游作品,后来在追忆这段往事的回忆录《延安行》中也描述了20世纪40年代初期的西安情景。由于"头天晚上敌机炸坏了发电厂,今天尚未修复,这一晚西安市没有电灯。这次空袭,西安的繁华街道落弹数枚,造成了伤亡和损失,更引起市民的惊慌"[1]。是夜,茅盾和家人在西安郊外躲避日机的轰炸,之后到碑林游览了一番,回来路过民众市场,顺便参观。一位名叫乔之的作家观察到:"从下午三点钟起,西安的街道开始活跃了,在来往的人群中,你可以找到各式各样符号的军队。他们紧张的雄健的,在憧憬着自己目前所要完成的工作,与寻觅自己所要找寻的目的地;当路灯和各商家的电灯的光辉,骗去了闹市的夜神,街心街旁拥挤得便水泄不通了,从一个地方到另一个地方,必须化出很大的力气,最苦的是应接不暇商店伙友,手,眼,腿,嘴一起并用,来对付这纷乱的场面。"[2]空袭中,茅盾还看到,"测字摊的旁边,一溜儿排着几副熟食担子,那是些膳羊肉,瘟猪脏腑,锅块——但花卷儿却是雪白;它们是不远的更多的面摊和饭店的'前卫'。……两面都是洋杂货的铺户,花布,牙刷,牙粉,肥皂,胭脂,雪花膏,鞋帽,手电筒……伙计们拿着鸡毛帚无聊地拍一下。有一块画得花花绿绿的招牌写着两行美术字:新法照相,西式镶牙。夹在两面对峙的店铺之中,就是书摊;一折八扣的武侠神怪小

---

[1] 茅盾:《延安行》,《新文学史料》1985年第1期。
[2] 乔之:《不怕轰炸的西安》,民国期刊《现代评坛》第19期。

说和《曾文正公家书日记》《曾左兵法》之类,并排放着,也有《牙牌神数》《新达生篇》,甚至也有《麻将谱》。"①这里是西安城的一个缩影,除了现代工厂,里面应有尽有,茅盾依次排列出民众市场的饮食、货物、书铺等街市场景。战乱之中的都市破败沉寂。

第二节　流亡在西安

抗战爆发后,日军占领我国东北、沿海各大重要城市,北平、上海、武汉这些城市先后沦陷,大量的难民涌进西安。这个时候的西安是大后方的门户,日军的进攻致使中国很快失去东南沿海城市和地区,一时之间,把中国人一步步挤到中国的西北与西南。1937年9月,国民政府决定将北平大学、北平师范大学、北洋工学院和北平研究院内迁。不久,北平研究院迁往昆明,剩余的三所大学在西安组成西安临时大学(简称"西安临大"),目的是收容北方学生,奠定西北高等教育良好的基础。1938年3月6日,西安临大奉命迁离西安,翻越秦岭到达陕南汉中,4月3日改名为西北联合大学,简称"西北联大",这是抗战时期与在云南的西南联大遥相呼应的一所重要的中国大学。1939年8月8日,西北联大解散,分出西北大学、西北工学院、西北农学院、西北师范学院、西北医学院。西北农学院迁往陕西武功,现位于杨凌,是为西北农林科技大学。1940—1944年,国立西北师范学院迁往甘肃兰州,成为现在的西北师范大学的前身。西北工学院后发展成为西北工业大学,现是我国一所重要的高等学府。

还有山东等沦陷区的许多中学纷迁陕西,凡此种种情景,就有大量学生在陕西流亡。台湾作家王鼎钧曾讲,"现代中国,有个名词叫流亡学生。它前后有三个梯次:第一梯次,'九一八'事变发生,东北青年入关。第二梯次,'七七'抗战开始,沿海各省青年内迁。第三梯次,内战期间,各地青年外逃。我是第二梯次,也就是抗战时期的流亡学生。那

---

① 茅盾:《西京插曲》,载《茅盾散文速写集》(上),人民文学出版社,1980,第348页。

时流亡是一种潮流，流亡的青年千万百万，流亡很苦，很孤独，有时也壮烈，危险。"①"出门一步，便是江湖。"（诗人郑愁予名句）流亡学生离开了家，离开了乡，在外漂泊。

一、从山东到西安

王鼎钧祖籍山东兰陵，抗战期间跟随国立第二十二中学从山东流亡到陕南，再到西安，在他的回忆录里对流亡到陕西这段历史有描述。1944年夏天，从山东开始作者随国立第二十二中西迁上路，成为真正的流亡学生。路线是，离开阜阳入河南，经泌阳、唐河、南阳、镇平、内乡、淅川六县，进入湖北。由湖北入陕西，大部分师生要走山路，沿汉江江岸穿越武当山脉，经过郧阳、白河、旬阳、安康到汉阴。教育部在安康专门收容华北青年，准备送入四川。王鼎钧在安康步行到了蒲溪（今安康市汉阴县东一个镇），在这里拜访了《安康日报》副刊主编万均和分校的戴子腾老师，发表了他人生第一篇作品。若干年后，王鼎钧仍然寻找当年给予他帮助的《兴安日报》副刊主编万均，不过这是后来的事情。据王鼎钧叙述，《兴安日报》是国民党创办的报纸。二战后期，美国要求中国政府在安康修建一个新式飞机场，主要目的是用来轰炸日军后方。当时政府将施工的任务交给安康行政专员许单修，责成当地筹集一笔款配合。等到飞机场修好后，地方配合款有结余，便兴办了《兴安日报》。《兴安日报》分四个版面，只有对开一大张，第四版是副刊。当是时，王鼎钧由安康北行，在安康城北渡汉水，然后穿越秦岭到达西安，从安康到西安共五百七十华里。在秦岭山中，流亡学生吃的是水煮玉米屑，加入白萝卜用酱油搅拌成团。翻过秦岭看见瓦房骡马、举世闻名的窑洞。等到了西安，作者也只是匆匆一瞥看了下这座城市。因为"匆匆过西安，夕阳西下，人也实在累了，不能欣赏城门城墙的古意，只嫌灰暗没落。看见美国大兵开着吉普车满街跑，身旁坐着中国少女，长发，涂很浓的口红。没想到日后北平出现

---

① 王鼎钧：《回忆录四部曲之二·怒目少年》，生活·读书·新知三联书店，2013，第3页。

'沈崇事件',国民政府大伤元气。看见一片妓寮,屋内有人拉胡琴唱戏,屋外电灯光下冷冷清清,一个女子穿着红色的毛衣拉客,经过一处路旁,停着一具棺材,几个学生在材头烧香,上前探问,知道是某大学的一个女生死了,想起流亡学校郊外的累累新坟。后来读圣奥古斯汀自传,他第一次进巴黎时经过巴黎最肮脏落后的地段,以致终生对巴黎没有好感,我跟西安的因缘不幸也是如此"①。流亡学生由于生活条件极差,一路有不少死亡,青春烂漫年纪而亡,战争的残酷令人触目惊心,感伤难忘。几十年后,作者写作此书时,新闻报道:西安至安康间铁路业已修成。

之后,王鼎钧随流亡大军到了宝鸡。"我们在西安钻进火车,那时火车一路震动颠簸,座椅用木条制作,屁股像挨了板子一样痛。夜间行车,无从领略秦岭风光,西安到宝鸡,一七三公里。宝鸡下车,鱼贯而入一个大院,四面有围墙。"②然后,到南京、上海。在作者眼中,繁华的大上海与陕西关中的差距非常大。"我们住在十六铺码头,靠近苏州河和黄浦江,过河可到上海著名的三大百货公司:先施、永安、新新。步行稍北,就是有名的外滩。十六铺码头罗列着非常大的仓库,库房一栋连着一栋,一律平顶,团长训话,拿这一片房顶代替操场。好大的仓库!好大的上海!我们在库房里搭地铺,工程师把江水引到门前,我站在库房门口可以看见工人卸货。什么地方装了扩音喇叭,呼喝号令,指挥工人,清闲的日子转播广播电台的流行歌曲,常常听见周璇唱'夜上海,夜上海,你是一个不夜城。华灯起,车声响,歌舞升平'。"③不言而喻,上海是洋场,繁华热闹,可以在这里看百货,而到南京要看古迹,相比之下,南京官大,上海楼高,不过南京和上海都有柏油路、自来水。在王鼎钧眼中,不仅城市外貌有巨大差异,就是女子们也有所不同。在关中,见女子裁剪

---

① 王鼎钧:《回忆录四部曲之三·关山夺路》,生活·读书·新知三联书店,2013,第27页。

② 王鼎钧:《回忆录四部曲之三·关山夺路》,生活·读书·新知三联书店,2013,第28页。

③ 王鼎钧:《回忆录四部曲之三·关山夺路》,生活·读书·新知三联书店,2013,第68-69页。

的衣服,一心遮盖曲线;上海女子裁剪衣服,则一心暴露曲线。关中女子的衣服颜色渐淡,多半是全黑、全灰、全蓝;上海女子的衣服多半花花绿绿,而且几种颜色设计配搭,日光之下全身发亮。更重要的是,上海女子穿高跟鞋,身体的重心后移,前胸张开挺出,走起路来脚步快,腰肢敢扭敢摆,一身丝绸衣料如同春水,细波轻浪,起伏不定。而在"关中人论美女,标准是'细皮白肉'。上海女子如张爱玲形容:'肥白如代乳粉的广告。'董桥形容:'睡过午觉洗过澡的女人,仿佛刚蒸出来的春桃包子,红红的胭脂和白白的香粉,都敷上一层汗气。'那时上海流行旗袍,短袖玉臂,衣衩加长提高,露出全部小腿"①。见了不同城市,阅过不同城市女性,流亡之中,作家感受到关中的落后。

二、从西安到汉中

作家尹雪曼在抗战期间就读国立西北大学。前面介绍过,这所学校的前身是西北临时大学。据尹雪曼在《战时的西北角》一文中讲,当时在西安临时大学,收容流亡学生1500多名。关于这些学生怎样读书,他在《战争与春天》里这样描述:"宿舍和教室都是在仓促中临时凑成的,一切都呈现着不安、动乱的暂时状态,迁就和对付亦成为不可动摇的原则。入夜,尽管古城的路灯和商店的红绿灯,如何在闪着它们亮晶晶的、发光的眼;在学生的宿舍里却只摇曳着一盏半明半暗的十五支光的电炬,眨着它昏黄的睡眼。一切都感到无聊、乏味、杂乱;住得不耐烦的便歇斯底里地叫着:读什么书呢?人都要发霉了。于是,便给在战斗的前方一个朋友写着:'这儿是无法读书的,很想到前方去。亦许能够出点力,对进行着的战争不会有损吧!不过,你们,会不会要我呢。……'那些听到谣言,被谣言啃蚀着年轻的心,便询问着:'搬不搬呢?''谁知道呢?'站在一旁的两个人说着:'我就要走了。'……消息很零乱。一些年轻人悄然地带着热情和勇敢走了。可是另一些却正从前方,从战斗的田野里走

---

① 王鼎钧:《回忆录四部曲之三·关山夺路》,生活·读书·新知三联书店,2013,第74页。

回来。于是，大家全都忙乱着，欢送会、座谈会、讨论会、欢迎会，飘着年轻的热情，年轻的热和爱。但是在街头、巷尾，飘着的谣言却越来越急了，重重地击着这古城里人们的心。最终，学校亦决定了。这些流浪的孩子们便亦跟着这个重大的决定忙乱起来。"①西安临时大学准备迁往汉中。

如果不阅读这些经历过抗战流亡的作家的作品的话，笔者至今不知道那场抗战对流亡学生意味着什么。尹雪曼的《战争与春天》讲述的是国立西北大学要从西安迁移到汉中去，这中间要翻越秦岭，同王鼎钧走的路线恰恰相反。"二十七年三月十六的夜里。电灯映照着这古城外金碧辉煌的车站，映照着无穷无尽伸到天边的铁轨。原野安息着，夜里无边际地展开来，庞大的蛮重的机车，在夜色里，卧在铁轨上，一动一动地，大声地喘息着。到处是吵杂，叫嚣；初春寒夜的风，冷冽地吹拂着，在这静寂的夜空里，人们打着寒颤。我爬上了列车。列车车厢里塞满了行李、箱笼和人头。我在人缝中拼命地挤，挤了半个钟头，才挤到一堆行李上面。于是倒下去便睡着了。车在夜里开行了。在广大的无边无际的辽阔的夜色里，向西方，无穷无尽的地方奔驰过去了。第二天早上，太阳从地平线爬出来，映照着长长的列车时，我们已抵达了宝鸡。"②宝鸡当时是陇海线西部的临时终点，一个荒凉而又寂寞的小城，从这里尹雪曼和他的同学将要步行跋涉八百里栈道。尹雪曼描述，翻越秦岭，途经双石铺、凤岭、柴关镇，然后走到平原，这里的平原应是汉中盆地，因为西北大学迁移的地方在汉中，而作者翻越秦岭走的应是古时的陈仓道，这里的连云栈道与褒斜道相连。这条古道也是秦岭六条道路中最好走的一条。

抗战时期，学校内迁集中在四个地区：第一，以重庆、成都、昆明、贵阳为中心的西南地区；第二，以广西、湘西、湘南、粤西、粤北为中心的中南地区南部山区；第三，以赣中、赣南、浙南、闽中、闽西为中心的华东南部丘陵地区；第四，以陕南、关中、陇东为中心的西北地区。西南形成西南联大。西北虽然迁入的高校不多，但由于有著名的北平大学、

---

① 尹雪曼：《战争与春天》，成文出版社有限公司，1980，第67-69页。
② 尹雪曼：《战争与春天》，成文出版社有限公司，1980，第68-69页。

北洋工学院和北平师范大学组成的西安临时大学（后改名为"西北联合大学"），因此成为战时中国高等教育的重地，临时大学分散在汉中和城固两地。

同时，战时形成了重庆沙坪坝、成都华西坝、陕西汉中城固古路坝等几个文化区。抗战时期，学校内迁是举世未有的教育大迁移。内迁中，广大师生不畏艰难险阻，头上有日机轰炸，脚下有崇山峻岭，他们翻山越岭，过烟瘴密林，风餐露宿，许多师生为之付出鲜血和生命。到达目的地后，又常常衣食无着，栖身于庙宇席棚，生活异常艰苦。

三、从山西到西安

国破山河在，1936年少年牛汉随父亲向西流浪。牛汉是山西人，抗战爆发后，山西遭到日军的疯狂进攻，牛汉和父亲从介休县到了风陵渡，坐上了兵工厂拆迁机器的没篷的敞口火车。火车过韩侯岭的时候遭到了日机的扫射，枪弹四处飞溅中渡过黄河，"流浪，流浪，我跟着父亲一直向西逃难。一路上逃难的人不多。我的心情也慢慢灰起来了。父亲带着我这个大儿子，在平型关的枪炮声中离别故乡。由于对战争的长期性没有准备，说几个月就回去，没想到了太原还得往西走。战火好像就追着我们，我们过了黄河，逃到黄河的那一边"①。诗人牛汉抗战期间曾有在西北大学读书的经历。山陕自古隔着一条黄河，从风陵渡渡过黄河，就到了陕西。"在潼关近一个月的时间里，我天天坐在坍塌的城墙头，遥望着黄河对岸苍茫而冰冻的土地。夜里黄河悲壮的浪涛冲击着潼关古老的城墙，发出震天动地的声响，我几次想瞒着父亲独自回山西去。"②

在1938年2月，牛汉逃到了西安，住在东木头市平安公寓里。父亲去醴泉县谋职做事，他一个人留在西安，生活没有着落，十四块银元还缝在

---

① 牛汉口述《我仍在苦苦跋涉：牛汉自述》，何启治、李晋西编撰，生活·读书·新知三联书店，2008，第31页。

② 牛汉口述《我仍在苦苦跋涉：牛汉自述》，何启治、李晋西编撰，生活·读书·新知三联书店，2008，第32页。

棉裤裆里，舍不得拆下一块来花。据作者回忆："我上街卖过报。我卖《西北文化报》《西京平报》，卖报的收入够吃饭了。"①终于等到1943年，牛汉考上西北大学外文系。

第二章第二节我们已经介绍过西北大学。这所学校1912年由张凤翙创办，后来解散。第二次是刘镇华在1923年创办。第三次是在抗战烽火中，1937年7月，国民政府成立西安临时大学。1938年3月16日，西安临时大学南迁陕南，1938年4月改称国立西北联合大学。1939年8月，西北联合大学再次奉令改组，由文、理、法商三学院组建国立西北大学，医学院成立国立西北医学院，师范学院组建西北师范学院，自此在行政指令下拆分为国立西北大学、西北工学院、西北农学院、西北医学院和西北师范学院。牛汉那时在西北大学读书，正在陕南城固。1943年9月，牛汉入西北大学外文系，学校虽在小县城城固，但这里的基督教发展也较兴盛。在牛汉叙述中，城固基督教青年会救济贫困学生，他领过一件灰布棉大衣。而这个时候，去延安的想法在心中越来越强烈了。1944年10月，他离开西北大学到西安，渴望着去延安，因为他得知艾青、贺敬之、严辰等都去延安了。1944年冬到1945年4月，他经人介绍到《秦风工商联合报》当副刊编辑。后来牛汉回西北大学复学，和同学们成立"真理卫队"开展学运，皖南事变之后，留在西安编刊物《流火》。在西安与陕南之间牛汉往返多次，他就这样在颠沛流离中走过了青春岁月。这段岁月的生活经历后来在他的《我仍在苦苦跋涉：牛汉自述》中被描述出来。

第三节 到延安去

"女生嫁军官，男生上延安。"王鼎钧在他的回忆录里描述了抗战流亡学生奇特的人生选择。而其实，抗战烽火中成千上万的青年学生把到延安去当作人生的美好理想。1935年，中共中央进驻陕北，中国共产党坚持

---

① 牛汉口述《我仍在苦苦跋涉：牛汉自述》，何启治、李晋西编撰，生活·读书·新知三联书店，2008，第32页。

抗战的政治主张，在延安创建的新生活，成为当时中国人的希望所在。成百上千爱国学生、进步人士、华侨经过各种途径渴望到达延安，投身到抗战和新生活的洪流中去。西安是一个重要的中转站，那时间从西安到延安八百里路程上到处都是青年学生的身影，到处洋溢着奔赴革命的爱国者的笑声。

一、七贤庄

在西安市北新街有一所青砖白墙、古朴典雅，建筑风格与周围环境迥异的院落，这里就是七贤庄，西安八路军办事处（简称"八办"）。1936—1945年，这里是中共中央在国统区的公开对外机关。

1936年9月9日，陕西省银行致西京市政建设委员会的公函说："案查本行……在新市区内购地建筑住房，曾经函报在案。现此项房屋业已次第完成大半，计地一百九十四亩，位于中正门（今解放门）内革命公园之北，东沿尚德路，西抵北新街，就贵会划之纵横干路，分置七庄：尚智路东，曰一德二华；尚平路东，曰三秦四皓，路西曰五福六谷，皆在崇廉路（今西七路）之北；曰七贤，则在崇廉路之南。大礼堂设一德庄中，望衡对宇，其间自成村落，统名曰六合新村。"①从这段叙述来看，七贤庄所在的地域当时叫作六合新村，由一德庄、二华庄、三秦庄、四皓庄、五福庄、六谷庄、七贤庄七个庄子组成。一德指的是一项品德，二华分指太华山和少华山，三秦即指的是陕西，四皓指的是汉代商山四皓，五福指的是寿、富、康宁、攸好德、考终命，六谷指稻、黍、稷、粱、麦、菽，所排的七贤庄是否指的是竹林七贤，或者和他们有关系，还有待考证。

1935年，中央红军经过长征到达陕北，由于医疗器械和药品奇缺，中央指派党的地下工作人员，到全国各大城市秘密地进行采购。为了把分散地、零星地购买到的器械和药品集中起来转运到陕北根据地，必须选择一个适当的集中地点和收货人，从地理位置上讲，西安是最适合的接收点。1936年夏天，德国共产党员海伯特在七贤庄一号开了所牙科诊所，为陕

---

① 田荣编著《老西安街村》，陕西旅游出版社，2012，第173页。

北红军秘密存转从各地采购的医药器械和无线电台等通信器材。1937年9月，七贤庄改名为八路军驻西安办事处，地下工作转为地上，一方面为陕甘宁边区和前方转送战争物资，另一方面开展统一战线工作，输送进步青年去延安。七贤庄帮助过很多文化人、青年学生、外国记者到达延安。像以新西兰路易·艾黎为领队的印度援华医疗队，经"八办"转赴延安和抗日最前线，直接支持我国的民族解放战争。加拿大共产党员白求恩大夫，1938年春由"八办"到达延安，史沫特莱、斯诺都是通过"八办"到达延安的。国内著名人士通过"八办"到延安的有茅盾、闻一多、李公朴、冼星海、丁玲等，中共重要领导人周恩来、朱德、董必武、林伯渠等都和七贤庄有密切关系。

茅盾是1940年与夫人、张仲实一行由新疆辗转兰州、西安到达延安的。这次延安行，茅盾在延安住了五个月，写了许多关于民族形势和纪念鲁迅的文章。茅盾到西安后，曾得到七贤庄八路军办事处帮助，后来他在《延安行》中详细地描述了在"八办"的经过。"恩来三月份从苏联回到了延安，他的右臂业已治愈，但留下了残疾。这次他又从延安出来，要到重庆去。总司令正相反，他是从山西前线来，原来准备去重庆与国民党谈判，现在情况有了变化，不去了，要回延安。我是初次与朱德见面，他给我的印象是一位话语不多的敦厚的长者。……恩来又问我们今后有何打算，我们说想去延安。恩来当即表示欢迎，说，你们不论是去参观还是去工作，我们都欢迎。正巧有个好机会，总司令过几天要回延安，你们可以同他一道走，这样路上的安全也有了保证。他还说现在去延安不像三七、三八年那样容易了，国民党特务机关在沿途设下重重关卡，随便抓人。如今我们采取了分批护送的办法，即在八路军办事处集中了一批去延安的青年之后，由办事处派人用汽车送进边区。去的青年都换上军装，充作八路军的人员。但即使这样，仍发生过多起国民党特务机关截留卡车的事件。不过，你们这次搭总司令的车队去延安，国民党的特务机关是不敢留难的。"①

---

① 茅盾：《延安行》，《新文学史料》1985年第1期。

抗战时期，朱德是第二战区副司令长官、八路军总指挥，频繁往来于抗日前线和中共中央所在地——延安之间，七贤庄八路军办事处便成为他必经之地。在这里，朱总司令多次同国民党党、政、军高级领导人接触，会见社会各界贤达，接待广大爱国青年奔赴延安。从1936年底到1946年初，周恩来曾在八路军办事处留住23次，在这里和国民党要员打交道，接触社会各界人士和群众，宣传共产党的抗日主张。可见，七贤庄八路军办事处是抗战期间连接国共、社会各界人士、群众的重要地域。

二、去延安途中

延安是一个充满诱惑力的地方，不过那时候去延安的路途却总是有些坎坷。茅盾搭乘朱德总司令的车前往延安。"五月二十四日上午八时，总司令的车队开出了西安城。车队有三辆卡车，共四五人，除了朱老总和夫人康克清及其随行人员，其余就是共产党的干部和各地奔赴延安的青年，其中我见到了龚澎。他们都穿了军装，充作朱老总的随从。亚男和阿桑也换上了军装，并且起了个假名。我和德沚、仲实仍旧穿便服，这是头天晚上决定的，因为我们算作知名人士，可以冠冕堂皇地去延安参观。如果换了装，改了名，被认了出来，反倒不好解释。况且我们穿上军装也不像个随从。朱老总乘第一辆车，他坐在司机旁边。我们在第三辆车上，驾驶室的座位则优待了德沚。我们五个人临时编成一个小组，派了一位从武汉来的大学生——名叫陈绪宗——担任我们的组长，这位组长的任务，就是一路上照料我们。他为我们在卡车的前部用铺盖垒了两个舒适的软座，还随身提着一个热水瓶。他告诉我们，到延安要走三天，第一天在国民党地区过夜，那里布满了国民党特务，行动稍一不慎，就有被绑架的危险。他特别警告阿桑，下车后不要乱走，不要看热闹。曾有去延安的青年，走到街上，一个特务故意撞他一下，反而诬告他打人，就被预先等在旁边的宪兵抓走了，再也没有回来。交涉抗议都没有用，而汽车又不能因他一人滞留下来。他说，吃饭、住宿一切由他来安排，我们有什么活动也要告诉他。他又考问了阿桑是否记得那个假名字，叮嘱阿桑记牢，万一国民党的宪兵照花名册来点名，要准确回答。"①去延安的路上，国民党的盘查非常严格，以致一路上护行的同志千叮咛万嘱咐。如此情形下，茅盾等人经过铜川，参观了桥山黄帝陵，一路逶迤到了延安。

抗战期间，像茅盾这样的文化人可以说是成群结队奔赴延安。在这些名作家队伍里，丁玲是一位充满传奇色彩的人物。抗战爆发后，丁玲集合三十余人组成西北战地服务团。这支队伍里有作家、演剧家、音乐家、艺术家，他们的足迹踏遍山、陕两省，用文艺为时代的需要服务，为民族生存服务，从而使中国文艺走向人民大众的广阔天地。1938年3月，西北战地服务团奉八集团军总部调令，进入西安宣传演出。同年秋，返回延安，不久又重返前线。这支队伍先后在华北前线坚持工作多年，直到1944年5月才结束它的历史使命。西北战地服务团在山西、西安等地的活动，曾经引起全国强烈的反响。中外新闻界、文化界不少人纷纷著文报导丁玲的行踪，有《丁玲领导的战地服务团》《和丁玲一齐在前线》《长征中的丁玲》《最近的丁玲》《丁玲在前线》等报道，1938年又有俞士连、天行等搜集有关篇目，编成《最近的丁玲》和《丁玲在西北》两个集子，分别由长虹书局和华中图书公司印行出版。

1937年大公报记者范长江从西安前往延安采访，他抱着"本人决心不惜一切代价，到西安去，一探中国政治之究竟"。1937年2月2日傍晚，范长江终于顶风冒雪，抵达西安。在西安，他采访了周恩来，经中共安排进入延安采访，向全国报道解放区和红军，后来这些通讯汇集成《塞上行》，在社会上引起了强烈反响。在这些通讯作品里，范长江向人们报道了去延安途中及其之后的状况。"西安政局，既已开展，记者又奉命入陕北。二月六日在博古先生和罗瑞卿先生陪送之下，开车直驶肤施（延安）。两辆载重车，载些鞋子衣服等，我和博古车上，装了一车的'左派幼稚病'小册子，最重要的是从紫金山那里运来的几十万法币。同行有西安新闻界和学联的朋友。那天城内外的东北军和陕军都在纷乱的撤退，汽车大车牛车毛驴，什么交通工具都有。而运送的东西，则从军火军实至破

---

① 茅盾：《延安行》，《新文学史料》1985年第1期。

铁炉子也全带上,真是彻底的搬家,秩序异常零乱,大概撤退命令太仓猝一点。陕变主力的特务团士兵,更是无精打采地退出西安,低着头,倒拿着枪,好像不胜颓丧的样子。"①范长江等人一路迤逦而来,"涉水过洛川,县城在原上,张学良指挥剿匪,曾坐镇于此,今则红星帽士兵随处可见。红军初到陕北时,不懂方言习惯,他们夜间驻营,总向民间要供门板等作卧具。……红军的政治工作相当成功,送我们的士兵,谁也可以讲一篇大道理,'帝国主义''殖民地''革命'……无比其多的新名词,他们讲得无不顺理成章,俨然受过多年政治教育。这些年龄的红军官兵,说起打仗完全是儿戏,没有紧张意味。好像中学生谈赛足球,李惠堂那一脚踢得如何有劲,叶北华如何传了一个好球。少年和青年人的精力充足,只要燃起政治的火焰,他们的战斗力是无限充盈的。……晚间会大雪,九日赴肤施途中,只见大雪盖满山谷。汽车经行破旧的黄土高原,上下三个峻急的山坡,不是机器完好的汽车万万上不去的"②。作者一路向北而行,一路记录所见途中情景、民俗风情。描述到鄜县,公路旁有泉水涌出,结冰盖路面,下临高崖,车行其上,直赌命运。再赴甘泉,这里过去是剿匪大战场,再北去是肤施(即延安)。将至肤施时,遇到近百名的徒手红军,衣服残破,单裤居多,十四五岁小孩不少。范长江是第一个向外界报道红军和中共抗日主张的国统区记者,为全国人民了解中国共产党的政策、主张做出了贡献。

《中国的西北角》(1937年版)书影(刘宁 摄)

---

① 杨博编《长安道上·陕北之行》,南京师范大学出版社,2016,第254-255页。
② 杨博编《长安道上·陕北之行》,南京师范大学出版社,2016,第262页。

社会名流经由八办安排前往延安，记者也可以找到门路乘车前往延安，那么那些普通学生又是如何到达延安的？一位名叫陈约克的作者在他的《去延安途中》描述了当时前往延安途中所见所闻的情景："成千的人已到了革命圣地延安去了。三三两两的，成群结队的，远远近近的从各处奔来，男的、女的、青年的、中年的，有演剧者、画家、学者、兵士、哲学家、新闻记者、教师和工程师。他们车、飞机，到延安来追求救中国的真理。"① 关于到延安的故事有许多动人听闻。"你曾听说或坐骡车，或步行，或乘汽车、火车，一个女孩子，从四川步行到延安，独身经历1000多英里荒山僻野的路程吗？她到达延安的时光，袋里空无半分，但是她的脚跟底下还藏着一张十块钱的钞票，当她脱出来时光，她发现这长途的步行，已使钞票粘住了脚跟了，她花费了许多时光才把它拿了下来，但最后发觉这张钞票是一张废纸，是四川军阀新发行的地方票，在延安是不能兑现的。另外有一个青年艺术家叫贺国的，他在四个月前已从汉口出发到延安来了。到郑州的时光，陇海线正在大战，他便在徐州夫湾了下，可是徐州陷落时来不及逃出，便扮了农民，冲破了日本军的阵线，途中损失了一个同伴，两次危险都由游击队首领拯救，才步行到了上海，以后再从上海到香港，现在也到延安来了。

"除了上述两个角色外，芬华也是我们一群中的一个。在长沙的时光，她唯一的志愿是做一个女演剧家，但是她的职业是一个管账员，当她发觉她的上司是在营私舞弊的时，她就决心去贡献她的一生于演剧。她打了铺盖，拿了化妆的器具出发到延安来。几星期之后，我看见她已成为鲁迅艺术学院所演话剧中的主角了。我们一群中还有一个四十以上的国画家。他是一个旧式的君子，但是和他的同事不同，不到四川、云南去，反到西北的延安来。我后来在抗大碰见他，他已穿了校服，躺着研究'当代艺术'。到延安去的队伍，真像朝山进香的参拜团一般，所不同的是我们不像宗教信徒般去找寻天国，我们是要把这个陈旧腐败的国家改造成为强

---

① 陈约克：《去延安途中》，载于民国期刊。

健公平的新中国的。"①

陈约克用这么大的篇幅描述各类青年学者到延安路途上的情景,可见当时来自全国各地的青年奔赴延安的决心异常坚定,延安已然成为当时人们心中的圣地,抗战中国的新希望所在。

三、在革命圣地延安

然而,我们不禁问:这些青年、记者、文人梦寐以求想去的延安是什么样子呢?延安古时称为肤施,从地理环境讲,宝塔山、清凉山、凤凰山三山鼎峙,延河、汾川河二水交汇。20世纪30年代,当无数青年、作家、文人、记者来到这座城市时发现,在一座破落的城墙中,建筑着许多牌楼及旧式屋宇,圣地上既无古迹可寻,也无庙宇。

1937年,记者范长江奉命入陕北。他在别人陪送之下,开车直驶延安(肤施)。离开西安时,城里的东北军和地方部队在纷乱撤退,范长江一行经咸阳,至三原。然后一路向北,过耀县,到洛川、鄘县、甘泉,沿途人家稀少、土地荒芜、村庄残破,经过长途跋涉,抵达延安。在延安他接触到许多中共高层将领,领略了他们平和、亲切的处事态度,同时受到热烈的欢迎和招待。延安之行,范长江对中国共产党人的报道使外界对延安革命根据地有了深入而细致的了解,对宣传中国共产党抗日救国主张起到了积极作用。

1937年,范长江这样描述延安:"他领我去看他们学生的活动,有些在打乒乓,有些在打篮球,教官们和他们混在一起,没有人介绍,很难分别,因为服装都是一样的。寝室内务,大不讲究,官长学生之间,也无多礼节,他说他们不赞成形式主义的。自然他们是以苏联红军为蓝本,而苏联红军的兵学原则,是法国拿破仑的遗留,重自由,重活泼。和德国兵学派的重形式者,完全相反。日本学德国,中国有些部分又学的日本。红大的教育方针,是自动多于被动,讨论多于上课,室外活动很注意,每日上课时间,最多不过三四小时。其次和我见面的是宣传部的吴亮平先生。他

---

① 陈约克:《去延安途中》,载于民国期刊。

小小个子,清秀的面庞,无论他吃过多少苦头,还保留着书生面目。他的外国语文很漂亮,苏区对外英语广播,就是他担任……"①

2017年延安枣园(刘宁 摄)

范长江从延安红军的政治人物到文艺人才都做了详细介绍,并叙述了富有布尔乔亚的欢迎宴会。在离开延安前又专门与毛泽东作竟夜之谈。

1940年,茅盾从新疆,经历了几天的舟车劳顿,到达延安。"五月二十六日午后,我们经过劳山,二时许抵达延安南郊的七里铺。我们这辆车比总司令的车迟到了二十分钟,我们到达时,总司令的车以及到七里铺来欢迎的人群已进城去了,公路旁还停着两辆小轿车,周围站着五六个人。我爬下卡车,只见德沚正向一位穿灰军装、戴眼镜的高个子奔去,一面兴奋地喊'闻天,闻天',我也看清楚了,原来是张闻天,七八年不见,还是老样子。我们紧紧握手,互相问候。这时,一位身材瘦小的同志走上前来,用上海口音问道:沈先生还记得我吗?我仔细端详,只觉得面熟,却记不起名字,就说,好像见过面。他哈哈笑道:我就是虹口分店的廖陈云。他一说,我也就认出来了。一九二五年商务印书馆大罢工时,我

---

① 杨博编《长安道上》,南京师范大学出版社,2016,第268页。

们常见面,那时他很年轻,后来他被派往苏联学习,就再未见过面,算起来已有十四年了。他们请我和仲实、德沚换乘小汽车进城。到了南门外,又有各机关学校的代表在路旁欢迎,其中有不少在上海就认识的熟面孔。在人群中我和德沚也见到了琴秋。

"我们被送到南门外的交际处休息,接着又被请去参加欢迎宴会。这是近百人的大宴会,菜肴虽无山珍海味,却也鲜美可口,更为突出的是,宴会的气氛不同一般,大家无拘无束,笑语满堂。就在这里,我尝到了延安的名菜'三不粘'——一种用鸡蛋做的甜菜。"①

作为文艺界的领袖人物,茅盾在延安受到热烈欢迎。到之日傍晚,延安各界在南门外操场上举行了欢迎会。第二天晚上,延安各界又在中央大礼堂开欢迎晚会。延安中央大礼堂约能容纳六七百人,座位是固定在木桩上的长条木板,那天,鲁迅艺术学院(简称"鲁艺")演出了《黄河大合唱》,舞台上站了二百多人。冼星海的《黄河大合唱》使作者大开眼界,深受感动,觉得有什么东西在心里抓,痒痒的又舒服又难受。它那伟大的气魄自然而然使人鄙吝全消,产生崇高的情感,就像灵魂洗过一次澡似的。冼星海的《黄河大合唱》是延安文艺最高艺术成就,以演唱《黄河大合唱》欢迎茅盾,可见当时延安方面对茅盾的重视,从另一个侧面我们也看到抗日民主根据地热火朝天的生活。

茅盾在延安,一直住在鲁艺,这儿是桥儿沟的窑洞。"窑洞距地面只有两米,我们进进出出只要爬十多个台阶。两孔窑洞一孔有门,一孔只有窗户,从带门的一孔进去,有一通道与另一孔相连,我们的卧室和书房就在里面一孔,外面一孔则作客厅兼饭厅。洞壁刷了白灰,洞口向阳,窗格上虽没有玻璃而是糊的白纸,光线却很充足。窑洞前有一小块平台,可以散步、乘凉、晒被子。平台下面是翠绿的菜圃,桥儿沟著名的西红柿已开始成熟;再往前走,能听到潺潺的流水声。"②

茅盾在这里讲授市民文学,闲暇时间便观察鲁艺的生活,他先后发表

---

① 茅盾:《延安行》,《新文学史料》1985年第1期。
② 茅盾:《延安行》,《新文学史料》1985年第1期。

了《纪念高尔基杂感》《关于〈新水浒〉——一部利用旧形式的长篇小说》《论如何学习文学的民族形式》《为了纪念鲁迅的六十生辰》《关于"民族形式"的通讯》《旧形式、民间形式与民族形式》等文章，脍炙人口的现代散文名作《白杨礼赞》就写于延安。

  延安对知识分子表现出无比巨大的热情，知识分子在延安创作了大量生动、感人、富有影响力的文学作品，同时他们也参加许多会议，进行关于文艺的民族形式问题讨论。延安给予这些作家、知识分子崭新的生活，改变了他们的思想观念。无疑，延安时期正是中国文艺发生转折的重要时期。

下篇

从下篇开始,我们将进入当代作家描写西安的作品分析中。较之20世纪上半叶,20世纪下半叶西安的发展更为繁荣。此时作家对西安的叙述,从清末民国时期作家的粗线条、外部描写,开始转向内部、深入描写;从广阔的大西北视域中的一个过往城市描写,转为本土城市为主体的文学书写。这主要是由于新中国成立之后,延安文艺精神开始成为新中国文艺的主导思想,陕西、山西等地迅速成为新中国文学的重镇,陕西本土作家很快成长起来了。而从20世纪50年代开始,陕西文学开始进入全国视野,王汶石的短篇小说、杜鹏程的工业题材作品,柳青描写农村的长篇小说在全国都占有重要地位。在他们笔下,"没有一个城市比之今天的西安更为显著地糅合着'古'与'今'的了。在没有一寸土没有历史的古老文化的基础上,建立起了新的社会主义工业和新的社会主义文化。新的长安城,毫无疑问地,将比汉、唐盛世的长安城,更加扩大,更加繁华。点缀在这个新的工业大城市里的是处处都可遇到的赫赫有名的名胜古迹和古墓葬、古文化遗址"[1]。

及至新时期,文学陕西更是异军突起,路遥、陈忠实、贾平凹等一大批陕西籍作家对陕西、西安的描写,使得这个时期的陕西文学具有浓郁的地域文化色彩。此时,西安已然化身为中国传统文化的符号,甚或时代的象征物,抑或说是一种深沉的民族精神故乡的寄托,这座古老而崭新的城市拥有了更多的岁月变迁、历史沧桑,记载着太多的城里人故事,而这些故事先从秦岭脚下说开去。……

---

[1] 陶铠、刘燕主编《名人笔下的中外名城》,海燕出版社,1994,第37页。

第五章
秦岭脚下

柳青是当代作家中作品最早涉猎关中渭河平原这片沃土的，巍巍秦岭成为《创业史》里一个名叫蛤蟆滩地域的大背景，而作家命名为蛤蟆滩的地方正是昨日西安郊区长安县一个名叫皇甫村的地方，今天的西安市长安区所在。这个地方也是唐时韦曲和杜曲所在地，水系众多，稻田连绵，背依秦岭，于是平原上的田园生活与秦岭山中的砍竹光景相映成趣，成为作家文本里的生动故事。

第一节　田园生活与终南山割竹

1952年的春天，柳青从苏联访问归来不久，为了积极响应毛泽东主席在延安文艺座谈会上的讲话精神回到陕西。开始住在西安市，旋即到了长安县。1955年春天，柳青下决心搬到长安县王曲公社的皇甫村里居住，把合作化运动搞到底，这一住，就是十四年。长安十四年对柳青一生影响巨大。柳青以村上党支部副书记①的身份，直接参与了中国农村轰轰烈烈的合作化运动。他每天上午写作，下午处理村里的日常事务，在这里完成了《创业史》第一、二部，和《皇甫村的三年》散文集等作品。

---

① 柳青在皇甫村时的对外身份是村党支部副书记，而实际是在体验生活。

一、长安十四年

柳青在《创业史》里描写的下堡村,坐落在黄土崖底下,面对终南山,"整个稻地——从汤河出终南山到它和北原那边的滈河合流处,这约莫三十里长、二三里宽的沿河地带——统统被人叫作'蛤蟆滩'"①。这个蛤蟆滩实际就在神禾原下,韦曲、郭杜所在的位置,现实中是柳青深入生活挂职所在的郭杜镇王曲大队,多年后神禾原上也成为柳青埋骨之处,今天已经成为西安市长安区所在地。当年柳青居住在长安郊区神禾原下的常宁宫。常宁宫原为唐朝皇家御苑,唐太宗李世民亦在此为母建庙。1940年,胡宗南将其改建为蒋介石的西北行宫。1952年,柳青举家搬到郭杜的皇甫村,借居常宁宫。长安十四年,即是柳青在皇甫村生活的十四年,这十四年时间里,柳青在村上的身份是村党支部副书记,人称柳书记。他往往是上午写作,下午处理村里村民的事务。

长安十四年是柳青深入生活,了解关中农民生活,投身轰轰烈烈的农业合作化工作的十四年,可谓是亲身参加了改变中国历史的农业合作化这一重大事件,感受和思考中国农民如何走公有制道路的十四年。长安皇甫村的十四年,柳青虽是对西安郊区生活的体验,却真切感受到中华人民共和国成立初期中国农村社会的巨大变迁,这个时候的皇甫村即是当时中国农村社会的缩影。柳青此时深入农村生活的生活方式和创作历程,后来在当代中国文学史上被称之为"柳青道路"。

从表层来看,"柳青道路"这一专用文学名词是指柳青在当时的长安县皇甫村的生活和工作历程。从深层讲,是中国当代作家深入乡村、深入人民、体验生活,从而改造思想,创作出反映社会现实作品的创作实践。长期以来,在中国当代文学视域里具有启示作用,对当时的作家以及后世作家都具有巨大的精神引领作用。今天,我们提及柳青的长安十四年,即是践行"柳青道路"的一段时光,更是当代陕西作家通过挂职锻炼体验生活所完成的一种精神改造和文学创作的体现。

---

① 柳青:《柳青文集》第2集,人民文学出版社,2005,第1页。

二、田园风光

居住在乡村,柳青十四年每日所见便是田园和农耕生活,描写乡村和田园风光与生活便是他《创业史》里重要内容之一。把人物和故事安排在渭河谷地与秦岭这两大空间,并在其间来回推移,就此而论,这在某种程度上奠定了小说田园浪漫抒情的笔调。因为《创业史》所写之地,即是古代樊川所在地,汉代名将樊哙的封地。由于这里属于终南山脚下,从秦岭中流淌下来的溪流特别多,造成了这里河汊众多,稻田满地的秀丽自然景观。唐时这里山林别墅众多,周边有我们曾经介绍过的樊川八寺,神禾原也在其间。柳青虽非西安土著,但是长安十四年的乡下生活,让他对西安郊区皇甫村这块土地非常熟悉。《创业史》里西安郊区的山川景物,如终南山、镐河①、神禾原、樊川、灞桥等都纳入柳青的写作视野里。于是,我们在文中,时能感受到那种旖旎浪漫的田园风光和优美宜人的自然风景,这是自清末民国以来,西安城郊首次以明快舒朗的面貌出现在读者面前。

  早春的清晨,汤河上的庄稼人还没睡醒以前,因为终南山里普遍开始解冻,可以听见汤河涨水的呜呜声。在河的两岸,在下堡村、黄堡镇的北原边上的马家堡、葛家堡,在苍苍茫茫的稻地野滩的草棚院里,雄鸡的啼声互相呼应着。在大平原的道路上听起来,河水声和鸡啼声是那么幽雅,更加渲染出这黎明前的宁静。②

梁三老汉摊完了稻根的时候,早晨鲜丽的日头,已经照到汤河上来了。汤河北岸和东岸,从下堡村和黄堡村的房舍里,到处升起了做早饭的炊烟,汇集成一条庞大的怪物,齐着北原和东原的崖沿蠕动着。从下堡村里传来了人声、叫卖豆腐和豆芽的声音。黄堡镇到县城里的马路上,来往的胶轮车、自行车和步行的人,已经多起来了。这

---

① 柳青笔下的镐河,应是长安八水之一的滈河。
② 柳青:《柳青文集》第2集,人民文学出版社,2005,第1页。

已经不是早晨,而是大白天了。①

真个蛤蟆滩田野间的花绿世界,变成各种羽毛华丽的小鸟嬉戏的场所了。百灵子、云雀、金翅、画眉……统统处在恋爱阶段;南方来的燕子,正从稻地水渠里衔泥、筑巢;而斑鸠已经积极地噙柴垒窝,准备孵卵了。②

在春天漫长的白天,蛤蟆滩除了这里或那里有些挖荸荠的和掏野菜的,地里没人。雁群已经嗷嗷告别了汤河,飞过陕北的土山上空,到内蒙古去了。长腿长嘴的白鹤、青鹳和鹭鸶,由于汤河水浑,都钻到稻地的水渠里和烂浆稻地里,埋头捉小鱼和虫子吃去了。日头用温暖的光芒,照拂着稻地里复种的一片翠绿的青稞。在官渠岸南首,桃园里,赤条条的桃树枝,由于含苞待放的蓓蕾而变了色——由浅而深。人们为了护墓,压在坟堆上的迎春花,现在已经开得一片黄灿灿了。③

清明节前,汤河两岸换上了春天的盛装,正是桃红柳绿、莺飞燕舞的时光。阳光照着已经拔了节的麦苗,发出一种刺鼻的麦青香。青稞,已经在孕穗了。路旁渠道里的流水,清澈见底,哗哗赶着它归向大海的漫长路程。④

繁星一批接着一批,从浮着云片的蓝天上消失了,独独留下农历正月底残月的下弦月。在太阳从黄堡镇那边的东原上升起来以前,东方首先发出了鱼肚白。接着,霞光辉映着朵朵的云片,辉映着终南山还没消雪的畸形奇形怪状的巅峰。⑤

《创业史》里的景观描写,绝大多数是长安郊区春天的田野和农家日常生活,透显着中国农村传统的生活方式,拥有农耕文明下特有的宁静与和谐。这些景观既有作家真实所见,也有作家赋予的主观色彩想象。就小

---

① 柳青:《柳青文集》第2集,人民文学出版社,2005,第26页。
② 柳青:《柳青文集》第2集,人民文学出版社,2005,第244页。
③ 柳青:《柳青文集》第2集,人民文学出版社,2005,第29页。
④ 柳青:《柳青文集》第2集,人民文学出版社,2005,第187页。
⑤ 柳青:《柳青文集》第2集,人民文学出版社,2005,第23页。

关中油菜花(刘宁 摄)

说家而言,景观描写有隐喻作用,柳青笔下欣欣向荣的乡村美景与生活隐含着社会主义新生活的开启和来临,而我们从中看到20世纪50年代的西安郊外的村镇面貌,脚轮车、自行车、步行的人满马路上都是,更多的则是大自然生机勃勃的景象,我们看到那时的西安郊区稻田里水鸟众多,自然生态环境良好。秦岭北麓有七十二峪,峪即是秦岭山中深切的峡谷,在这些峡谷中流淌着一支支河流,携带着大量泥沙,在秦岭北麓形成山前洪积扇裙。洪积扇裙的下部坡度缓,地势低,地下水埋藏较浅,加之又能引水灌溉,因此,在河流两侧以及河漫滩地形成关中地区重要的水田区。这些水田区是关中最集中的水稻产地,《创业史》里的田园风光即是这种北方所具有的南国气象。

三、终南山割竹

《创业史》描写的主要内容是以梁生宝与梁三老汉草棚院之间的矛盾,来反映20世纪50年代中国农村农民走集体化道路中存在的曲折和斗争。这种以家庭生活故事带动国家社会变革的写作模式,我们称作"家国结构",体现这一"家国结构"又是通过一个个故事情节来展现的。《创业史》里一个重要情节是梁生宝组织互助组成员到终南山里砍竹子编扫帚的故事。当时正值农闲,而合作社需要资金。对梁生宝来说,更重要的是,这是一次证明集体力量的大好机会。"年轻的生宝把世富老大的挑战,根本就没放在眼里头。他更重视窦堡区大王村的新发展。至于苍头发老汉的活跃,是暂时的。右眼上眼皮有一块疤痕的姚士杰恶恨,也是暂时的。他们要重新服软的。生宝感觉到:蛤蟆滩真正有势力的人,被一个新的目标吸引着,换了以他的互助组为中心,都聚集在这里。坚强的人们,来吧!梁生宝和你们同生死,共艰难!现在,他已经分明感觉到:向终南山进军的意义,是更重大了。"①从这段柳青描写梁生宝进山割竹之前的心理活动可知,梁生宝已经意识到,进终南山割竹子是一场与反对走合作化道路的阶级之间斗争的重大事件,为此,梁生宝义无反顾地将大伙带到秦岭山中。这样,柳青就将小说的写作空间从秦岭山脚下的平原地带转移到秦岭山中。"秦岭里的丛林——这谜一样的地方啊!山外的平原,过了清明节,已经是一片葱绿的田野和浓荫的树丛了;而这里,漫山遍野的杜梨树、缠皮桃、杨树、椴树、葛藤……还有许许多多叫不起名字的灌木丛,蓓蕾鼓胀起来了,为什么还不发芽呢?"②秦岭是小说为主人公活动设置的地理空间,既是人物活动的自然环境、背景,也是寄予作者抒情笔调的地方,还是为互助组割竹制造困难的"人物",甚至作家还进一步提升,将秦岭隐喻成渭河边庄稼人的奶娘,即地母。作为地母,她拥有宽广的怀抱,仁慈的品格,养育着三秦儿女。正如作家所言:"一九五三年春天,秦岭脱掉雪衣,换了深灰色的素装不久,又换了有红花、黄花和白花的青绿色艳妆。现在到了巍峨的山脉——渭河以南庄稼人宽厚仁慈的奶娘,最艳丽迷人的时光了。待到夏天,奶娘穿上碧蓝色的衣服,就显得庄严、深沉、令人敬畏了。"③这些充满诗情画意的描写使小说在展示激烈

---

① 柳青:《柳青文集》第2集,人民文学出版社,2005,第172页。
② 柳青:《柳青文集》第2集,人民文学出版社,2005,第299页。
③ 柳青:《柳青文集》第2集,人民文学出版社,2005,第330页。

的阶级斗争之际，拥有一种田园牧歌式的美感。

更重要的是，秦岭山中的恶劣自然条件可以用来塑造人物。我们来看看主人公梁生宝进山割竹时的装扮吧。"小腿上打着白布绑腿。脚上，厚厚的毛缠子外头，绑着麻鞋。头上是一大堆蓝布包头巾。嘿！好一个精干、敏捷、英武的小伙子吧！为了适宜于在深山丛林中活动，梁生宝恢复了解放前在山里抓逃兵的样子，把自己轻而易举地装扮成一个山民了。"①梁生宝这种进山的装扮，是解放前以及刚解放时西安城郊乡村农民进山砍柴的真实写照。柳青曾经亲身接触过这样的农民，知道他们生活的艰辛。在长安县深入生活的十四年里，柳青去过马坊村，了解到这个村里的农民是靠终南山过日子，在王曲的大街上逢集日碰见的那些卖竹子的和买编筐用的枝条的，绝大多数是马场村人。在1956年12月24日的日记里，柳青这样写下自己所了解到的农民进山的生活状况："这村人到冬天多数进山割竹子。许多人在场里和我谈起割竹子的苦处，听了令人毛骨悚然！在山里，晚上睡觉时燃起一堆火。大伙围着火蹲成一圈，把脑袋搁在膝盖上睡。有时下雪，风把松树枝叶上的积雪掀下来，落在人头上，把人埋半截……山里好冻人啊！手冻僵了，抓不住镰把了，就从腰下边衣襟下插进去，用自己的肚皮暖一暖，再割。"②西安近郊农村生活的艰辛，农民日子的劳苦，这些后来都写到《创业史》里面："他们昨天一早进汤河口，钻到两边是悬崖峭壁的峡谷里头，寻找着乱石丛中的灌木丛中的羊肠小道，溯河而上，过了一百二十四回汤河和两回铁索桥，经过大石砭、大板桥、小板桥、白杨岔、独松树、虎穴口和号称四十里的龙窝洞，然后攀登上老爷岭，在刺骨的山风中，回头遥望了一下亲爱的下堡村，当日傍晚就下岭到了这目的地——苦菜滩。"③到达苦菜滩之后，就开始割竹。"在终南山里，再没比割竹子苦了。爬坡的时候，低下用头巾保护脑袋，拿两手在灌木丛中给自己开路。灌木刺和杜梨剐破衣裳，划破脸皮和手，

---

① 柳青：《柳青文集》第2集，人民文学出版社，2005，第295页。
② 柳青：《柳青文集》第4集，人民文学出版社，2005，第263页。
③ 柳青：《柳青文集》第2集，人民文学出版社，2005，第296页。

这还能算损失和受伤吗？手里使用着雪亮的弯镰，脚底下布满了尖锐的刀子——割过的竹茬。站在陡峭的山坡上，伸手可以摸着蓝天，低头是无底的深谷，可真叫人头昏眼花！割竹子的时候，你还要提高警惕，当心附近的密林里，有豹子和狗熊讨厌，一个过于凶恶，一个过于愚蠢，人得提防着……"①

柳青竭力展示山中割竹的艰辛，突出年轻的中共预备党员梁生宝卓越的领导才能，突显党在领导农民走合作化道路上的重要性。《创业史》第一部和第二部里描写的小说时间分别是1953年和1954年。1953年是我国实行第一个五年计划的第一个年头，如作家所讲："一九五三年是乡村的社会主义阵地——农业生产互助组，同重新活跃起来的资本主义势力（富农）以及趋向资本主义的势力（富裕中农）对垒的一年。那年冬天，向农民宣传国家向社会主义过渡时期的总路线的结果，空前地发展和巩固了社会主义阵地。那时候，皇甫村建立起全区第一小小的贫穷的'胜利'农业生产合作社，他们只有十三户，其中仅仅两户在土地改革以前过着勉强自足的光景。一九五四年，人们用各种眼光注视着这个只占全村户口百分之一点四的农业社摸索道路的结果；结果，到了冬天，全村共有了六个农业社，百分之二十的农户走上了这条道路。现在，又过了一年，在我写这篇短文的时候，像一股声势浩大的洪流一样，涌上这条光明大道的是近百分之九十的农户；如果把暂时还不能允许入社的占全村户口百分之十的地主和富农除开，这就是完全合作化。"②《创业史》正是通过活跃借贷③失败后，梁生宝带领互助组进山割竹事件，展示西安郊区农民走合作化道路，以此来回答中国农村为什么要走这样的道路，又是经过了怎样的艰苦斗争，最终完成了农村的社会主义改造任务。

---

① 柳青：《柳青文集》第2集，人民文学出版社，2005，第306-307页。
② 柳青：《柳青文集》第4集，人民文学出版社，2005，第149页。
③ 活跃借贷：土地改革以后在农村实行的一种互济方式，发动有余粮的农户低利借给困难户粮食，防止高利贷剥削。

第二节　农业合作化中的皇甫村

如果说《创业史》里柳青艺术地向我们展示了西安近郊农民走合作化的生活，那么散文集子《皇甫村的三年》是西安农村的真实反映。前文交代过，柳青深入生活的地点是西安市长安县王曲公社皇甫村，这里是终南山脚下，滈河和潏河岸边，柳青的五个孩子都在皇甫村生活。对这里的一草一木，作家了如指掌。

一、各式各样的社员

1949年，当中华人民共和国初建之际，国家正面临着一些棘手的问题。社会和政体四分五裂，公共秩序和风气已经败坏，被战争破坏的经济遭受严重的通货膨胀。1953年到1956年，正是社会主义建设和改造时期，在城市通过三反、五反，资本主义工商业改造完成了城市社会主义改造。在农村通过集体生产、互助的形式，农业合作化胜利完成。更重要的是，这一形式将中国绝大多数农民置于社会主义组织形式之下。"中国规划取得相对成功的另一个重要原因是，中共精心制定的农村经济政策不但给农民带来好处，而且也使全体农民除了合作外几乎没有其他的选择。信用合作社、供销合作社以及粮食和其他主要商品的计划购销，都日益限制了富农的私有经济机会，并把经济资源优先纳入合作部门的渠道，从而增加了参加农业生产合作社的吸引力。"①

柳青当年在皇甫村的工作就是领导村上搞合作化。他曾在渭水南岸的王莽村帮助农民建立全县第一个合作社。柳青讲："一九五〇年春天，这个村实行了土地改革。接着组织了互助组。过了两年，农民的觉悟提高了，他们建立了一个农业生产合作社。生产合作社的发起人蒲忠智和县委派去的干部一起制订了一个计划，打算先从十四户做起，一年以后扩

---

① 〔美〕麦克法夸尔、费正清编《剑桥中华人民共和国史（上卷）：革命的中国的兴起1949—1965年》，中国社会科学出版社，1990，第107页。

大到四十户左右，并且再建立两个小社，三年里全村达到百分之十合作化。一九五三年，我住在离王莽村三十里路的地方。我经常打听王莽村的消息。起先得到的是令人愉快的消息。蒲忠智生产合作社的社员们把几条品种不好的公牛换了强壮的骡子；他们由于使用十英时犁，每亩小麦达到五百四十斤的平均产量，几乎是普通农户的一倍，比互助组也要多三分之一。我听说社里最穷的叶灵娃也还清了债，而且交社六十万牲口投资；净吃小麦，到稻子上场时还吃不完。这样的事情在过去是没有的。这个例子很生动地说明了合作社的好处。"①

然而，中国农民走合作化道路时，怀着各式各样的复杂心情，也因此表现出对合作化道路不同的态度。柳青在《新事物的诞生》《灯塔，照耀着我们吧！》《第一个秋天》《王家斌》《一九五五年秋天在皇甫村》《王家父子》这几篇散文里描绘了在合作化道路上不同类型的陕西农民，而这些陕西农民哪一个不是中国农民的代表呢？

王明发和他的父亲。王明发是皇甫村三村的一个上中农，带着三十八股水、旱地，两头骡子和一辆胶轮车，入了社。刚入社的时候，王明发引起社员们对他普遍的不满。因为大伙嫌他对使唤骡子和胶轮车爱提意见，父亲到社里的饲养室去得太勤快，对原来属于他家的骡子偏心。后来，王明发经过社里一次又一次教育，两次总结和两次分配，起了很大变化，他的父亲也被选成爱社模范。中国农民的勤劳、淳朴、坚韧、乐观体现在王明发身上。"明发没熬长工，从小在郭家十字卖馍，冬天还穿着单裤子。娃听话，我给他常说熬长工的苦处，俺爷俩就攒住劲儿要买地。几分几分，一亩一亩地买呀。卖地的人，过年时也许还有吃肉的，我们买地，过年时碗里连一个油点也没有过呀。……"②这种艰辛后来在《创业史》梁生宝父子解放前艰苦创家业中可以看到。梁家父子为了盖几间茅草棚，一年四季给地主家熬长工，省下口粮喂养从地主手里买回的小牛犊，生活异常艰辛。

---

① 柳青：《柳青文集》第4集，人民文学出版社，2005，第109页。
② 柳青：《柳青文集》第4集，人民文学出版社，2005，第163-164页。

陈恒山是入社后改变了生活光景的农民典型。在土地改革以前,他像一棵根部脱离土地的枯蓬,任风把他吹到这里,又吹到那里。没有土地的陈恒山为了自己在中年才娶到的瘸腿女人和孩子的生活,到秦岭深山里伐木,用自己的肩背运木料,给村里随便什么需要他的人做随便什么活儿。他贫穷的程度已达到:在他的院里没有柴火垛,屋里没有米瓮和面箱,只有一些容量很小的瓦罐,他的米和面在镇上的粮食零售摊上摆着。他自己像鸡一样,没有积蓄,要刨一爪,才能吃一嘴。土地改革把陈恒山稳定在村里。看他特别困难,国家银行发给他耕畜贷款,帮助他买一头小牛种地。初建社的春天,社里还借给他十六块钱,帮他渡过一生的最后春荒。于是,他逢人便说,这是他第二次解放。从此他再也不需要低三下四地站在旁人面前,拐弯抹角地说一大堆话,然后才提出借粮或借钱的要求。陈恒山入社不仅解决了温饱问题,而且获得了做人的尊严。五十几岁的陈恒山从缺吃缺穿到加入农业社后够吃够穿的事实,把那些最谨慎、最保守的农民对农业社的疑虑都打消了。"社员们普遍从镇上买回席子扎新席囤,成了风气,这使得多少还想再看一两年的人打定了主意。在秋收以前扩社的时候,只要锣声一响,哪怕天黑地黑,霎时间小学校的教室挤得满满流流,如果有人开谁的玩笑说:'你今年入社恐怕审核不上吧。'那人脸色立刻变了,吃不下饭,睡不着觉,满村找社干部,说话带着要哭的神情。……"[1]农业社的优越性在陈恒山这些农民身上体现出来。

最后入社的宋志让。宋志让在皇甫村四村第三选区,喂一匹好母马,一年下一个骡驹。对于入社问题,他说富农几时入,他几时入。但是在1955年的秋收时节,宋志让抬不起头来。还有一个聋子,耳朵听不见,又不识字,是个睁眼瞎,时代的变化几乎感觉不到。他住在神禾原崖根下的窑洞里,秋雨中窑塌了,他和儿子借住在寡妇郭高氏的大门道。他强烈要求入社。皇甫村六村有个老头,也强烈要求入社。显然,这些平时落后的人,从觉悟了的农民到落后分子,他们纷纷走到合作化的道路上来。

---

[1] 柳青:《柳青文集》第4集,人民文学出版社,2005,第142页。

二、农业社的几个猪娃

而那些入了社的农家则爱社如家,柳青曾经写了一位名叫王家斌的社主任为照顾社里的几个猪娃而日夜操心的故事。王家斌是《创业史》里主人公梁生宝的原型,在《皇甫村的三年》里有几篇文章,柳青是专门为他写的。王家斌是镐(滈)河南岸胜利农业生产合作社的村主任,他对于自己事业的痴迷,已经到了令人无法想象的地步。"秋后,关于胜利社喂母猪下猪娃的事,家斌给我津津有味地说过无数遍,常常在和我谈着别的话时,也岔到这件事上去。新队员里有两户喂着母猪,他说服他们都把母猪投资到社里。可是一户说服了,另一户说什么也不干。按家斌的计划:社员们不掏现钱喂大槽的壮猪;等到社里卖了肥猪,给社员们交壮猪钱,社员们给社里交猪娃钱。他说,这样一窝接着一窝,社里和社员们的猪圈里就能常常听到猪叫的声音,社员们手头就会常有买油盐的零钱用,社里的猪粪也会在不知不觉中积起好多堆来。……"①想尽一切办法保住农业社母猪下的猪娃,是王家斌决心把自己第一农业社保持在全区向社会主义前进的最前头的一种事实表现。

为了显示农业社的优越性,王家斌还带领胜利社十个人一摆溜去卖豆腐,六个人一摆溜去挖大粪,人们谈论着胜利社的牲口在严寒中不仅没有掉膘,而且因为喝着豆腐浆水,反而都冒膘了;谈论着区供销社因为路太坏叫不到胶轮车的时候,胜利社的胶轮车套上四头骡子,三个人赶车,给供销社拉货,保证了人民生活必需品的供应没有中断。王家斌领导下的胜利社以积极的生产劳动热情,呈现给村民们一种中国农民新的生活姿态。"而且就在我们眼前,成百万成千万的农户带着各种复杂的感情,和几千年的生活方式永远告了别,谨小慎微地投入新的历史巨流,探索着新生活的奥秘!当我们想到我国社会主义建设的每一点成就,甚至于一个农业社的一窝猪娃这样一点社会主义家底的积累,都是多么不容易的时候,从我

---

① 柳青:《柳青文集》第4集,人民文学出版社,2005,第108页。

们内心能不涌起对那些为社会主义而辛苦的人们的热爱吗？"①

三、与传统的生产和生活方式告别

农民走合作化道路即是由私有制向公有制迈进，也意味着几千年来中国的小农生产模式向集体化生产模式转变，旧有的生活方式发生了转变，同时，有计划的建设进行着。信用合作社供给农业生产的资金，供销社提供农民需要的各类生活用品，粮食和其他主要商品的计划购销日益限制了富农的私有经济机会，并入经济资源优先纳入合作部门的渠道。《一九五五年秋天在皇甫村》里柳青描写农民在一起劳动的情景："老年人手执鞭子，牵着牲口碾场；妇女们有的从庄稼垛起的墙壁上拉下来稻捆子，有的用木杈抖场；精壮的庄稼人——男的和女的，赤脚上穿着麻鞋，从稻地里挑来新的稻捆子，放在场边，一边走着，一边朝着跟老奶奶耍的自己的小孩笑笑，又到稻地里去了。……所有这些紧张的劳动，都是在扬粮食的尘雾底下进行着。在场的四边，一忽儿一个新的粮食堆凸了起来。一些白胡子老头吸着旱烟，为它们的数量打着赌，谁也不相信自己会输眼，等着干部们过斗。"②这种生活改变正如柳青在《创业史》里所讲："上下河沿有三十户左右的庄稼人，要和几千年古老的生活道路告别了。他们要走上一条对他们完全陌生的生活道路了。所有坚决走这条新路的庄稼人，对农业生产合作社有疑虑的庄稼人，和被邻居们造成的形势逼得不得不跟着走的庄稼人，家家户户都在经历着一个激荡人心的历史时刻。心情振奋的、心情沉重的和心情郁闷的灯塔农业社各阶层的社员们，他们把心思全贯注到建社的事情上去了。就说那些决定暂时不入社的庄稼人们，也在眼巴巴地盯着，看灯塔社到底怎么办呀。谁还算它那一天过阳历年呢？可以说蛤蟆滩的大部分庄稼人，对周围大村庄的锣鼓声和歌舞游行，没一点兴趣。甚至于中共渭原县委派到这里的建社工作组，对过新年这码事也糊里糊涂。建社工作组建社

---

① 柳青：《柳青文集》第4集，人民文学出版社，2005，第139页。
② 柳青：《柳青文集》第4集，人民文学出版社，2005，第140页。

委员会，一部分人在忙'四评'——评土地等级、评劳力底分、评牲口价和农具价；另一部分在抓思想教育，对所有将来要参加集体劳动的男女社员，进行有关团结性、组织性和纪律性的起码教育。和这两样事情同时，在下河沿冯有义草棚院和上河沿郭庆喜草棚院，给两个生产队的饲养室盘槽的工作，也不能被挤掉。所以，中共黄堡区委，在元旦早晨，派骑自行车的通讯员到蛤蟆滩，通知建社工作组的县区干部去参加新年会餐的时候，大伙都瞪眼了。"①农村的生产集体化了，农民们相信共产党，相信生活一天比一天过得好，相信自己开始能过上有尊严的生活。

第三节　社会主义建设中的西安

在我们跟随着柳青的叙述了解了20世纪50年代的西安郊区的农村生产、生活状况之后，再将目光投注到作者在《创业史》里为我们刻画的西安这座城市。当然，在整部《创业史》里，城市只是浮光掠影的一瞥，但是通过描写改霞进工厂的情节，我们看到了西安城市发展的一斑。

一、一九五三年

20世纪50年代的西安像全国各地的大中小城市一样，处于社会主义建设之中。在柳青《创业史》里反复提到1953年这个年份，描述1953年关中平原的大地风貌、人们心情、社会变迁。"社会主义的工业建设是一日千里地在进展着，眼看见的将是一个崭新的大西安城，一个空前的宏大的工业城市。灰色的破落的西安，将一去不复返。我想，明年今天再来时，将很难认识现在的街道形式了。许多久住在这个古城里的朋友和我一同出城一趟，便说：变得多了。已经连道路也认不出来了。前几个月来时，哪里有那末多的建筑物！新房子叫人连方向也辨认不清了。"②这是作家郑振

---

① 柳青：《柳青文集》第3集，人民文学出版社，2005，第4页。
② 陶铠、刘燕主编《名人笔下的中外名城》，海燕出版社，1994，第35页。

铎在《长安行——考古游记之一》描述的20世纪50年代的西安。在柳青笔下,西安的新景象日益细致起来:

  一九五三春天,和过去的一千九百五十二个春天,一模一样。

  一九五三春天,渭河在桃汛期涨了,但很快又落了。在比较缺雨的谷雨、立夏、小满、芒种期间,就是农历三月和四月的春旱期,渭河在一年里头水最小了。

  一九五三年春天,庄稼人们看作亲娘的关中平原啊,又是风和日丽、万木争荣的时节了。丘陵、平川与水田竞绿,大地发散着一股亲切的泥土气息。站在下堡乡北原上极目四望,秦岭山脉的乔山山脉中间的这块肥美土地啊,伟大祖国的棉麦之乡啊,什么能工巧匠使得你这样广大和平整呢?散布在渭河两岸的唐冢、汉陵,一千年、两千年了,也只能令人感到你历史悠久,却不能令人感到你老气横秋啊!祖国纬度正中间的这块土地啊!……①

柳青笔下出现的秦岭,滋养关中平原的渭河,这些极具地方色彩的地理元素彰显出西安古都所具有的独特风姿。渭河从甘肃鸟鼠山发源,流经秦陇山区,从宝鸡流出,放缓了脚步,冲积出肥沃的关中平原,最终在潼关注入黄河。从宝鸡以下渭河的河道变宽,地势变缓,地理自然条件得天独厚,气候四季分明,温暖湿润,从而造就了这里是我国农耕文明的重要发祥地,史前这里就有人类活动,周秦汉唐时期这里是中国重要王朝建都所在地,可谓历史悠久,文化遗迹遍布,而在柳青看来:

  但一九五三年春天,人的心情可和过去的一千九百五十二个春天,大不一样。长眠在唐冢、汉陵的历史人物做过些什么事情呢?他们研究和制定过许多法律、体制和规矩。他们披甲戴盔、手执戈矛征战过许多次。他们写下许多严谨的散文和优美的诗篇。他们有些人对历史有很大的功劳,有些人对历史有很大的过错,也有些人既有一定的功劳,也有相当的过错。不过,他们没有人搞过像"五年计划"这一类事情。……

---

① 柳青:《柳青文集》第2集,人民文学出版社,2005,第330页。

一九五三年春天,是祖国社会主义经济建设第一个五年计划的第一个春天。大地解冻以后,有多少基本建设工地破土了呢?有多少铁路工程进入施工阶段了呢?有多少地质勘探队出发了呢?被外国资本和国民党政府无情地掠夺了多少年的国家啊,现在终于开始有计划地建设了!

一九五三年春天,西安市郊到处是新建筑的工地,被铁丝网或竹板篱笆圈了起来,竞赛红旗在工地上迎风飘扬。衰老的古都,在一九五三年春天,要开始恢复青春了。马路在加宽,同时兴建地下水道和铺混凝土路面。城里城外,拉钢筋、洋灰、木料、沙子和碎石的各种类型的车辆,堵塞了通灞桥的、通咸阳古渡的和通樊川的一切长安古道。

一九五三年春天,有多少军队干部和地方干部握别了多年一块同甘共苦的同志,到筹建工厂的工地和新认识的同志握手交欢呢?有多少城乡劳动者放下三轮车、铁锹和䦆头,胸前戴着黄布工人证,来到铁路工地和基建工地呢?

一九五三年春天,听见的炮声不是战争,碰见的车辆不是辎重,看见的红旗不是连队,人群不是火线后面的民工,呐喊声也不是冲锋。……

一九五三年春天,中国大地上到处是第一个五年计划的巨画、交响乐和集体舞。……

一九五三年春天——你历史的另一个新起点啊!①

柳青描写的1953年西安城区与郊区的建设,处处透显着历史在这个年头发生了巨变。1953年是我们国家实现第一个五年计划的第一年,中国人民投身到热火朝天的社会主义建设潮流之中,祖国到处都在搞建设,到处是工地,到处是劳动的人们。古老的关中大地是中华文明重要发祥地之一,现在旧貌换新颜,古都西安也呈现出欣欣向荣的局面。向东方在灞桥一带创建了纺织城,向咸阳古渡方向是向西发展,通樊川之地的正是西安南郊之处,作家敏锐地捕捉到古都的新气象,感悟到生活在这里的人们已

---

① 柳青:《柳青文集》第2集,人民文学出版社,2005,第331-332页。

和长眠在唐冢、汉陵的古人不同，他们经历了先辈没有经历的时代，开创了先辈没有开创过的事业。根据学者朱士光所讲："1953年，西安市被确定为工业化建设重点城市之一，于是参照苏联城市规划理论与方法，编制了《西安市1953—1972年城市总体规划》。规划里明确指出西安城市性质为轻型的精密机械制造与纺织工业城市；城区以旧城为中心，主要向东、西、南三个方向扩展；继承唐长安城与明西安城格局，保持中轴线，组成棋盘式加放射状道路网。"①《创业史》里描写的县城根据我们所掌握的20世纪50年代的西安城市布局，即是西安城。在柳青笔下："县城南关，灞河左岸的渭原面粉厂，灞河右岸的渭原轧花厂，都用冒着浓黑煤烟的高烟囱和隆隆震耳的机器声，迎接这个来自终南山麓稻地草棚屋的乡村闺女。县城北关，陇海路的灞河铁桥，用它宏伟的钢板混凝土结构，渭原车站的机车用它的汽笛声，迎接这个一心投身城市劳动的乡村闺女。"②

显然，1953年是国家发展的重要年份，是实现国家工业化的重要历史时期，因为"一九五三年八月，毛泽东同志审阅周恩来同志在全国财经工作会议上的结论时，写了这样的重要批语：'从中华人民共和国成立，到社会主义改造基本完成，这一个过渡时期的总路线和总任务，是要在一个相当长的时期内，基本上实现国家工业化和对农业、手工业、资本主义工商业的社会主义改造。这条总路线，应是照耀我们各项工作的灯塔，各项工作离开它，就要犯右倾和'左倾'的错误。'一九五三年十月，中共中央关于实行粮食计划收购与计划供应的决议，提出向农民宣传总路线的任务，就把创业时代人民领袖的这个论点，更加具体化了。……"③

也正因为如此，1953年在柳青的《创业史》里被浓彩重墨地呈现出来。从1953年开始至1956年农业合作化胜利完成，国家的第一个五年计划取得了突出的成就。首先，它把绝大部分中国人置于社会主义组织形式之

---

① 朱士光：《古都西安的发展变迁及其历史文化嬗变之关系》，载陈平原、王德威、陈学超编《西安：都市想象与文化记忆》，北京大学出版社，2009，第334页。
② 柳青：《柳青文集》第2集，人民文学出版社，2005，第332页。
③ 柳青：《柳青文集》第2集，人民文学出版社，2005，第417-418页。

下的社会和制度改造之中。第一个五年计划对中华人民共和国政权的建立和巩固发挥了巨大作用。

二、改霞的理想与东郊棉纺厂

改霞是《创业史》里柳青塑造的一个非常独特的女性形象，喜欢村主任梁生宝，有理想，有抱负，但是终究因为种种原因与梁生宝失之交臂。之后，在郭振山的鼓励下，改霞决定投考西安近郊的工厂，支持国家的工业建设。这在当时很多读者看来，柳青这样设计《创业史》中与男主人公梁生宝有感情纠葛的人物命运，是有些勉强的。但是，如果了解柳青想通过这一人物命运发展的脉络展示20世纪50年代中国的城市、工业建设的意图，便不由自主地敬佩作者思考的深度和广度。

上一节我们已经谈及中华人民共和国建立之初，从1953年开始社会主义建设和改造。此时，第一个五年计划迅速上马。20世纪50年代的西安东郊灞桥区一带土地宽广、村落较少、水源丰富、水质适宜，且该地区还西通市区，北邻发电厂，距离陇海铁路仅3公里，附近各县盛产棉花，这样优越的自然条件，使国家决定"一五"期间在这里建立棉纺织厂。1952年，国营西北第五棉纺织厂（后更名为西北国棉三厂）正式开建，这是国家"一五"期间在陕筹建的第一个中型棉纺织厂。1954年国营西北第四棉纺织厂（后更名为陕西唐华四棉责任有限公司）开始筹建，1956年国营西北第五棉纺织厂（后更名为陕西五环集团）建成，1961年国营西北第一印染厂（后更名为陕西一印有限责任公司）建成，同时国营西北第六棉纺织厂（后更名为陕西唐华六棉责任有限公司）的建设也如期完工，这样就形成了西安东郊的纺织工业区。此外，西安的棉纺厂还有西郊的陕棉十厂，市内太华路的陕棉十一厂，临近西安的咸阳市的国棉一厂、二厂、七厂、八厂，宝鸡市岐山县蔡家坡的陕棉九厂，宝鸡市斗鸡台的陕棉十二厂，渭南市大荔县的陕棉十三厂，从而形成了关中平原纺织厂林立，轻工业发达的新格局。

《创业史》第一部第二章，柳青通过郭振山和改霞的对话，将西安城东灞桥新修起一座纱厂的事情引了出来。据郭振山讲，这个纱厂要比国

当年的东郊纺织城里的厂房现在已是西安艺术家活动场所（刘宁　摄）

棉一、二厂还大，工人要上万。西安城棉纺厂的筹建在年轻的改霞心里，充满了遐想。做纱厂女工，这在20世纪50年代是十分令人羡慕的职业，改霞在下堡小学的阅览室里翻看《人民画报》，看到过画报上刊登的关于纱厂女工生活的照片，纺纱女工郝建秀更是改霞心中的榜样。郝建秀是20世纪50年代初期，我国工业建设战线中涌现出来的劳动模范，她创造的"郝建秀工作法"曾经被誉为"一个人改变整个纺织业"。正因为如此，1951年，郝建秀被授予"全国工业劳动模范"称号，并应邀到北京参加国庆观礼，之后，还受到毛泽东主席和周恩来总理的接见。1952年，青岛国棉六厂将郝建秀所在的小组命名为"郝建秀工作法推广模范小组"，简称"郝建秀小组"。改霞对纺织女工郝建秀的敬仰成为农村姑娘渴望投身国家工业建设的象征，于是几经考虑，改霞决定参加国家的工业建设。尽管改霞报考国棉三厂失败了，但是《创业史》第一部在最后告知我们，西安要成立铁路机车修配厂，向各县要祖国农村最好的青年哩，小伙子和闺女们有的到了沈阳苏家屯当学徒，有的到湖南衡阳，改霞被分配到北京长辛店当学徒去了，奔赴祖国工业化战线。

　　秦岭脚下的蛤蟆滩展现着社会主义农村的合作化发展事业，蛤蟆滩不远的西安市正在进行着社会主义工业建设。这一城一乡的变化预示着欣欣向荣的中国正迈向社会主义建设的新征程。正是这中华人民共和国成立以来前三十年的发展，奠定了改革开放之后的中国社会发展的基础。

三、日新月异的妇女新生活

无疑，从1949年到1966年，这十七年的社会主义建设事业带来了老百姓生活日新月异的变迁，赞美新生活便是这十七年文学中作家描写西安的基调，外省作家这样，本土作家亦然。王汶石曾用他热情之笔展现社会主义新西安欣欣向荣的都市生活。"朝阳在苍茫的晨雾中浮游，洁白滑润，恰像沾带露水的银盘。大地渐渐明亮。城市醒来了。其实，城市并不曾睡。这是一个不眠的城，那烟囱错落、连绵数十里，环抱着她的新兴的工厂区，通宵不歇地向她奏着钢铁的夜歌。"①大轿车，新筑的浐河大桥，作家的笔下展现出新社会人们的新生活，女司机不断鸣着喇叭，在向古老的城市，向新兴的城市，向新兴的市区，表达新人的欢乐。

深处内陆的秦地关中女性要求和男人一样平等在新中国成立前是可望而不可求的。只有少数接受新式教育，走出家庭的知识女性才有可能发出"我是我自己的"的声音，绝大多数女性依然如她们的祖母、母亲一样，为人女、人妻、人母。中华人民共和国建立，废除了一切男女不平等的条例，封闭了妓院，颁布了新婚姻法，女性才有了更多机会获得自己的主体性。

改霞、刘淑良等女性有幸解除了不满意的婚约或婚姻，重新开始进行恋人的选择。秀兰、改霞有幸上了学，识了字，拥有了文化。即便是像素芳这样的"坏女人"，也有机会重新开始生活。一个被别人叫了一辈子"欢喜她妈"的女人有了自己的名字——一个叫作郭秋霞的称谓。更重要的是，所有的女性都能够参加生产劳动，由槛内人变成槛外人。如果不能在生产领域获得和男性相同的权利，那么女性解放只是空话。"在合作化之前，全国很多地方存在着劳动力过剩的问题。在合作化以后，许多合作社感到劳动力不足了，有必要发动过去不参加田间劳动的广大妇女群众参加到劳动战线上去。……中国的妇女是一种伟大的人力资源。必须发

---

① 王汶石：《王汶石文集》，陕西人民出版社，2004，第616页。

掘这种资源,为了建设一个伟大的社会主义国家而奋斗。"①由于社会化大生产的需要,女性被发动并组织起来从事生产,同工同酬提升了女性在家庭中的地位,为女性获得自我的主体性创造了条件,女性从而走出传统的相夫教子的生活圈子,走向了广阔的天地。社会上涌现出大批女拖拉机手、妇女生产队长,以及在生产领域诞生大批的铁姑娘式的新女性形象。

关中农村一直以来是女主内、男主外,妇女在家庭生活中承担着养育孩子和做家务的工作。新社会凭借着政权的力量,解放妇女,女性走出了狭小的生活圈子,投身时代洪流,在社会主义建设中获得了自己的主人翁地位。就像郭振山对改霞说:"不是新社会,你现在早就嫁到周村去了,是新社会让女性还意识到有另外一种每天不用和猪牛羊打交道,整天围在炕头、锅头的生活。"②然而,问题是这种在生产中谋求的平等实际背后隐含的是不平等,"同男人一样的人"表面上是追求男女平等,但实际上是不平等。女性是以牺牲女性性别特征为代价,以一种准男人的形象出现在社会生活里。因此,如果传统的家庭男主外、女主内的生活模式不改变,走上各个生产领域的女性,就会重新陷入一种怪圈。即在外和男人一样打拼天下,在内还要承担所有的家务劳动。

对于女性而言,由一个传统的家庭妇女转变为社会主义新女性,参加生产劳动只是一方面,而在婚姻上是否自主也是衡量女性获得主体性的尺度之一。关中地域理学兴盛,婚姻讲究媒妁之言、父母之命,下层百姓还保留了古老的内婚习俗。梁三老汉早就为梁生宝收养了一个童养媳,其他姑娘长大成人之后,也都由父母定亲出去。改霞、秀兰的婚恋都是这种模式。在社会主义农村,女性有权选择自己的婚姻。《婚姻法》刚颁布,改霞就和周村的女婿退了婚。刘淑良也因与范洪信不和而离婚。改霞对梁生宝的爱是热烈的,也是现代的。不言而喻,女性在婚姻、爱情方面的抉择正是女性获得现代主体性的表现。刘淑良主动找上门去和梁生宝相亲,改霞在黄堡街集市上等候生宝,关中新女性泼辣、爽直的个性溢于言表。这

---

① 毛泽东:《毛泽东选集》第5卷,人民出版社,1997,第252-253页。
② 柳青:《柳青文集》第2卷,人民文学出版社,2005,第45页。

些女性之所以有了不同于旧社会的气质和魅力，除了个性之外，还在于文化教育的作用。柳青《种谷记》中写王存起妻子参加识字班，迅速地成长为妇女干部，《创业史》里的秀兰、改霞去上小学，这都说明文化使得这些青年女性开始有了自我意识和观念。

  如果说秀兰、改霞是良家女子形象，那么，堕落女人素芳走上崭新的道路就更加曲折，也更真实地再现了传统女性向现代女性转变的过程。素芳从小在一种阴暗环境影响下，失过身，嫁给了愚笨的栓栓，婚后又被丈夫毒打，被姚士杰侵占，因此，她的转变更具有代表性。按照现在的眼光来看，素芳并不是一个坏女人，她憧憬美好生活，希望获得人的自尊，这些都是无可厚非的。但是在20世纪50—70年代的社会环境中，素芳的这些人性要求都是坏女人的表现，作家竭力在挖掘素芳身上那种由于家庭遗传所沉积的旧思想，暗含着一个旧灵魂经过改造是如何走上社会主义道路上来的深刻道理。

第六章
关中平原

如果说20世纪50年代柳青展现了终南山脚下的一片稻田,那么70年代后期走上文坛的陈忠实,其文本中出现了关中的土原。在陈忠实的意识里时常出现,"我的关中,我的原",他多次描述脚下这片土地,这土原,即是黄土高原上孕育中华民族的黄土地。黄河流域孕育了中华民族,黄土地长期以来是中华民族活动的大舞台,黄河与黄土地构成中国北部人民生存的广阔空间。关中平原则是这片广阔空间上富庶的中国人家园,在这里上演过无数雄伟悲壮的历史活剧,在这里中国农民创造出了辉煌灿烂的中国农耕文明。当代陕西作家绝大多数是农裔身份,对脚下土地的眷恋和厚爱,对这片土地上生活的人们怀有的真挚情感,都渗透在他们的文字中。

第一节 关中地理民俗

历史上,关中名称起源很早,战国秦汉时期就已经有了,司马迁在《史记·货殖列传》里写道:"关中自汧、雍以东至河、华,膏壤沃野千里,自虞、夏之贡以为上田,而公刘适邠,大王、王季在岐,文王作丰,武王治镐,故其民犹有先王之遗风,好稼穑,殖五谷,地重,重为邪。献公徙栎邑,栎邑北却戎翟,东通三晋,亦多大贾。(武)〔孝〕、昭治咸阳,因以汉都,长安诸陵,四方辐凑并至而会,地小人众,故其民益玩巧而事末也。"①关中的命名与陕西境内设四关有很大关系,陕西东有潼关,乃入陕之东门户,西有大散关,位于宝鸡境内,北有萧关,南有武关,四关之内则为关中。这片辽阔平坦的平原又名八百里秦川,因渭河贯穿其上,又称渭河平原。

一、黄土地

黄土是一种土状堆积物,由西北方沙漠和戈壁地区吹来的尘土堆积而成,质地疏松,土性肥沃,不仅有利于原始农耕,而且黄土特殊的柱状节理或垂直节理,容易挖穴构屋,冬暖夏凉,对先民定居聚落的形成有贡献。中国的黄土地大致北起宁夏的卫宁平原(中卫与宁夏),毛乌素沙漠以及库布齐沙漠的边缘,南至秦岭,东到太行山,西起日月山这一地带,面积约30万平方公里。黄河中游流域是中国黄土分布最集中的地区,地理上把这一地域称为黄土高原。

白鹿原(邢小利 摄)

---

① 〔汉〕司马迁:《史记》,上海古籍出版社,1997,第2462页。

第六章 关中平原

虽然陕西关中属于黄土高原的边缘地带，但是陕西作家写关中，一般先从黄土高原描述，大概是缘于黄土高原上的黄土是他们最先接触到的物质，路遥、贾平凹都曾用大量的篇幅描写黄土高原及其上的黄土。贾平凹在为作家和谷《原野集》写的序言里这样写道："中国的西北是世界上黄土最发育的地区，它分布广，厚度大，地层完整；对于黄土地的成因，有说是风的造化，有说是水的作用；据说，它的地表形态是与其下伏基岩古地形有密切的联系；古地形为丘陵起伏者，地貌多为梁峁；甚至黄土沉积后的剥蚀改造，也对地貌起着极大的作用。就是在这么一块黄色的厚土上，繁衍了中华的民族，也起源了民族的文化。单单对于黄土的记叙，两千三百年前就有了《禹贡》，两千零十二年前就有了《前汉书》，尤其一千四百年前的《水经注》，八百年前的《梦溪笔谈》，中国的古人对黄土多么的一往深情啊！日月往来，四季交替，当今之世，对于黄土的研究、开发，其声浪在震响着每一个国人的耳鼓。科学家们在继续研究它的地貌变化、地层划分、物质成分，它的结构特征，它的物理力学性质。而石鲁的出现，却第一次使黄土地进入了艺术，显示了黄土地上的力量，到了八十年代，'长安画派'里又走出一个人来，这就是和谷。"① 今天，我们如果去过作家和谷的家乡铜川黄堡就知道，这里是关中平原向真正的黄土高原过渡的地带，黄土是那么黄，又是那么厚。

贾平凹散文喜欢从地理、地貌开始描写起，然后才推出人物。他在《原野集》中从黄土讲起，继而发现和谷笔下那一张张憨厚笑着的、纵横了皱纹的黄脸，是一面面浓缩的黄土地的原、梁、峁的平面图。黄土地上的地貌与人结合在一起。黄土地表层缺乏森林，地质又不能含蓄水分，因此，涝时山洪暴发，泥流涌下，等到旱时，则河水如丝，只有挖土窖储蓄雨水，一季之蓄，全年饮用。居室则依崖凿洞而居，往往一村一庄，地面上并无踪影，而地下则有若干人家。独特的地理条件构成独特的穴居生活方式，也造就这里的人们硬汉个性，他们光头赤足在瘦日冷月之下策牛犁地的身影，组合成一个力的雕塑。至于日常使用的物品，多是笨拙厚重

---

① 贾平凹：《贾平凹文集》第12卷，陕西人民出版社，1998，第80-82页。

的，具有原始、原质、原色的特色。因此，在贾平凹看来，"黄土地的丰富、神秘和奇异，养育了高原之子；高原之子予以他的笔作了儿时使用过的唢呐，吹奏着黄土地的大喜大怒、大哀大乐"①。

不言而喻，当代陕西作家关于黄土地的描述充满人文地理因素。因为文化的形成首先在于自然地理条件，反之，这个地域的文化形成后又反哺该地域的人文。黄土高原是中国农耕文明最早的发祥地，北方旱地农作物粟黍曾长期是我国农业立国的根脉所在。黄土地上生活的民众是最古朴、最纯洁的民众，沉积了中华文明的厚重历史和文明。于是，在贾平凹的《秦腔》里我们看到："一抹黄褐色的平原；辽阔的地平线上，一处一处用木椽夹打成一尺多宽墙的土屋，粗笨而庄重；冲天而起的白杨、苦楝、紫槐，枝干粗壮如桶，叶却小似铜钱，迎风正反翻覆。"②而"在黎明或者黄昏的时分，一个人独独地到田野里去，远远看着天幕下一个一个山包一样隆起的十三个朝代帝王的陵墓，细细辨认着田埂上、荒草中那一截一截汉唐时期石碑上的残字，高高的土屋上的窗口里就飘出一阵冗长的二胡声，几声雄壮的秦腔叫板，我就痴呆了，感觉到那村口的土尘里，一头公驴打滚是那么有力；猛然发现了自己心胸中一股强硬的气魄随同着胳膊上的肌肉疙瘩一起产生了"③。关中平原上的独特自然地理环境形成秦腔的雄强刚健之魅力，黄土地的魅力在于创建于此的周秦汉唐王朝为中华民族制造了最强的文化基因和民族记忆。

二、原上风景与原下日子

在中国似乎有许多以"八百里"来命名的地域，八百里河套、八百里洞庭、八百里秦川。八百里秦川即广袤的关中平原，一望无际，坦坦荡荡，从东部潼关始，沿黄河之东南岸，逆渭河而西行，经渭南地区的华阴、华州、大荔、合阳、韩城、白水等十三个县（区、市），又有咸阳、

---

① 贾平凹：《贾平凹文集》第12卷，陕西人民出版社，1998，第80—82页。
② 贾平凹：《贾平凹文集》第12卷，陕西人民出版社，1998，第317页。
③ 贾平凹：《贾平凹文集》第11卷，陕西人民出版社，1998，第319页。

西安的高陵、三原、泾阳、兴平等县（区、市），到宝鸡地区武功、扶风、岐山、凤翔、眉县、千阳等十一个县。自古以来，这里土地肥沃，灌溉便利，秦时开凿了郑国渠，从而为后来秦国迅速崛起，扫平六国奠定了物质基础。汉时又有了郑白渠，唐时开凿漕渠，从而使八百里秦川成为富饶丰腴之地。原是关中平原最常见的地貌，也是黄河中游主要的地形，因流水冲刷而形成的地貌，呈台状，四周陡峭，顶上平坦。关中平原周围海拔400~700米之间的原相当多。原的大小各异，但较平川地势高昂，易守难攻。西安和咸阳附近有很多原，其中比较著名的有咸阳西北的毕原（亦称咸阳原），西安东南的白鹿原横亘在灞水中游，因周平王在原上看到白鹿而被命名。白鹿原跨西安长安区、灞桥区、蓝田县的灞河与浐河之间，南依秦岭，北临灞河，是长安城东南屏障。

陈忠实在白鹿原上学民间艺人表演
（邢小利 摄）

20世纪90年代，陈忠实将他的长篇小说取名为《白鹿原》，这部小说成为陈忠实的垫棺之作。陈忠实在他的其他文本中多次描述了这座原以及原上的风景。他在《初夏》这部中篇小说中详尽地描述了原的形状："远远望去，那一条条主沟和支沟，恰如一个老汉赤裸着的胸脯上的暴突筋络。被主沟和支沟分裂开来的南塬塬坡，就呈现出奇形怪状的浮雕似的构图，有的像脱缰的奔马，有的像展翅疾飞的苍鹰，有的像静卧的老牛，有的像平滑的鸽子，有的像凶残暴戾的鳄鱼，有的像笨拙温顺的母鸡……莽莽苍苍的南塬塬坡，像一条无可比拟的美术画廊，展示出现代派艺术巨匠们的一幅幅变态的造型。"[1]经过作家的渲染，原这种地理地貌变成了审美对象，充满灵动鲜活的特性，并且随着四季气候的变迁，景色迥

---

[1] 陈忠实：《陈忠实文集》第3集，广州出版社，2004，第3页。

然。春天,"桃花开了,原坡上和河川里,这儿那儿浮起一片一片粉红的似乎流动的云。杏花接着开了,那儿这儿又变幻出似走似往的粉白的云。泡桐花开了,无论大村小庄都被骤然爆出的紫红的花帐笼罩起来了"①。而到了初夏,"小麦扬花时节,原坡和河川铺天盖地的青葱葱的麦子,把来自土地最诱人的香味,释放到整个乡村的田野和村上,灌进庄稼院的围墙和窗户。椿树的花儿在庞大的树冠和浓密的枝叶里,只能看到绣成一团一团的粉黄,毫不起眼,几乎没有任何观赏价值,然而香味却令人久久难以忘怀"②。等到了冬天,"小雪从灰蒙蒙的天空飘下来时,我在乡间感觉不到严冬的来临,却体味到一缕圣洁的温柔,本能地仰起脸来,让雪片在脸颊上、鼻梁上、在眼窝里飘落、融化,周围是雾霭迷茫的素净的田野。直到某一日大雪降至,原坡和河川都变成一抹银白的时候,我抑制不住某种神秘的诱惑,在黎明的浅淡光色里走出门去,在连一只兽蹄鸟爪的痕迹也难觅踪的雪野里,踏出一行脚印,听脚下的雪发出'铮铮铮'的脆响"③。关中平原一年四季迥异的风景,构成了秀美的景观图,成为陈忠实眼中的画卷,化身为他生命的一部分。

冬天的白鹿原(邢小利 摄)

---

① 陈忠实:《原下的日子》,北京十月文艺出版社,2008,第155页。
② 陈忠实:《原下的日子》,北京十月文艺出版社,2008,第155页。
③ 陈忠实:《原下的日子》,北京十月文艺出版社,2008,第156页。

西安城南郊外原坡众多，依次排列出白鹿原、少陵原、神禾原等，白鹿原是其中之一，但是，经过陈忠实的文学书写，它已经演变为一个文化符号，一种文化象征或者隐喻。小说《白鹿原》讲述了从晚清末年到中华人民共和国成立前夕50年关中平原的历史沧桑变化，原上的风景、原上的革命斗争折射着近代中国社会的革命历程。不言而喻，《白鹿原》里的原上象征着变幻莫测的政治风云，这座位于西安东郊的原，几千年前民间流传着原上的白鹿能够带给生活在这里的人们风调雨顺、五谷丰登的生活，与几千年后陈忠实信仰的共产主义所憧憬的美好生活蓝图基本相同。白鹿原也称为灞上。宋仁宗天启年间，大将军狄青在白鹿原西头屯兵操练，准备征讨西夏，于是这座原的北原改称为狄寨原。陈忠实散文里的原是包括北原狄寨原和南原炮里原在内的白鹿原，也是自我抒怀的情绪表达。"傍晚时分，我走上灞河长堤。堤上是经过雨雪浸淫沤泡变成黑色的枯蒿枯草。沉落到西原坡顶的蛋黄似的太阳绵软无力。对岸成片的白杨树林，在蒙蒙灰雾里依然不失其肃然和庄重。河水清澈到令人忍不住用手撩拨。一只雪白的鹭鸶，从下游悠悠然飘落在我眼前的浅水边。……这是新世纪的第一个早春。这是我回到原下祖屋的第二天傍晚。这是我的家乡那条曾经诗家墨客提供柳枝，却总也寄托不尽情思离愁的灞河河滩。此刻，30公里外的西安城里的霓虹灯，与灞河两岸或大或小村庄里隐现的窗户亮光；豪华或普通轿车壅塞的街道，与田间小道上悠悠移动的架子车；出入大饭店小酒吧的俊男倩女打蜡的头发涂红（或紫）的嘴唇，与拽着牛羊缰绳背着柴火的乡村男女；全自动或半自动化的流水线，与那个在沙坑在箩筛前挑战贫穷的男子……构成当代社会的大坐标。"[①]

陈忠实由衷地咏叹原下的乡村生活。这种生活是沏壶好茶，躺在藤椅上的悠闲，是见过面乃至根本未见过面的老祖宗们的声音，环绕在自己的周旁。不过，既然要在原下生活，必定要有水源，关中平原上原隰相间是特有的景观。在《关于一条河的记忆和想象》中，陈忠实着重描绘灞河，

---

① 陈忠实：《原下的日子》，北京十月文艺出版社，2008，第154页。

白鹿原北坡下的陈忠实旧居（邢小利　摄）

以及这条河边近旁的华胥镇。在古都长安附近渭水支流众多，形成"八水绕长安"独有的景观。这八水指的就是泾、渭、灞、浐、沣、滈、涝、潏。灞水在西安以东，唐人折柳相别之处，因此有灞桥风柳扑满面的景观。华胥镇原名油坊镇，亦称油坊街，紧挨着灞河北岸，镇上只有一条短短的街道，但是杂货铺、文具店、铁匠铺、理发店应有尽有。逢到集日，川原岭坡的乡民挑着推着粮食、木柴和时令水果，牵着拉着牛羊猪鸡来这里交易，市声嗡响，热闹无比。如果再沿着灞河顺流而下往西不过十公里，就是中国第一座史前遗址博物馆——西安半坡遗址。这里呈现的是黄河流域一个典型而又完整的母系氏族公社时期的生活图景。有聚居的村落，有泥块和木椽搭建的房子，房子里有火道和火炕。从自己居住的河边到半坡遗址，陈忠实上溯到史前人类文明的仰韶文化遗址，这可谓最早的原下人的生活。一只红色陶盆内侧彩绘着一幅人面鱼纹图案，从这幅图中作家推演到传说中的蛇身人首的伏羲与女娲，和半坡的人面鱼纹有无联系？

显然，"我的关中，我的原"，无尽的历史尘埃弥漫在白鹿原里。《漕渠三月三》里陈忠实描写到一条漕渠。这条渠创始于公元前129年，在大司农郑当时主持下，发卒数万人，由水工徐伯督率开凿。渠傍南山（秦岭）下，长300余里，三年而成，漕运大便，渠下民田亦颇得灌溉之利。渠初以灞水为源，其后凿昆明池，又穿昆明渠使东绝灞水合于漕渠。此渠东汉时尚可通航，北魏时已无水。隋开皇初改自长安西北引渭水为源，浚复旧渠通运，定名广通渠，但习俗仍称漕渠。天宝初陕郡太守韦坚、太和初咸阳令韩辽两度修复，壅渭水作兴成堰，傍渭东注至永丰仓（即隋开皇中广通仓，仁寿末改名），下合渭入河规制略如隋旧。末年迁洛阳，渠遂堰废。漕渠初开凿于西汉，除了为长安城运输粮食，还为渠下村民进行农田灌溉，更有各种商船通过漕渠进出长安。故此，当时的漕渠村形成一个周转码头，南北商贾，车船互转，客店、饭店、买卖铺店，盛极一时。如今漕渠村依然存在，但水运早就停歇了。狭义的漕渠村单指这个自然村，而广义的漕渠村则指漕渠坡下的大围墙村、小围墙村、宋家村、陈家村、王家堡、米家堡、田鲍堡、陶家村、万盛堡、宋家滩等十数个大小村堡，散落在渭河南岸的平原上，绵延十余华里，通称十里漕渠。陈忠实站在漕渠坡头远眺，依次渐远，可以看到或大或小有许多房脊和屋墙，坐落在绿色苍郁的麦田之中。曾在临近入渭的灞河河道里，淘沙取石的农民挖出来一条大船，足以证明当年这里漕运兴隆。在关中黄土里，真可谓是偶拾一瓦，疑是汉，再拾一砖，又疑为秦。

三、民间关中

不过，作家最关心的还是民间关中下层社会。说起民间，本是一个松散和宽泛的概念，没有边界，来去自由，热爱生命力旺盛，但也藏污纳垢。当代陕西作家笔下的民间关中主要由风俗民情构成。风俗是民族历史的重要内容，一般而言，历史往往只对轰轰烈烈的历史场景和重大历史事件进行描述，记录风俗的任务则落在作家的身上。今天，伴随着史学从上层的政治、军事等领域向普通老百姓的日常生活转移，那些反映民众生活的民俗风情也逐渐被人们关注了。当代陕西作家描写的关中风俗，涉及关中老百姓日常生活的衣食住行、精神信仰和人际往来等内容，体现着秦人古老的生活习俗。

陈忠实在《四妹子》里详细地描绘了关中的婚俗，从提媒、背见、扯布、定亲、出嫁前要给公婆做一对枕头，给哥嫂、未来的女婿各做一双单鞋作为见面礼，到迎娶挤门、索"份儿"（即红包）、给公婆脸上抹红（或者黑）脸、闹洞房、玩"掏长虫""掏雀儿"等几样耍笑游戏，然后拜祖先、吃合欢馄饨，最后入洞房，第二天去女方家回门，小说都做了非常详尽的描绘。人常说，关中礼行大（礼仪、讲究多），不仅婚俗可见一斑，丧俗中也能呈现出来。《梆子老太》开篇写了梆子老太去世之后，村中人拒葬的情景，从而引出了丧俗的描写："头天祭灵，二天入殓盖棺，三天下土埋葬。"①关中农村凡遇丧葬，不用邀集，所有男人都自觉前往，将灵运送到坟地。梆子老太刚一倒头，人们趁着尸骨未冷，臂腿未僵，给死者洗脸剃额剪指甲，穿戴起早已置备停当的老衣。然后，安置灵堂、献上"倒头饭"、写亡期纸牌（相当于讣告）、贴挽联。陈忠实文本里对婚俗、丧俗的详尽描写，显示出世人对人生重要环节高度的关注，从一个侧面反映出关中不愧为关学发源地，尊礼重义。

而每到新年，闹社火是必然的，这时便有长安锣鼓敲起来了。"每到逢年过节，村里的锣鼓队就造起声势来，把整个村庄都震动起来颠簸起来，热烈的锣鼓声灌进每一座或堂皇或破旧的屋院，把一年的劳累和忧愁都抖落到气势磅礴震天撼地热烈欢快的锣鼓声中了。可以肯定的是，乡村锣鼓这种民间音乐，是我平生里接受的第一支旋律。岂止是我，在那个时代生活过的乡村人，出生后捂在火炕被窝里的第一个春节到来时，就被这种强烈震撼的锣鼓声震得在被窝里哭叫起来，锣鼓的敲击声响从此就注入血液。"②秦地民间的音乐振聋发聩，如果再配上"酥"（那种以大小铜锣为主体的锣鼓队的风格被称为"酥"），那就真正体现秦人刚柔相济的个性了。"时而如瀑布自天覆倾而下，时而如清溪般流淌；时而如密不透矢的暴风骤雨，时而如疏林秀风；时而如洪流激浪一泻千里，时而如蜻蜓

---

① 陈忠实：《陈忠实文集》第2集，广州出版社，2004，第148页。
② 陈忠实：《陈忠实文集》第7集，广州出版社，2004，第165页。

点水微风拂柳。在这样急骤转换的奏鸣里，我的心时而被颠得狂跳，时而又被抚慰，锣鼓的声浪像一只魔女妖精的手，把人撩拨得神魂激荡而又迷离沉醉。"①于是，一个有形、有声、有味的关中凸显在我们面前。

2010年，陈忠实与文友在白鹿原看华阴老腔在田野里表演（邢小利　摄）

和谷在他的散文中也涉及了些关中民俗的描述，他常喜欢描写阴历十月初一给亡人烧纸钱的情景。"晚饭之后，几乎在这座都市的每一道岔路口，即可看见一团团火苗燃起，纸钱纷飞，火光闪映，好不壮观。烧纸人或蹲或坐或跪，拨动着纸火，俨然在做一件庄重虔诚的事情。他们面情或庄严肃穆和念念有词或作沉默状或痛哭流涕或有揶揄者，寻找着他们不同轨迹的过去了的故事。有老少男女，身份各异，总是为在阴间地府的亲人。血缘的牵挂，亲情的祈祷，心灵在超越阳间与阴间的那一道界墙。火在舔动夜色的巨大门扉，为死者，更为生者。"②悼念亡灵、追忆哀思是中国文化中极其重要的内容，尤其对先人的祭奠、怀恋，更呈现着中国文化中注重血脉相连、香火相传的特征，这一点在关中表现得很鲜明。

从社会生活角度讲，民俗是一种文化传承，是传统的生活在现实人生中的延续。民间的关中拥有一种热烈、豪情的味道，这在上述的长安锣鼓，以及凤翔泥塑、华县皮影中即可看到。然而，陕西作家们敏锐地发现民间关中正在不可避免地遭遇现代化的冲击。因为以沉重的体力劳动为主的关中乡村生产生活方式正在加剧变化，带有浓厚的地域特质和周秦汉唐

---

① 陈忠实：《陈忠实文集》第7集，广州出版社，2004，第166页。
② 和谷：《和谷文集》第3卷，太白文艺出版社，2006，第33页。

文化色彩的民间文化也在悄悄发生变化。从秦代一路犁过来的铁犁终止在小型拖拉机前，被农民挥舞了数千年的长柄镰刀被收割机械代替了，大襟宽裆的衣裤已经被各色流行服装替换。电视把乡村传统的社火、戏曲、木偶、皮影毫不留情地排挤到冷寂的角落，甚至改变着年轻一代的语言习惯。这是一种进步，一种胜利，一种新的文明的生产方式和生活方式，但是也意味着许多传统逐渐遗失。

第二节 关中文化论

毋庸置疑，关中是我国一个重要文化区域，长安则是这个文化区域中一个极其重要的点，抑或准确说，是一个中心。关中人每每忆起关中的历史总是自豪周秦汉唐的历史悠久、文化雄强，而一旦面对现实则又感到生命深处的阵阵疼痛。从宋之后，关中失去国都地位，曾经辉煌的周秦汉唐王朝成为历史尘雾，关中的兴盛与衰落在某种意义上，是中华民族近代这二百多年来所遭遇的经历的缩影。对民族来讲，这里有沉痛的伤痕和记忆。正如诗人耿翔所讲：我想告诉诗人朋友们，我是经历过生离死别的人，我心上有许多伤口，需要用文字来缝补。我数十年的努力，都是对来自身体上和心理上的疼痛感的一种诗意的表述和转化，尽管这种表述和转化还不够彻底，不够深刻，不够震撼。其实，诗人耿翔的感受又何止是他一个人的生命伤痛记忆，在以长安为中心的关中，每一个个体都能感觉到与一个时代历史的对话、追问。追忆往昔，是祖先的辉煌和历史的厚重；直面当下，曾经很长一段时间陕西作家伤感于关中的落后、边缘化。对于关中文化，他们都曾拥有自己的独立思考与精神追问。

一、踏梦关中

1992年，对于作家朱鸿而言，是苦难的岁月，也是走遍关中、踏梦寻梦的时代。如他所言："这一年，我带着我对世间的背叛和世间对我的背叛走遍了关中。西安，当然是我谋生和栖身的地方，但我在这里没有感觉到多少温暖，甚至我没有得到真实的理解。口头的理解那只是敷衍我。理解我，就给我以扶助。1992年，那是众多的艰难淤积的日子，我需要扶助，然而，没有人扶助我，连朋友也没有扶助我。这一年，我在西安待得很少，我只是偶尔从西安某个房屋的窗口眺望关中。这是一片真正古老的土地，蓝田人走了，半坡人走了，周人、秦人、汉人、唐人，都走了。唐人离开这里之后，关中就没有恢复它的生机，它的资源、位置及其种种经济因素和文化因素，使它不能胜任国都的责任，它担当不起。唐朝所出现的繁荣，使一个民族的文明达到高峰，它竭尽了这里的精华。关中已经衰弱至极，疲倦至极，这里的草木和庄稼，都是在挣扎着生长。终南仍是青的，它的泉依然在涌，不过我感觉，它们都不是原始意义的仙山与活水了。1992年，我从春天进入冬天，我最后向宇宙之神请求，盼神给关中灌入新的力和孕育新的人。我在关中清冽的夜空之下祈祷！"①这段文字是朱鸿对个人遭遇的感慨，也是对关中历史的总结和反思。他写下了十段1992年自己的心境。我们猜测是年应该是朱鸿人生发生极大逆转和最困苦的时期。尽管作家没有言明，我们也无法得知，但是，我们知道在一个人遭遇不幸的日子里，选择踏遍关中，抑或说以关中踏梦寻梦的方式，来寻找遗落在历史尘埃中的珍珠，抑或说来安慰自己伤残的心灵，这无疑是一种以文化来救赎心灵的方式。文化原来也是一颗灵丹妙药，行走宛如宗教一样，疗救伤痕，安抚心灵。

  关中是仰韶文明重要发祥地，在西安高陵区发现了距今大概有5500年历史的杨官寨遗址，在东边20世纪50年代发现的半坡遗址，以及更早些的蓝田猿人，都充分证明关中渭水流域是早期中国的发祥地之一，自然也是中国农耕文明的重要发源地。更重要的是，中国历史上周秦汉唐几个重要王朝均在此建都。因此，一部关中历史就是一大半部中国历史，一部关中文化史就是一大半部中国文化史。在关中踏梦就是踏着先人的足迹追寻往昔，寻找历史遗珠。1992年的朱鸿无疑走遍关中各个角落，在历史的遗迹上去发现历史的真相，或者反思历史的荒谬。而同时，1992年也是中国改

---

① 朱鸿：《关中：长安文化的沉寂》，商务印书馆，2011，第212页。

革开放进入新的发展历史阶段。我们都知道,这一年邓小平南方谈话,掀起了中国深化改革的浪潮,中国社会开始进入到社会主义市场经济时代。在这样一个历史时期,朱鸿个人人生发生什么样的变故,我们不得而知,我们只知道他很痛苦,需要扶助,需要安慰,踏梦关中便成为安抚作家灵魂的举动。梦的虚幻恰恰可以弥补心灵的空洞和苦痛。朱鸿早期的散文大有直追余秋雨文化散文的痕迹。深入历史的隧道中,以人性烛照已经在历史上定论的史实,从中萌发出现代意识,是朱鸿在《夹缝中的历史》一著中最鲜明的艺术表现手法。

任何一位作家都在不断寻找自我突破。这些年朱鸿跋涉在秦岭渭水之间,足迹在关中流连忘返,最终他的目标从关中移向了长安。《长安是中国的心》是他对古都长安的一种文学想象,一种美学意义上的长安诗化表达。唐诗汉赋吟咏长安早已成为佳话,而有宋以来,有关西安的文学作品日渐稀少,到明清小说中西安已是一种象征性的文化符号。民国以降,除却王独清的《长安城中的少年》,本土作家很少进行本土文学创作,只有零星的一些过往文人留下一些零散的文字记忆。直到新时期以来,由于贾平凹、陈忠实等作家的努力,文学西安才逐渐被勾勒出来。但是,从晚清至民国这段时间,西安的历史文化一直语焉不详,朱鸿的《长安是中国的心》可谓在这方面做了很好的工作。作者将西京招待所、北院门、南院门、青年路、案板街等一些民国时期的西安街巷景观一一构建出来,从对西安城市文化发展的角度来讲,朱鸿是有贡献的。作者认为这是从20世纪20年代以来,叙述长安最详尽的一部著作了,涉及黄土、山、原、川、河、池、宫室、帝陵、王墓、道观、佛庙、建筑、街巷、花木、食粮、鸟类等,作者显然想作品的学术性与审美性得以兼容,否则便辜负了前智供他站立的肩膀。从20世纪90年代伊始,朱鸿在关中寻找蓝田人,到半坡读陶,观周原,览悠悠渭水,望滚滚帝陵,觉得樊川尤美,认为太白浩然,在马嵬坡透视玄宗、贵妃之关系,在鸿门分析刘邦、项羽之性格,抑或描写曲江萧索、辋川尚静、华山巍然,走遍关中,朱鸿在寻找周秦汉唐文化记忆、历史之幽梦中,他把一粒粒遗落在历史尘埃里的珍珠串联起来,于是那个曾经模糊不清的近现代西安逐渐清晰起来了。他讲关中是中国的院子,言下之意,关中曾经是中国重要王朝活动的舞台,在这里上演了许许多多历史的活剧。

二、关中文化现象及反思

自宋以降,长安国都地位丧失,中国政治、文化重心南移,到近代由于地域边缘、经济落后,曾经辉煌的关中"繁华落尽"。作为曾经"虎视何雄哉"的秦人又应该怎样看待自己的文化,同时发达地区的人们又应该怎样来看待秦人和关中文化呢?2003—2004年之间,陈忠实写下了《为城墙洗唾——关中辩证之一》《粘①面的滑稽——关中辩证之二》《遥远的猜想——关中辩证之三》《孔雀该飞何处——关中辩证之四》《乡谚一例——关中辩证之五》《也说乡土情结——关中辩证之六》《两个蒲城人——关中辩证之七》七篇文章,谓之"关中文化七辩"。这是陈忠实对关中文化所做的一个较系统的辩证讨论,此外,还有《民间关中》《活在西安》《俏了西安》等作品也对关中文化进行了思考。

关中农村民居(邢小利 摄)

---

① 陕西方言实际读音为"rán"。

在陈忠实看来,"研究关中和陕西人的地域性特质,在现代化进程中强化其优势,减弱以至排除其劣势,是一个科学而又严肃的课题,对陕西走向繁荣和文明具有切实的意义"①。"关中文化七辩"展示了当代关中文化的七种现象,揭示了在历史与现代的观照中,关中的封闭、古远、落后,以及民众个性的优劣。

概括起来,其一是关中的"中心情结"。这个"中心情结"是指关中在历史上曾经拥有过辉煌,汉唐时期的关中长安是万国瞩目的国际大都市,世界的中心,20世纪90年代却是一座"废都",从世界国际大都市到"废都",由中心下滑到西部重镇地位,可以说90年代,西安城市笼罩在一种"废都氛围"之中。至此,关中人如何走出古人创造出的辉煌文化的阴影,获得自己生活时代所创建的鼎盛,这是一个极其重要的问题。这在当时,社会上出现许多对关中文化和西安否定的论调。在许多人眼中,保存完整的西安城墙不再是关中人骄傲的古迹,反而是地域文化落后的象征。"文雅者冠以'城墙思维''城墙文化'等等,形象思维者更显出想象的丰富,把城墙比喻为'猪圈','里边生活着一群猪'。"②对于城墙思维的论断,陈忠实做出反驳:"'西安事变'怎么看都是扭转中国局势的大手笔。且不说毛泽东和党中央在延安的13年这样人人皆知的史实了。我便简单设问:在这些标志着中国现代史的重要历史阶段,西安、关中乃至陕西人的举动都毫无疑义地显示着最新思维最新观念和最果敢的行动,城墙把哪一位先驱者封闭捂死了?怎么会把改革开放以来的封闭的渊源,突然瞅中了古城墙?"③显然,关中在近代的落后不是城墙封闭的缘故,更不是因为关中人吃粘面的原因。在陈忠实看来,一个地域民众智慧愚笨与否关键不在于吃的是什么,而在于教育的程度。关中的教育仅从陈忠实的《蓝袍先生》描述的20世纪初叶的村学、社学的教授状态就可以看到近现代关中农村,仅是培养一些粗识文字,能够简单进行运算、记账之

---

① 陈忠实:《陈忠实文集》第7集,广州出版社,2004,第224页。
② 陈忠实:《陈忠实文集》第7集,广州出版社,2004,第223页。
③ 陈忠实:《原下的日子》,北京十月文艺出版社,2008,第159页。

类的人来的层面上，基本上还停留在前现代社会状态，教学内容仍然以儒教的低级读物为蓝本，而当时中国东部沿海地域、发达城市，现代的新兴教育已经蔚然成风。因此，陈忠实讲，在今天的关中要想改变现状，就必须兴教育，而不应该将一个地域经济发展这样至关重大的命题用一种浮皮潦草、华而不实的说辞来表述。这样既挠不到痒处，而且会造成误导，甚至连关中人选择吃食的自信心都没有了。

其二是"乡土情结"。现代化与乡土总是背道而驰，关中自古以来有优越的自然条件，土地肥沃、灌溉便利，这使关中人有相当深的故土难离的"乡土情结"。陈忠实由电视所见三峡工程动工中有大批居民迁离故土，迁离者泪眼婆娑，不由得让作家对关中这块乡土发出新的感慨。人皆说关中人抱着一碗干面不离家，乡土情结最重了，因而保守，思想僵化，由此造成不图创新的弊病。陈忠实认为：所谓故土难离，是久居土地的熟稔感所带来的心灵安慰，而一旦获得更有优越的生活条件的话，也就不存在什么故土难离的现象。在这里陈忠实由故土问题还牵引出人才流失的话语。20世纪80年代后期到90年代以来，西安有大批人才向沿海城市流动，被称之为"孔雀东南飞"现象。陈忠实指出：孔雀东南飞不仅是西安存在的现象，其他省也存在这个问题，落后地区向发达地区和国家流动则是一种社会普遍现象，而不是西安所独有的。

在这七篇文章中，陈忠实以驳论形式探讨关中现象，以及这种现象背后隐含的本质，反对那种浮于表面，缺乏鉴证而又十分具体的结论，主张看待陕西关中人的视野应该宽泛些，视角应该更具穿透力，而不要局限在民间市井浮泛调侃的层面上，那样的话会弄得陕西人笑也不自在，哭也不自在，吃面不自信，吃米也不自信的无所适从了。就以上所述可以看到陈忠实对关中文化现象的深入思考，充满思辨性，富有哲理，绝不是简单地就事论事的一种表述。

三、关中在中国文化中的地位

在论述了关中文化现象以及作家们所做的思考之后，当代陕西作家所要思考的是,关中在中国文化中究竟处于什么地位。这是当代陕西作家不可回避并要做出回答的一个问题。陈忠实认为:"打开中国历史教科书,便打开了关中,便走进关中,便陷入关中。在历史的烟云里走了几千年,仍然走不出关中。"[1] "一个古老民族的大半部文明史是在关中这块土地上完成的。历史教科书提供的资料,无以数计的遍布地表和地下的历史遗存,无论怎样详实、怎样铁定的确凿,却都不可避免时空的隔膜和岁月的阴冷。即如唐墓壁画的女人如何生动艳丽,即如兵马俑的雕像如何栩栩如生,你总也感受不到一缕鲜活。当这些主宰着历史的统治者贪婪一池温泉醉生梦死的时候,关中民间的生活秩序和生活形态是怎样一幅图景?教科书和遗存中几乎无存,我只能看到生活演进到上(20)世纪几十年来关中农村和农民的生活形态。在最近十余年来中国的城市和乡村以前所未有的真实的高速度发展的时候,更多地保存着体现着原有的生活图景、生活习俗或正在加速消亡,更多地浸淫着思想文化,以及由此透见的关中人心理形态的戏曲、演唱、歌谣、婚丧礼仪等等,都在加剧着变化,加剧着消亡。"[2]陈忠实深切感受到关中历史虽然悠久,但是总是旧日生活的印记,历史教科书总是记载着上层王公贵族的生活,而下层百姓的生存样态始终不被人了解。更重要的是,在现代化推进下,传统的生活方式、生活习俗正在消亡,那些蕴藏传统文化的戏曲、歌谣,以及民俗也在不断嬗变,一个面临现代化的关中,早已不是传统的关中。作家以敏锐的感悟折射出当代关中生活种种与旧日不同,关中人面对这一切还是动情于那种替代过程中的差异,拥有一种习惯了的又必须舍弃的依恋,从而怀揣痛苦但也温馨的情愫。这是关中先知先觉的知识人对传统文化变与不变所拥有的态度,而不仅仅是缅怀先人的威武辉煌,留恋于旧日的汉唐盛世梦。不错,"关中是中国'黄土文明'的发祥地、封建社会与大一统国家的摇篮,周秦汉唐的立国之基。当中华民族领先于世界各民族时,关中是灿烂中华的灿烂中心;当中国被世界近现代进程所抛弃时,关中又是停

---

[1] 陈忠实:《陈忠实文集》第7集,广州出版社,2004,第459页。
[2] 陈忠实:《陈忠实文集》第7集,广州出版社,2004,第460页。

滞中国的停滞典型。中国在世界上由先进变落后,而关中在中国也由先进变落后。关中农民曾经是'秦王扫六合'的锐气所依,近代又以保守著称。中国国民性之谜在很大程度上恐怕是与'关中之谜'的解答相联系的"[1]。

事实上,"中国文化在秦、汉时代已完成其第一基础,即政治社会方面一切人事制度之基础。在隋唐时代则更进而完成其第二基础,即文学艺术方面一切人文创造的基础"[2]。也就是讲,中国文化基本上在以西安为中心的关中这块地域创造了它的基本因子,西周、秦的大一统奠定以后中国天下归一的格局,秦的郡县制成为后世不断效仿的政治制度,汉代董仲舒罢黜百家、独尊儒术形成了中国思想上的一统,隋唐时在以长安为中心的关中完成了佛教中国化的历程,科举制的创立又为中国社会产生选拔人才提供了依据,此后通过科举将上层社会与下层社会连接起来,从而使中国形成上下阶层可以互动的国家运行体制。不言而喻,在关中建都的周秦汉唐时期形成了中国的文化基因。陈忠实看到了这种辉煌,更关注底层民间的生存样态,他凝聚着浓厚的理性主义思想特色,闪耀着关中知识分子那种"为生民立命,为天地立心"的忧患意识。故此,《白鹿原》里陈忠实塑造了中国最后一个好先生——朱先生,最后一个好长工——鹿三,塑造了具有贵礼重义、身体践行的白嘉轩,在这些人物身上都寄予关中浓厚的儒家文化印记。不过从20世纪初叶的辛亥革命开始至1949年,中国人深受儒家文化影响而形成的稳定心理结构受到了强烈的冲击,关中大地正是风云变幻、历史更迭之地,而它也是现代中国遭遇现代化的缩影。

---

[1] 秦晖、金雁:《田园诗与狂想曲:关中模式与前近代社会的再认识》,语文出版社,2010,第45页。
[2] 钱穆:《中国文化史导论》,台湾商务印书馆,1994,第164页。

第七章
西安这座城

如果说关中是在重礼贵教的关学文化影响下而存在的关中，那么西安这座城是什么呢？它在中国的地位又是如何呢？贾平凹在《西安这座城》一文中对这个问题做出了回答："整个西安城，充溢着中国历史的古意，表现的是一种东方的神秘，囫囫囵囵是一个旧的文物，又鲜活活是一个新的象征。"①毋庸置疑，西安是传统的，又是崭新的。

第一节 建筑与艺术

没有哪一位当代作家像贾平凹那样对西安这座城产生浓厚的兴趣，他曾经为这座城写下五部长篇小说（《废都》《白夜》《土门》《高兴》《暂坐》）和可观的散文，其中以长篇散文《老西安》，散文名篇《西安这座城》《这座城的墙》最为有名，当然也包括那些表现在西安与商州之间相互推移的小说。无疑，西安是贾平凹的又一个梦魇。在这座千年古城之中，贾平凹倍感历史的苍凉，在文人的游离彷徨与农民的茫然进城中，遮不住的是浮华背后的凄凉。

一、城墙与护城河

按照中国人的城市观念来讲，城墙一直都是很重要的。"城"这个

---

① 贾平凹：《贾平凹文集》第12卷，陕西人民出版社，1998，第382页。

第七章　西安这座城

雪中的西安城墙

汉字既代表着城市，又代表着城垣，而城通常又会有护城河围着，因此，在中国军事文献里就把城墙与护城河这一对汉语名词连在一起使用，称之为"城池"。因筑城需要土，而挖护城河便有土，所以筑城与挖护城河是同步进行的。现在西安是全国古城中城墙保存较好的城市。中国文化的根基是农耕文明，最能反映中国人心态的建筑物是城墙，因此，西安城墙不仅是标识西安的重要建筑物，也是中国文化的象征。正因为城墙有如此巨大的价值和象征意义，居住在西安的这些作家们绝大多数把目光盯在西安的城墙上，在他们的作品中几乎都会谈及西安的城墙。

贾平凹的散文《这座城的墙》讲的是20世纪80年代西安修城墙的事。20世纪80年代西安掀起一场修复城墙的运动。时任西安市长张铁民坚决主张保护西安古城墙，在他主持下，1982年西安市政府制定了《西安历史名城保护规划》，1983年西安环城建设委员会成立，主要负责城墙保护维修和环城路建设。贾平凹的这篇文章提到了这场轰轰烈烈的修复西安城墙的活动。他说："现在，又花巨大的人力物力修复加固城墙，新砌了女墙，新盖了角楼,满城头数万只彩灯昼夜不灭,又要筹建一条城墙公园,这样的工作,世界上除了西安人干,还会有谁呢?"①这种吃苦下力的事也许唯有实诚忠厚的陕西人干,这是陕西人的特点。城墙修复之后,城墙也就成为西安人的骄傲和苦恼。贾平凹数次搬家,总乐意在靠近城墙的地方住下,"星期日,去那嚣声腾浮的鸟市、虫市和狗市,或是赶那黎明开张日出消散的露水集场,去城河沿上看那练习引导吐纳之术的汉子,去旧古书店书摊购买几本线装的古籍,去寺院里拜访参禅的老僧和高古的道长,去楼房的建筑工地的土坑里捡一堆称之为垃圾文物的碎瓷残片,分辨其字画属于汉的海风之格或属于唐的山骨之度,我一切都在与历史对话,调整我的时空存在,圆满我的生命状态"②。恍惚中,"它的城墙赫然完整,独身站定在护城河边上的吊板桥上,仰观那城楼、角楼、女墙垛口,再怯弱的人也要豪情长啸了。大街小巷方正对称,排列有序的四合院和四合院砖雕门楼下已经幽黑如铁的花石门磴,你可以立即坠入了古昔里高头大马驾驶了木制的大车喤喤喤开过来的境界里去"③。与西方相比,中国的建筑虽然平淡无奇,但也有其独特的钟鼓楼、大贡院、城角城门上富丽的城楼。城墙则是必然有的,"城楼建立在城角和城门之上:角楼,用砖或石筑城,外向面筑有防御工事,开有炮眼;门楼,通常建造成三层矩形塔楼,由木料构建而成,在正常情况下覆瓦顶。门楼(象征一个城市建筑上的最显著特征),用作城门守兵和围城时弓箭手的哨所"④。有了这样的城墙、城楼,每当汽车从城门驰入或者驰出的时候,西安人便自觉西安城的庄严和肃穆。而外地人看到威严耸立的城墙,心中也会不由自主地赞叹这座城市的古拙和厚重。想象着"那汉唐的街上,脖子上系着铃铛,缓缓地拉着木轱辘大车经过,该是一种何等的威风呢?城墙上旌旗猎猎,穿着兵卒字样军服的士兵立于城门两侧,而绞索咯吱吱地降下城门外护城河上

---

① 贾平凹:《贾平凹文集》第12卷,陕西人民出版社,1998,第237页。
② 贾平凹:《贾平凹文集》第12卷,陕西人民出版社,1998,第382页。
③ 贾平凹:《贾平凹文集》第12卷,陕西人民出版社,1998,第380-381页。
④ 〔美〕施坚雅主编《中国帝国晚期城市》,中华书局,2000,第85页。

的板桥，该又是一种何等的气派呢？"①

有城就会有城池，作家们笔下多会触及护城河，或者环绕西安城墙而修筑的环城公园。一座城代表历史文化的实物随着时间的流逝大多都不存在了，现在西安城内能够看到的唐时的建筑也就只有大、小雁塔了，而这明时的城墙庄严而古朴地矗立在西安城中，每每望见便有历史的深沉感，举头是高耸的灰的墙，下面是清澈的护城河。

西安护城河（刘宁 摄）

那份古拙、那份厚重便无以言表。以至和谷在他的《桨声灯影里的护城河》里都要将这护城河与秦淮河相比较了。"雄浑的古城墙携着婀娜的树影迤逦而去，红灯笼的光团和城垛灯饰的轮廓倒映水中。横在城河上的桥似古城堡的臂膀，让车水马龙的城市的血脉川流不息。而城河的流水，更恰似这座现代古都的血液，环城而行，貌似平缓中涌动着内在的力量，清澈地淌过人们心境的河床。"②同时因为有了这城墙，城墙下政府遍植花草树木，这里就开辟出环城公园来。环城公园是高亚平的最爱，"当渐次增多的风筝，在城墙上空高飞时，西安的早春便来临了。……早春，冬的淫威还没有完全退去，黛黑色的城墙兀立在冷凝的风中；顺眼一瞭，护

---

① 贾平凹：《贾平凹文集》第16卷，陕西人民出版社，1998，第198页。
② 和谷：《和谷文集》第3卷，太白文艺出版社，2006，第126页。

城河里还结着薄冰；人们的冬装还穿在身上；环城公园里，草还没有发出嫩芽，树木的芽苞还没有绽放……一切似乎还在冬的控制之下，但已经有风筝在天空上飘飞了"①。

更重要的是，环城公园是市民们的乐园。园内到处是锻炼身体的人们，更有许多群众自发地到这里来组成秦腔自乐班，于是，到城墙根下听戏就是西安城市一种独特的生活享受。和谷也热爱着这护城河边，也喜欢在这里听戏。"其实，城河沿听戏的不光是老人，年壮年轻女人孩子也不少。尤其是那些脸上沾着尘土衣裤鞋袜不整的民工，最乐于在此消受劳苦一天之后的倦意，笑容浮动，心里也掠过些许轻松快意的晚风。星级宾馆的告示牌，会把他们拒之门外。这里距泥土近，空阔，草木荡漾，不禁止吸烟，戏台上下气氛融融，戏班子秦腔茶座，也叫自乐班，自得其乐，没那么多清规戒律。省事的只需五毛钱门票，倚着树或同伙的肩头，或席地坐在石阶上、土坎上，只顾听戏好了。舒适些的，再花两块钱茶座费，茶是陕青，水是煎水，椅是躺椅，戏是好戏，地方是傍墙依水的河沿树林子，神仙抑或是皇帝老儿莫过于此。这等低廉消费，会被歌厅包房卡拉OK的常客所不屑，而这里的常客也会捂着鼻子嘲弄封闭式场所的腥臊霉味。这儿露天贴地，敞亮宽松，风清月白，大可以延年益寿，道法自然。"②围绕一座城市最具有代表性的建筑，修葺成大众活动的休闲场所，城墙上风筝高高飞翔，城墙根下秦音绵长，恐怕这是西安最让人觉得有老城区味道的地方。

二、钟鼓楼

在西安城内，除却城墙，最能代表明代建筑的就是钟鼓楼。如今早已化身为西安城市的地标，但凡在任何地方看到钟楼的图片，便标志着西安。可作家笔下、心中的钟鼓楼，又是什么样子？可能因为个人生活经历不同，感触则不同吧。1972年，贾平凹"从山沟走到西安，一看见高

---

① 高亚平：《长安物语》，百花文艺出版社，2017，第32页。
② 和谷：《和谷文集》第3卷，太白文艺出版社，2006，第127页。

第七章 西安这座城

西安夜色中的钟楼

大的金碧辉煌的钟楼,我几乎要吓昏了。街道这么宽,车子那么密,我不敢过马路"①。他甚至将其中的细节都描述出来,"第一次来到西安的时候,是十三岁,背着粗麻绳捆着的铺盖卷儿,戴着草帽,一看见钟楼就惊骇了,当即草帽掉下来,险些被呼啸而来的汽车碾着。自做了西安市的市民,在城里逛得最多的地方依然是钟楼。我是敬畏声音的,而钟的惊天动地的金属声尤其让我恐惧。钟鼓楼是在许多城市都有的建筑,但中国的任何地方的钟鼓楼皆不如西安的雄伟,晨钟暮鼓已经变成了一句成语,这里还依然是事实,至今许多外地人一早一晚聚于钟鼓楼广场,要看的是一对古装打扮的人神色庄严地去钟楼上鼓楼上鸣钟敲鼓,恍惚到了远古的时代"②。钟楼"初建于明洪武十七年(1384年),在今西大街广济街口原奉元城钟楼旧址,正统五年(1440年)修。万历十年(1582年)陕西巡抚龚懋贤檄咸宁、长宁两县令迁建于府城向东扩展后的城中心今址。后又经

---

① 贾平凹:《贾平凹文集》第12卷,陕西人民出版社,1998,第46页。
② 贾平凹:《贾平凹文集》第16卷,陕西人民出版社,1998,第170页。

清康熙三十八年（1699年）、乾隆五年（1740年）相继修葺"①。从此，钟楼巍然立于通城门四衢交会点，形成了西安城以钟楼为中心，东西南北四条大街向外辐射的主要城市格局。

而对于同贾平凹一样来自陕南山区的陈长吟来讲，早年不知长安古都为何物，但知道钟楼的伟大。因为浙江人说"杭州有个雷峰塔，离天只有丈七八。河南人说：你不算高，西安有个钟鼓楼，半截戳在天里头"。其实，钟楼只有36米高，年龄却超过600岁。在陈长吟的描述下，钟楼下有一个邮局，一个新华书店。给远方的朋友寄挂号信，要去钟楼邮局，取稿费要去钟楼，要买新到的各种杂志要到钟楼，总之，邮局是个重要场所。邮局东边是新华书店，里面琳琅满目是各色书籍。钟楼的重要性就凸显出来了。而以著名的建筑学家梁思成来看，"一个东方老国的城市，在建筑上，如果完全失掉自己的艺术特性，在文化表现及观瞻方面都是大可痛心的。因这事实明显地代表着我们文化衰落，至于消灭的现象"②。在西安城市中心保留钟楼这样一座古建筑，这正是西安城的独特魅力。它与古城墙一起代表着中国古代建筑取得的成就，同时成为西安城市的地标。但是祝勇却哀叹，钟楼虽然依然肃立在市中心位置，但已被麦当劳、韩国城等现代建筑重重围住，不再具有居高临下的非凡气势。站在街上，钟楼几乎是这座城市里可以遥望的仅有的古代建筑，人们把它当作稀有之物而不惜重金登临其上，人们差不多已经不可能再看见城市里的任何古迹了。钟楼为他们的视线制造了盲点，当他们试图生发思古幽情的时候，他们将只能看见一个拔地而起的新兴城市，而那座金戈铁马、风雅流丽的古都，已在他们的脚下悄然消失。不言而喻，老建筑对城市是必要的，如果没有它们，街道和地区的发展就会失去活力，因为一座城市只有新建筑，人们看不到这座城市曾经的文明和历史，虽然现在一些连锁店、连锁饭店和银行入驻东大街，形成这座城市的新建筑，但是，街区里的酒吧、外国特色的餐馆会增添城市的

---

① 祝勇：《十城记：中国城市的历史性伤痛》，东方出版社，2013，第79页。
② 梁思成：《中国建筑史》，生活·读书·新知三联书店，2011，第9页。

异域风情和洋派味道。如果到西安喝咖啡或喝茶，到德福巷是最好的选择。这里是唐时皇城所辖制之处，韩建缩小长安城之后，这里就变成民宅。明时这里改名叫黑虎阁，遂叫黑虎巷，清时改名为德护巷，民国时再改为德福巷。"德福巷南起湘子庙街，北抵粉巷，两端皆立青石所作牌坊，书曰：德福巷。……德福巷呈古调，两边的房子几乎都是小瓦斜檐，当然也显老派，但这里的茶馆和咖啡屋却尽染欧洲之色。壁炉拟燃，廊柱矗立，拱门、落地窗，有的作哥特式尖顶，尤其是自暮春至深秋，众铺子会在门外窗前搭起凉篷，把条桌或圆桌搬出开放之于青石上。"①一座历史文化名城，建筑可以老得让你无法判断它修建的年代，也可以有很多新开设的街巷、建筑，它又让你感到时光可以飞逝，从古色古香的湘子庙出来，转几个弯，似乎便到了大上海的酒吧、咖啡馆。只有西安这样的城市，才有这样的古今杂陈的味道。

还有城市中的寺院古刹，既是这座城市的外观建筑，也是这座城市的宗教和艺术文化空间。在西安，地下拥有丰赡的文化遗产，可要论地上的古建筑不算甚多，但如果将那些古寺道观算起来，城市的文化之气又氤氲起来了。且不说唐时长安城有一百四十四座寺院，四十一座道观，至今保存的名刹古寺有大兴善寺、青龙寺、净业寺、仙游寺、华严寺、慈恩寺就已令人应接不暇。这些寺院道观不仅仅是一些亭台楼阁建筑，也因和一些历史名人联系在一起愈发鲜活起来。王维在清源寺作辋川图，吴道子在菩提寺画礼佛仙人，贾平凹、朱鸿将这些如数家珍地介绍给读者。当代陕西作家绝大多数对都市是陌生的，但对于西安，他们愿意将其作为一件文物来鉴赏，一次次在其上散步漫游，贾平凹作为一个外来者，一次又一次对这座城市作精神漫步，也只有西安这样的城市，才能够让作家产生出这种舒缓悠然、厚重的文化意蕴和气度。

三、秦乐与陶俑

在陕西最重要的地方戏是秦腔。当然，它不仅在陕西关中广为流传，

---

① 朱鸿：《长安是中国的心》，生活·读书·新知三联书店，2013，第344页。

作者在西安大雁塔广场（王京萍 摄）

整个西北五省都是秦腔演唱的广阔天地。秦人对于秦腔的热爱是渗透在骨子里的热爱，不过这在陕西老一辈作家那里表现很突出，在年轻人那里则不以为然。贾平凹在20世纪80年代曾经写过一篇散文《秦腔》，他写道："那晚霞烧起的黄昏里，落日在地平线上欲去不去的痛苦的妊娠，五里一村，十里一镇，高音喇叭里传播的秦腔互相交织、冲撞。这秦腔原来是秦川的天籁、地籁、人籁的共鸣啊！于是，你不渐渐感觉到了南方戏剧的秀而无骨吗？不深深地懂得秦腔为什么形成和存在而占却时间、空间的位置吗？"[①]秦腔是秦人生命之歌，后来在贾平凹的长篇小说《秦腔》里，秦腔则成为象征逐渐衰落的中国传统的农耕文明。

在陈忠实的《白鹿原》里秦腔则成为刻画人物个性的重要依据。白嘉轩经历人生大灾难之后，在田间地头唱起《苏武牧羊》，慷慨悲凉的秦腔传达的是一种不屈命运、敢于抗争的精神。野蛮落后的秦人从西垂来到雍，再到咸阳，大秦帝国的历代国君先后用了500多年时间前仆后继地完成了千秋霸业，为此这个歃血的民族付出了太沉重的生命代价。悲剧性的民族历史造就了秦人悲凉苍劲的心理，从而使秦腔拥有了"激越，多为杀伐之声"的特点，也因此产生了慷慨悲歌的艺术魅力。刘禹锡有诗云："秦声一曲此时开，岭泉呜咽南云断。"陈忠实领悟到这种秦风秦韵，《白鹿原》里运用了"风搅雪""十样锦"秦腔曲牌营造出一种紧张喧闹的氛围，使人有了"英英鼓腹，绕梁尘，声震林木，响遏行云，风云为

---

① 贾平凹：《贾平凹文集》第11卷，陕西人民出版社，1998，第317页。

之变色,星辰为之失度"①的感觉,为推动故事情节发展发挥了积极的作用,秦腔自然成为秦人的魂。

在陕西除却秦腔,还有碗碗腔、阿宫腔、迷糊(又叫眉户)。碗碗腔唱腔婉转华丽,长于抒情。"阿宫腔的唱腔和音乐比秦腔细腻,较眉户、碗碗腔刚劲,不沉不噪,激越委婉,以刻画剧中人物的心理变化见长。阿宫腔曲牌多达400支,开场必奏'十样景'开场,这是由十种以上曲牌合奏的。未看戏,先闻其声,吹打乐别具一格。"②迷糊(眉户),即眉户戏,是流行于陕西关中的一种地方戏曲。分为东、西两路,东路眉户源出华阴、华县(今华州区),曲调婉转动人,西路眉户以眉县、户县(今鄠邑区)为中心,流布于凤翔、岐山、武功、宝鸡一带,以民歌中的情歌、牧歌、樵歌、渔歌、小调、童谣为基础。眉户的声腔多吸收明清时关中民俗曲而成,相传是为明代前七子之一、武功人康海(曾中状元)在家乡所倡导,曲子分为大调和小调,辅以琵琶、板胡、边鼓等乐器来配乐。民国时期,这种民间小调搬上戏曲舞台,编出了像《皇姑出嫁》《张连卖布》等优秀剧目。延安时期,眉户戏在边区得到大发展,陕甘宁边区民众剧团(今陕西省戏曲研究院)及广大文艺工作者,利用眉户等民间戏曲表现边区人民新生活,创作并演出了眉户《十二把镰刀》《夫妻识字》《大家喜欢》等现代戏,大大鼓舞了人民的抗战热情,这些剧目也成为眉户的经典剧目。中华人民共和国成立后,陕西文艺工作者创作了大型现代眉户戏《梁秋燕》,在社会上引起了极大的轰动,田间地头到处都在传唱《梁秋燕》的精彩唱段。

此外,长安锣鼓也是陕西作家喜爱描写的秦乐。陈忠实在《漕渠三月三》中用很大的篇幅描写关中农村庙会,在庙会上还有锣鼓队。"这是一支远路而来的锣鼓队,按习俗的说法是前来送香火的。送香火的锣鼓队的多少,成为某个庙会盛大景况的重要标志。龙旗前导,锣鼓敲打,响炮放铳,最具声望的老者端着装满紫香黄裱的木盘浩浩荡荡又肃

---

① 严长明:《秦云撷英小谱·小惠》,乾隆四十三年西安刻本。
② 和谷:《秦岭论语》,西安出版社,2010,第49页。

穆端恭地一路走去，把香火送进庙门，跪拜，点蜡，上香，焚烧黄裱，再叩头。庙门外的广场上，常常摆开十余家从各个村子赶来送香火的锣鼓队，对着敲，看看谁家能把逛庙会的人吸引过去最多，自然是优胜的标志了。"①秦地民间的音乐震耳欲聋，如果再配上"酥"（那种以大小铜锣为主体的锣鼓队的风格被称为"酥"），那就真正体现秦人刚柔相济的个性了。这显示着汉唐之风的锣鼓队透显着关中作为帝都的王霸之气。

在秦乐中，还有一种乐器二胡需要介绍。贾平凹在《听金伟演奏二胡》里将二胡演奏者金伟演奏的秦乐做了详尽的描述。作家似乎窥见了金伟的心迹，感觉听金伟演奏，眼前总是浮现广漠厚重的妊娠着一轮火日的黄土地，那隆起的十三朝帝王的陵墓和一片紫云般的野苜蓿，那一簇簇白杨与苍榆下的版筑而成的院落，还有那犍牛拉动了木犁翻开的沃土而随时可见的残的秦砖、缺的汉瓦，那晨钟暮鼓，那浓烈的西凤酒，线辣子和粗瓷海碗里的羊肉泡馍。古气在幽幽回荡，贾平凹理解了秦派乐章中取博制简的艺术魅力，称它是一种团块状的音乐，演奏时如冰山忽塌，如沙漠疾移，势挟了碎块细石在流动。这种有别于南方音乐的华丽和缠绵，真正是"万里长空"中谈到的秦人的"一朝风月"的感悟和体验了。

贾平凹还向我们展示了秦始皇阵容严整的地下军团。"兵马俑的威武壮观已妇孺皆晓，马俑的高大与真马不差上下，这些兵俑一定也是以当时人的高度而塑的，那么，陕西的先人是多么高大！但兵马俑几乎都腰长腿短，这令我难堪，却想想，或许这样更宜于作战，古书上说'虎狼之秦'。……

每每浏览了陕西历史博物馆的陶俑，陕西先人也一代一代走过，各个时期的审美时尚不同，意识形态多异，陕西人的形貌和秉性也在复复杂杂中呈现和完成。俑的发生、发展至衰落，是陕西人的幸与不幸，也是两千多年的中国历史的幸与不幸。陕西作为中国历史的缩影，陕西人也最能代表中国人。二十世纪之末，中国实行改革开放政策，地处西北的陕西是

---

① 陈忠实：《陈忠实文集》第7集，广州出版社，2004，第165页。

第七章 西安这座城

陕西历史博物馆内秦俑（刘宁 摄）

比沿海一带落后了许多，经济的落后导致了外地人对陕西人的歧视，我们实在是需要清点我们的来龙去脉，我们有什么，我们缺什么，经济的发展文化的进步，最根本的并不是地理环境而是人的呀，陕西的先人是龙种，龙种的后代绝不会就是跳蚤。"[①]贾平凹从秦俑身上感受到陕西先人是龙种，当代陕西人就不会是卑劣者。从历史中走来，又走到现实中去，陕西作家展现的艺术珍品，表现出对刚健勇猛秦文化的推崇和向往。

第二节 城改与长安变容

西安是一座历史悠久的城市。建城史3000多年，建都史也有千年之久。像这样一座拥有深厚历史文化的名城，在现代化发展中，必然会遭遇城改。一方面是因为"没有一个国家的城市像中国这样急于改变自身的面貌，传统建筑被大量列入清洗名单，随之消失的，自然包括与之相关的一

---

① 贾平凹：《贾平凹文集》第13集，陕西人民出版社，1998，第405-408页。

系列文化符号、精神记忆和生活方式"①。2013年,西安地铁2号线开通,标志着西安开始进入地铁时代。2018年,西安成为国家中心城市,城市的新建与改造也在不断进行。城市的现代化带来了长安变容。

一、变动的近现代西安地图

前面我们介绍过,今天的西安城隋唐建筑并不多,城墙、钟鼓楼都是明代修建的,当代西安人生活的这座都市更多是从近代演化而来。然而1949年之前西安城市的布局、生活和文化,在人们的心中是模糊的。对于今人来讲,许多作家描述了民国时期西安一些重要城市空间和街巷,如书院门、西京招待所、北院门、化觉巷、咸宁学巷、青年路、案板街,但是总体来看,这幅民国西安地图尚且不完整。

著名的北院门曾是大清的官府衙门,前面我们讲述过慈禧驻跸西安时这里是行宫,现在它坐落在西华门大街上,面南而居,2011年3月之前西安市政府在此办公。柏树林街在城南,北接端履门街,南至城墙根下,街道长不足五百米,街南路东有一巷名叫兴隆巷。这条街附近就是著名的卧龙寺。柏树林拆迁让当时的西安市民们看到了一百多年前的老房子,那些被低矮杂乱的简易房遮蔽的部分逐一显现。作家们看到柏树林西侧的高家大院,西安市柏树林街兴隆巷42号,是易俗社创始人高培支先生旧居,修建于清朝末年,坐北朝南,为三开间三进院落,院内两侧的厢房是典型的陕西房子半边盖的民居,过厅为硬山明柱出檐式样。另外,与只剩下一座单体建筑的岳劫恒故居相比,高家大院的整体结构还算完整。

北大街是朱鸿开始他职业生涯的地方。1984年,他大学毕业,被派遣到陕西人民出版社当编辑。那时候的交通工具主要是公共汽车和自行车,上下班之际,北大街上自行车浩浩荡荡,颇为壮观。轿车只有零星,出租车基本没有。到晚上10点以后,门面基本上关闭,拖拉机乘虚

---

① 祝勇:《十城记:中国城市的历史性伤痛》,第2版,东方出版社,2013,自序第4页。

而入，从大街上轰隆而过。通济坊一带有1936年的建筑群，属于冯钦哉所创立的西安通济信托股份有限公司，1949年演变为西安市百货公司批发部。2012年朱鸿再次在北大街漫游，观其景，以察其风。街东：西安市邮政局钟楼支局，临大街，四层全为商业之用。向北，过西一路，是楼高10层的中国石油化工股份有限公司、名流天地大厦、国美电器、西安人民剧院、楼高16层的新时代广场，让作家留恋的是西安人民剧院。经北大街与西华门大街东南角的花园，过西华街，见北大街与西华门大街东北角的交通银行，觉得十分贵气。过西五路便是陕西省新闻出版局和陕西出版集团属下的几家出版社。过后宰门是西安市莲湖北大医院、秋林公司商业大厦、陕西建工集团有限公司、陕西古建园林建设有限公司、陕西省建筑设计研究院有限责任公司。街西是世纪金花广场，向北是韩国城、陕西省美术家协会等。

除此之外，西安城内有数万回民，集聚而居，主要生活在由西大街与北大街构成的扇面上，其家多安排在化觉巷、西羊市、大皮院、大学习巷、小学习巷、洒金桥、香米园、大麦市街。化觉巷内的回民坊，形成于明清，现在是西安城内极具民族风情的旅游场所，各种陕西名小吃琳琅满目地摆在街市的小摊上，前来游玩和品尝西安地方小吃的游人如织。夜间，这里灯火辉煌，热闹非凡。

及至出西安城永宁门（南门）一直向南行，便是长安路。建国路则南北向，长不足800米，宽约20米，见证了历史变迁和斗争的惊险。这条路以民宅为多，吃饭、饮茶、理发店、银行、宾馆无所不有，建国路69号或金家巷1号是张学良公园，建国路83号为陕西省作家协会，民国时是高桂滋公馆。

在这些作家笔下，西安是日常生活中不可或缺的一部分，他们就在每天出行、上班、下班、生活、漫游、散步中不觉绘制出一张文学地图。近代以来百年的城市建筑同时并存在这座古老的城市里，代表着不同时期西安城市的现代化发展足迹，也意味着作家的城市体验在文本叙述中不断呈现。

二、"废都"中的城市景观

如果讲西安的文学书写最早也成熟的作品,当之无愧是贾平凹的《废都》。这是一本关于城的小说,也是关于城里知识分子的书。在这里,我们不关注书中庄之蝶与众女子的情爱故事,我们的目光集中在古都西安的历史地理、街巷古迹、城市景观、文化生活。《废都》问世于1993年,是年刚发行,便因性描写而成为中华人民共和国的第一本禁书。时隔多年,笔者发现贾平凹《废都》里描写的西安城市与20世纪80、90年代的西安城改有很大关系。不唯如此,从这部小说中还可看到20世纪90年代初期的西安城市景观与社会生活面貌。

虽然小说很大程度上都有虚构成分,但是,小说中的地理空间是人物活动的场域,而作者基本上按照西安城市的真实空间来设计。他后来在散文长卷《老西安》中讲:"《废都》一书中基本上写到的都是西安真有其事的老街老巷,书出版后好事人多去那些街巷考证,甚至北京来了几个民俗摄影的人,去那些街巷拍摄了一通,可惜资料他们全拿走了,而紧接着西安进行了大规模的城区改造,大部分的老街、老巷已荡然无存,留下来的只是它们的名字和遥远的与并不遥远的记忆。"[①]

"双仁府"是《废都》中描写的一处重要地理空间,它是清代关中大儒牛兆濂的居所,《废都》中设计为牛月清的先祖。双仁府在西安城墙内的街巷之中,这里是西安城极其重要的街市和名胜所在地。由西南城角往东依次是火药局巷、东西甜水井、报恩寺街、东升街(包括原来的太阳庙门、五岳庙门、湘子庙街)、书院门、三学街、下马陵和建国路南段的西巷。贾平凹把小说中牛月清的母亲安置在这里,所以此处是主人公庄之蝶常来的地方。事实上,作者也曾在双仁府居住过,因此熟悉这里的地理环境,在小说人物环境描写上也就得心应手。双仁府内的甜水井是贾平凹在各类作品中反复描写的对象。甜水井是西安城内唯一一处井水是甜的地域,贾平凹喜欢描述骨质的水牌,想象拉着西门甜水的水车从西安大街走

---

① 贾平凹:《贾平凹文集》第16集,陕西人民出版社,1998,第166页。

过,那种历史的悠久便瞬间弥漫出来。

  人物出入的芦荡巷副字八号也是和双仁府在一起的,这是小说中为周敏设置的住处。芦荡巷是唐代皇城内承天门大街的太常寺处。《陕西省西安市地名志》里称:"芦荡巷位于南院门南侧,大车家巷与大保吉巷之间,南起五岳庙门,北至南院门,长342米,宽5米,沥青路面。相传,清嘉庆年间因巷内住芦姓进士而得名芦进士巷。1966年改名芦荡巷。属居民区。"①小说中牛月清常来购物的城隍庙商场在西大街。"城隍庙是宋时的建筑,庙门还在,进去却改造成一条愈走愈凹下去的小街道。街道两边相对着又向里斜着是小巷,巷的门面对门面,活脱脱呈现着一个偌大的像化了汁水只剩下脉络网的柳叶儿。这些门面里,一个店铺专售一样货品,全是些针头、线脑、扣子、系带、小脚鞋、毡礼帽、麻将、痰盂、便盆等乱七八糟的小么杂碎。近年里又开设了六条巷,都是出售市民有旧风俗用品的店铺,如寒食节给亡灵上供的蜡烛、焚烧的草纸,婚事闹洞房要挂红果的三尺红丝绳。"②西安城隍庙本名为都城隍庙,在长期的发展中,形成了规模较大的常市。"长安、咸宁两县旧俗,岁有赛会事,而以四月初八等日都城隍之会为最大。商贾联集,蔚成钜观。"③"至若岁时开设大会,累月连朝,若省垣之城隍庙。……招集众而市肆骈阗,贸易薮而金钱萃集,亦骎骎乎与西人所谓赛会者侔矣。"④都城隍庙贸易之所以兴隆,除了城隍信仰能吸引来大批信众之外,还在于庙内设的戏楼。逛城隍庙是明清时期西安市民的一种生活方式,到当代这种风气依然很盛。

---

① 田荣编著《老西安街村》,陕西旅游出版社,2012,第134页。
② 贾平凹:《废都》,作家出版社,1993,第223页。
③ 史红帅:《明清西安城市地理研究》,中国社会科学出版社,2008,第320页。
④ 史红帅:《明清西安城市地理研究》,中国社会科学出版社,2008,第320页。

近现代作家视域中的西安意象

五岳庙门街(宋鸿雁 摄)

　　小说要设置人物活动空间和场所,所以一部优秀的小说能将城市的街市景观、空间布局描述出来。《废都》中写"巷口街头,日色苍茫。鼓楼上一片鸟噪,楼下的门洞边,几家卖馄饨和烤羊肉串的小贩张灯支灶,一群孩子就围了绞棉花糖的老头那瞎起哄"①。西安城内寺观林立,《废都》里虚写的许多寺院在现实中都可以找到原型。像女尼升座的寺院,即是城西北角的西五台。显然,《废都》一著成为人们了解西安这座城市的重要文本,可惜以往人们更多关注的是时代特色、性爱描摹。据作家称,写《废都》的时候,贾平凹在西安这座城里居住也二十多年了,西安的一草一木、一街一巷都了如指掌。他写爻堡,说相传爻堡的祖先是秦王军中的一名鼓师,后落居在此,鼓师的后代为纪念祖先的功德,也是要团结家族,就一直以鼓相传,排演"秦王破阵"的鼓乐。民俗里,二月二是龙抬头的日子,在爻堡却是他们的鼓节,总是要打一面杏黄旌旗,由村中老者举旗为号,数百人列队击鼓去城里大街上威风。而贾平凹最擅长的还是写在古城墙上周敏吹埙。那呜呜咽咽的埙音,不绝如缕吹进耳朵。"可你闭上眼睛慢慢体会这意境,就会觉得犹如置身于洪荒之中,有一群冤鬼呜

---

① 贾平凹:《废都》,作家出版社,1993,第55页。

咽，有一点磷火在闪；你步入了黑魆魆的古松林中，听见了一颗露珠沿着枝条慢慢滑动，后来欲掉不掉，突然就坠下去碎了，你感到了一种恐惧，一种神秘，又抑制不住地涌动要探个究竟的热情；你越走越远，越走越深，你看到了一疙瘩涌起的瘴气，又看到了阳光透过四肢和瘴气乍长乍短的芒刺，但是，你却怎么也寻不着了返回的路线……"①埙乐让《废都》弥漫在一片氤氲、鬼气之中，《废都》在社会上引起强烈反响，埙乐也成为人们皆知的秦乐。杜牧诗云："长安回望绣成堆。"20世纪80年代后期到90年代的西安城弥漫的是幽咽哀伤的埙乐，这是一个时代的悲乐，也是千年古城的悼歌。

三、城中村与城改

在某种意义上，西安更像是一座弥漫着乡村气息的城市，甚至像是一个大集镇。城市里的四合院、牌坊、砖雕、门楼都铭刻着历史传承和文化记忆，也保留着许多城市村庄，我们称之为城中村。20世纪80年代从沿海地区至内陆掀起了大规模的城市改造，这是中国式城市化进程的表现。西安城市也以动荡不安的面貌出现了城改工作——到处是建筑工地，到处可见拆除与重建工作。

20世纪80、90年代，西安市北郊是城中村林立的区域，纸坊村便是其一。它南面紧挨着陇海线，东面是工农路，北面为自强西路，西边稻地紧邻着一片鳞次栉比的房屋。村中有许多纵横交错的逼仄街巷，村民多住的是两三层的楼房，也有的家庭住平房，但似乎不太多。像这样的城中村街巷通道，宽仅容两人侧身而过，两边都是丈高的山墙。高亚平在北郊的纸坊村生活过两年，在他眼中，"纸坊村是一个城中村，离城也就百多米的样子，过去也应是一个小自然村，有菜地，有庄稼地，也许还有过耕牛、水车什么的；夏秋，有蝈蝈在草丛中叫，有纺织娘在豆架下鸣，有蟋蟀在白菜地里歌唱……村里人和城里人的生活几乎一模一样，不一样的地方是，城里人拿工资，称为居民，村里人靠房租或做些副业过活，称为

---

① 贾平凹：《废都》，作家出版社，1993，第111页。

村民。不过，二十多年过去，就连这些身份称谓上的不同，也已消失了，现在，村里人也被称为居民，成了真正意义上的城里人。"①村民的生活从与大自然融合在一起，充满乡村气息，到日渐城市化过程中，村民不种地，乡村身份日益淡薄。作家每天到纸坊村十字东南角的报刊亭边，和卖报刊的老太太拉几句淡话，买几份报刊，日子看似平平淡淡，却如秋日里田野中的大豆，粒粒饱满，有了城市市井生活几分闲趣。

对作家来讲，作品中村名往往是虚构的，但所写的地方是真实的。贾平凹笔下的静虚村实为方家村，那也是个典型的城中村。"村子南九里是城北门楼，西五里是火车西站，东七里是火车东站，北去二十里，又是一片工厂，素称城外之郭。"②从贾平凹的描写来看，静虚村在城北，村人厚道，几乎近于傻昧，过路行人，问起事来，有问必答，还要领到村口指点一番。作家和家人在这里过着天然自在的生活，吃的是井里打上来的水，住的是接地气的房，和乡邻们处的融洽和睦，拥有一派田园生活样态。高亚平在方家村这个城中村居住过。"那时，北郊还没有被广泛开发，村子西边还可以见到一块块麦地、菜地。春天，我和妻子就常带了女儿去野地里踏青，挖野菜。麦田里的野菜真多，有荠荠菜、麦瓶儿、勺勺菜、胖冠……凡是我少年时代，在故乡樊川地头能见到的野菜，这儿基本上都有。"③有意味的是，方家村里有作家张敏，是地道的方家村人。张敏是文坛豪杰，各路英雄皆能结交，杨争光、高建群、徐剑铭、周矢、庞一川等皆在他家出入。如今，方家村现已变了模样，当年的城中村已荡然无存，继之而起的是高楼大厦。张敏搬离旧宅，住进新楼，其小区门前耸立一石，上书"舍下省"三字。因为唐玄宗时，方家村曾是一馆舍，名为舍下省，专为招待天下文人而设，以备天子召见。方家村的变迁是西安城市化的必然结果。

五味什字街位于南院门西侧，东起南院门，西止南四府街。这条街

---

① 高亚平：《长安物语》，百花文艺出版社，2017，第23页。
② 贾平凹：《贾平凹文集》第11卷，陕西人民出版社，1998，第34页。
③ 高亚平：《长安物语》，百花文艺出版社，2017，第29页。

及至南城墙附近大片地方，唐代是皇城内鸿胪寺及其东半部地方。由南院门街西口、南广济街南口、大保吉巷北口和西边一条街的东口汇聚成一个十字，之所以称"五味什字"是因为早年这里是大药铺集中的地方，中医讲四气五味，五味分别为甘、辛、酸、苦、咸，故而取名。明清两代至民国，五味什字药业兴盛，曾有万年堂、复元成等多家中药店，尤其以藻露堂最负盛名。藻露堂中药店距今有398年历史，创始人为宋林元，他在1622年时来五味什字设堂治病，研制出了一种专治妇科病的"培坤丸"，疗效甚好。至民国时，培坤丸在海内外声誉颇盛。贾平凹曾经在五味什字居住，《五味巷》写的就是这条巷子。"长安城内有一条巷：北边为头，南边为尾，千百米长短；五丈一棵小柳，十丈一棵大柳。那柳都长得老高，一直突出两层木楼，巷面就全阴了，如进了深谷峡底；天只剩下一带，又尽被柳条割成一道儿的，一溜儿的。"①巷子里人们的生活惬意至极，更有味道的是，巷子里住的人都非常讲究仪表，夫妻双方收拾好了，一溜一行自行车扛下楼，20世纪80年代自行车在城市生活中的重要性凸显出来了，那是一个时代的物质载体象征。

　　上述作家描写的城中村都是街巷狭窄，道宽仅容两人侧身而过，骑自行车道路虽难走，但绝不会倒，因为旁边有山墙相挡。里面小四合院住宅窄仄，谁也想不到的是两层一砖到顶的平顶小楼，早先都是土坯筑成，油毛毡盖顶，压上砖头，墙头长着一层厚厚的苔藓。四合院里人口密度非常大，水管和厕所是公用的，但是人与人之间的关系却很融洽。城市生活的空间占有比乡村生活拥有的空间区域紧迫，空间的窄仄逼迫人际交往的紧密。

　　随着现代化发展，像这样到处是城中村的城市也必然面临着城市改造问题，消灭城中村似乎是中国城市发展的一个必然过程。中国的城市改革在1984年启动，尤其是在沿海经济特区现代化城市的发展感召下，内地大规模的城市改造开始启动，旧房子、老街巷、古居老宅等等都摧毁在推土机的轰鸣中。《1980—2000年西安市城市总体规划》里专门提及旧城改造，旧城改造的重点是居住建筑、市政设施，特别对100多处低洼棚户地

---

① 贾平凹：《贾平凹文集》第11集，陕西人民出版社，1998，第183页。

区9000多住户要加强维修,逐步改造。从20世纪80年代中后期开始,西安大规模的城市改造持续进行。1993年1月14日《西安晚报》刊载《去年市政府"十件事"大多提前完成》一文,声称城市低洼棚户区和危旧房屋改造工程进展顺利。年初安排实施的劳动村、北火巷、东仓门、南坊巷、新城巷、和平村、昌仁里、尚勤路中段、瓦窑村、迎春巷、保吉巷等11处低洼棚户区和危旧房屋改造工程陆续全面开工,多数项目已完成主体或大部分主体。

西安城墙内的改造,始于20世纪90年代,疯狂于2000年,至今没有停止。贾平凹是位经常在西安城市漫游的作家。"今冬无事,我常骑了单车在城中闲逛。城市在改造,到处是新建的居民楼区,到处也有正被拆除的废墟,我所熟悉的那些街,那些巷,面目全非,不见了那几口老井和石头牌楼,不见了那些有着砖雕门楼和照壁的四合院,以及院中竹节状的花墙和有雕饰的门墩。怅怅然,从垃圾堆里寻到半扇有着菱花格的木窗和一个鼓形的柱脚石,往回走,街上又是车水马龙,交通堵塞,真不知是该悲还是该喜。"①有了这样的生活阅历,以及生活感受,写与城市改造有关的作品也是必然的。贾平凹的长篇小说《土门》是和西安城中村改造有很大关系的作品。城市要发展就必然要拆迁,而拆迁意味着旧的要消失,传统的生活方式要改变。《土门》描写的是城市化进程中城市对乡村的吞并,后记里,贾平凹表明自己写《土门》的用意:"土与地是一个词,地与天做对应,天为阳为雄,地为阴为雌,《现代汉语词典》上这么详细地解释过了,将土和门组合起来,我也明白了《道德经》为什么说'玄之又玄,众妙之门'的话。"②无疑,作家以《土门》为名来写一个西安城中村被拆除的故事,本是表明对乡村无比巨大的依恋之情。

大概2000年后,是西安城改最疯狂的年代。2005年,作家祝勇来到西安,看到西安城市一些民居的拆迁,他写下《十城记:中国城市的历史性伤痛》一著。在这部著作中,西安只是这十座城中的一座而已,但在全国众多城市里祝勇选择西安,可见西安在中国城市中的重要地位。祝勇在书

---

① 贾平凹:《贾平凹文集》第14卷,陕西人民出版社,1998,第448页。
② 贾平凹:《贾平凹文集》第10集,陕西人民出版社,1998,第432页。

第七章 西安这座城

中用一百年时间的长度来观照西安这座城市,他以在西安古旧书店淘到的一本《明清西安词典》为据,对照当代西安城市。在书中,祝勇将西安这部分内容命名为"被篡改的地图",笔者认为这是按照《明清西安词典》这张图来索现实西安这匹骥,发现旧有的西安城市地图被篡改了。"柏树林拆迁工程使我看到了一百多年前的老房子,那些被低矮杂乱的简易房遮蔽的部分逐一显现。这是一个有趣的悖论。为此我似乎应对这些破坏行为心存感激,否则我将与这些老房子彻底无缘。如果时间赶得巧,我还可以目睹一座完好如初的旧宅,雕砖、窗栏板无一损坏,仿佛刚刚建成,表达着它永不消逝的决心。但这只是我的幻觉,它将在我下次到来的时候变成一片瓦砾。在原来砖雕的位置上出现的,将只有一片污浊的尘埃。那座旧宅将只存在于文字与胶片的描述里,而那条即将面目全非的崭新马路,将对我们的描述理直气壮地提出疑问。"①在西安的日子,祝勇几乎每天都要到柏树林去一次,并与柏树林的居民成为朋友,这样可以精确地记录下城市拆除过程,可以把拆房当作建房的逆向过程。

百年老宅、民居的拆除令人痛心,陪同祝勇前来的吴霞讲:"柏树林的老房子还不是最好的,最好的在西大街上,以及夏家什字、甜水井、四府街、东西举院巷、南广济街、五味什字、开通巷等地(开通巷就在柏树林边上,夏晓雷带我们去了那里),那里原有许多大户人家的宅子,远比柏树林的民居富丽堂皇。"②夏家什字17号院是陈树藩的府宅,陈树藩是近代西安的风云人物,任督军时在西安私人出资创办成德中学,送年轻人出国留学,还在安康创办小学。他的府邸即是督军府。该院落坐北面南,三开间三进院落,非常富丽堂皇。然而,20世纪70年代后期,当作家陈长吟到夏家什字时,南边的一排四合院已经拆除了,盖成简易楼房,北边的那些大院还在,但是门口成了菜市场。90年代,夏家什字也要拆除了。2002年12月30日,督军府宅收到西安市拆迁办通知,要求7日内自行搬迁……陈长吟在文中写道:2004年4月18日,"老宅已变成一片废墟,

---

① 祝勇:《十城记:中国城市的历史性伤痛》,东方出版社,2013,第73页。
② 祝勇:《十城记:中国城市的历史性伤痛》,东方出版社,2013,第77页。

被人强行拆毁了,那些完全可以留存的传统风格的雕花构件等建筑材料有的被拿走,有的被破坏。最后只剩下两棵百年梧桐树孤零零地站在那儿,它们被转移到小雁塔文物保管所内去养护了"①。西大街督军老宅的拆除是西安城市改造最大的痛。对城市老居民来讲,城市开始变得陌生,老街区、老建筑,甚至很多重要的历史文化建筑消失了。新建筑以异样姿态出现,城市环境意义由此改变。

城改是中国城市现代化进程的一种独特现象。改变城市面貌,让城市焕发出欣欣向荣的精神,这自然是不容置疑的事情,但问题是,中国的城市化必然就以牺牲历史建筑为代价而获取城市新颜或者城市的生机吗?最富有中国特色的民族式建筑凝聚着民族的记忆,也是标示一座城市与另一座城市不同的地标。城市化改造已让中国的大小城市日渐趋于相似,在千城一面的情形下,我们很难保持一座城市的文化个性。

历史文化名城不同于一般城市,有着独特的文化内涵,而这些文化内涵又是在特定的人文、自然环境中形成,这就需要我们既要保持历史文化名城的面貌,也要充分考虑塑造其文化内涵的个性优势。2017年11月24日,"西安的远见——2017年西安北院门地区保护提升国际学术研讨会"召开,世界著名建筑大师矶石崎新先生表示:希望与建筑师、规划师、社会人类学家和艺术家一起,在充分尊重宗教、文化和生活方式的基础上,提出对得起这个时代和这片土地并富有前瞻性的设计方案。

第三节　城市生活与文化

对于城市,历史地理学家看到城市选址、布局,经济学家看到金融贸易,作家关心的是城里人的生活和文化,每个人都是按照自己特定的文化规范来看待城市生活的。在笔者看来,一个人的生活是个人经历,一座城市大众的生活就是城市文化的载体。

---

① 陈长吟:《岁月长吟》,西安出版社,2009,第46页。

一、市井与街巷

所谓市井,有市场,也有水井,有市场可商业贸易,有水井利于老百姓日常生活。市井构成城市生活最琐碎,也最温馨的一面。在西安,市井生活是作家最乐于表现的,他们的目光基本上集中在小百姓身上,菜市、人市、鬼市等各种市场在他们的笔下呈现出来了。

贾平凹的《十字街菜市》描述的是20世纪80年代西安的一个菜市。这个菜市在一片开阔的地方,有人放起菜担子,接着便有七八家,很快就形成一个菜市,十字街口的菜市,"城南的农民来市,带着韭菜,香菜,菠菜,莲菜。城东城西是工厂区,空气不好,农民来市的,带着白菜、萝卜、土豆。城北的地势高,长年缺水,青鲜菜蔬是没有的,却养鸡育猪;农民且耐得苦力,将豆子磨成豆腐,将红薯吊成粉丝"①。贾平凹熟悉西安几大区域的地理布局,也了解城南、城北、城西、城东的物产。有物产就有商业贸易,有贸易便有流动在集市上的人群。贾平凹描绘菜市上各色人物的千姿百态。时髦男女在人窝中吃烤红薯、煮玉米棒。赶市最早的是老太太,最迟的是机关小干部,最不爱上市的是些知识分子。另有一种人,是想发财而没有发财的人。菜市上市场价格随着行情不断变化,改革开放初期中国城市的菜市便是国家处于社会变迁时期的晴雨表。

西安八仙庵(潘存娟 摄)

人市基本是由外乡人构成的一个雇佣大军,多数属于民工,有扛着木工泥工家具的匠人,有厨师如红案、白案,川菜、粤菜各异的烹饪技能

---

① 贾平凹:《贾平凹文集》第11集,陕西人民出版社,1998,第300页。

者，等等，还有坐在街头的补衣妇，他们是城市生活的边缘人，也是城市建设的参与者。作家和谷为我们描述了西安人市的状况。他讲："我想说的是人市，或叫劳务市场。城市的管理者们，并没有将此地段划分为劳务市场，便可视为非法。这些集结的人群，便时常受到驱赶，羊群一样被赶到这里那里。除了有上级检查团到来之前，有关部门出动数十上百的队伍，才能将这庞大的人群疏散，甚至动用车辆将他们从这里拖走抛到其他空间，这里才会显出空间与安闲。"①城市的自由劳务市场，来务工者穿行于城市夹缝之中。"他们想干活，凭劳动挣钱吃饭，期待被雇主相中，盼望端上饭碗，结束这守候街头的日子。他们不偷不抢，想进入这城市的生存秩序，被异乡之城接纳，或寻找到那个曾经丢失的岗位。他们是期盼等待的一群，焦虑却也无奈，既然守望，总相信他们想要得到的兴许会得到。"②深处底层，却满怀希望在期待，是城市的异乡人，却又渴望早早融入城市生活中，这大概就是20世纪80年代作家笔下描写的中国最早待雇的农民工了。90年代之后，伴随着城市化进程的不断推进，进城的农民越来越多。今天90年代出生的农民工已是农民工的主力了，这些人支撑着中国的城市化建设，改变着城市面貌。

　　道路是城市的动脉，街巷是城市的血管。通过街巷可以到达任何你想去的地方，当然这里指的是步行，不包括有些地方汽车无法通过。有历史的城市街巷总是布满各种店铺，有着万种风情。20世纪80年代陈忠实在陕西省作协工作时，"整条建国路上只有一家食堂，在西南十字路街口，市商业系统下属的一家国营食堂，卖素面和肉面，还卖羊血泡馍，啤酒是散装的，两毛钱一碗，碗是粗瓷黄釉的大号老碗。已是专业作家的我仍住在乡下，每逢奉召回作协开会，中午便在这里花两毛钱买一碗羊血，一毛钱买两个烧饼，奢侈时再加一碗啤酒，五毛钱下了一回馆子，心满意足。那时候的工资是六十块钱，收入和消费正好合适。几年间，这条街上高档酒店和风味小吃店竞相开张，门面也越换越新，灯光亦越换越亮，价钱自然

---

① 和谷：《和谷文集》第3卷，太白文艺出版社，2006，第111页。
② 和谷：《和谷文集》第3卷，太白文艺出版社，2006，第111页。

也是越来越高,然而食客仍然涌现不断。那家卖羊血泡馍的低矮的食堂作坊早已被高楼所代替,刘家兄弟开了家令人忍不住冒险欲望的蝎子酒宴。民航售票处、证券交易厅门前,如涨潮和退潮的人群标示着股票行情和股民的忧欢……无论如何,在我喝着大碗啤酒嚼着大碗羊血泡馍的那几年里,无法料知股票会在我们的社会生活总牵扯人们的忧欢"①。

20世纪80年代的西安街市一瞥在作家的描述中凸现出来。陈忠实记叙的这条街是陕西省作协所在地建国路。这里商号满街,饭店琳琅满目。如果沿着记忆之河溯流而上,陈忠实还记得70年代中期以前的西安四条大街上,"骡马拉的大车畅行其道,仅仅要求每匹牲畜的屁股下设置一只接纳粪便的布兜,而尿是可以任意撒的。再追溯到50年代中期,我在东关读初中的头年冬天,每到傍晚,铺天盖地的乌鸦在天空盘旋,凄丧的叫声令人毛骨悚然,蹲在操场上晚餐的学生们,常常会被从天而降的排泄物所击中,或头上或身上或饭碗菜碟里。这些乌鸦夜栖在东门楼层叠的木檐下,天明又飞到城外去觅食了。那时候的东门城楼漆彩剥蚀,塌檐断瓦,像一个风烛残年衣履残破的老人"②。如今,这种鸟雀栖息在高层建筑檐下的情景常常在钟楼傍晚时分见到,总是一群飞翔而起,一群又兀地飞下,也算作钟楼一大景观吧。

作家笔下出现的四府街是西安城内文化古迹遍布的地域。从20世纪90年代至今,高亚平常在这里经过。"四府街是西安城内一条南北向的小街巷。它南起小南门,北到琉璃街,也就一公里的样子。但就是这牙长的一条小街巷,也是以五星街十字为界,分作了南四府街和北四府街。南四府街主要是机关单位,有省财政厅、西安日报社、交警三大队等;北四府街则主要是一些小店铺,印象里,似乎以铁器店为主,当然,也有别的店铺,诸如皮革店、洗衣店、饭馆、理发铺等。"③四府街名气之所以大,不仅是因为这些店铺、政府部门,还在于"四府街和许多东西向的小街巷

---

① 陈忠实:《陈忠实文集》第6卷,广州出版社,2004,第102-103页。
② 陈忠实:《陈忠实文集》第6卷,广州出版社,2004,第103页。
③ 高亚平:《长安物语》,百花文艺出版社,2017,第14页。

相通,他们从南向北,西面的依次有报恩寺街、冰窖巷、五星街、梁家牌楼;路东的则有太阳庙门、五味什字、盐店街。单听这些名字就知道,这些街巷都是一些有来历的地方。譬如,冰窖巷就是王府昔年藏冰的地方,盐店街为西安市过去买盐的地方,而五味什字则是卖药材的地方"①。作家如同导游一般将近在手边的商铺、店面介绍给读者,绘制出来一张城市地图,浮现其上的是经由作家体验的日常市井生活。

书院门街是固定的文物古董市场,是西安城内一条比较早的文化街,位于南门东侧,明代修筑的南城墙之北,是由南大街通往碑林的要道。作家朱鸿描绘过这里:"书院门实际上是一条街,或一条路,其东起安居巷南口,西以永宁门里环岛为界,长大约三百余米,西安人都熟悉的。它的大致方位是,进永宁门东行,或从三学街西行,皆可至也。"②书院门一带原为唐长安皇城太庙所在,唐末韩建筑城后,逐渐成为民居,万历年间(1573—1619年)因关中书院而得名。关中书院乃明代著名大儒冯从吾讲学之处。冯从吾乃明神宗万历年间工部尚书,长安人,曾著有《关学篇》,在朝党派斗争失败后,解职回到故乡,在宝庆寺讲学。后因学生日益增多,陕西官员为其在宝庆寺东修建书院,取名关中书院。今天的书院门街比邻明城墙,街门前有唐宝庆寺华塔,街内有明清关中书院、于右任故居、西安碑林博物馆等重量级文物景点,还有深藏不露、幽深静谧的传统民居建筑,街内商铺出售文房四宝、文玩玉器、名人字画、工艺礼品,是充盈在文化氛围中的著名街巷。

书院门街对面便是湘子庙街,里面有湘子庙。湘子庙建于宋,盛于元明,全真道观,传说是八仙之一的韩湘子故居。西安的街道犹如棋盘,东西经南北纬,相交相垂,横平竖直,湘子庙街却别具一格。德福巷我们前面介绍过,是一条斜斜的小巷,北接粉巷,然后一路向东南方向斜去,一直通往湘子庙街。湘子庙街比粉巷还小还窄,不到三百米,却别具风情。"整个小巷街道纯用青石铺就,街两边也种的是绒线花树,透过稀疏的树

---

① 高亚平:《长安物语》,百花文艺出版社,2017,第17页。
② 朱鸿:《长安是中国的心》,生活·读书·新知三联书店,2013,第295页。

枝,可以看到,街两边全是茶楼、咖啡屋、酒吧。这条小巷虽处于闹市,却无车马的喧哗,显得极为宁静,且有一种悠闲的浓浓的文化氛围。夏日午后,一个人走进茶楼,选一临街的座位坐下,泡一壶茶,然后挥去服务生,静静地品饮,想想心事,想想自己心仪的人;或者,拿一册有趣味的书,边啜边读。"①湘子庙这个地方,因先有湘子庙,人们绕道而行成街,捧庙而居成巷。西安城市的这些著名街巷透显着一种文化气,充溢着浓郁的悠闲的生活气息。这份作家们展示出的城市的气定神闲,似乎可以与老北京相比,那是千百年来历史文化熏染下的民众所拥有的雍容心态。

二、杂志与文坛

自然,一座历史悠久的城市,里面必定住着许多文人,他们写写画画,或者办办杂志,逛逛书店集市,这个城市的文化便在他们的手中诞生一部分。陈长吟是陕南安康人,1991年调入西安。从此,他像波德莱尔笔下为作家在城市所定义的身份为流浪汉一样,漫步街市,他发现莲湖巷竟然是他的最爱,若干年后,遂把在这里的丰富感受写成一篇《莲湖巷》散文。他庆幸小小的莲湖巷里有自己的居所和位置,赞赏每逢夏季,莲池里荷花盛开,芳香宜人,而最吸引他的是莲湖巷,"远离商潮的逼压,洋溢着文学艺术的专业气氛"②。

莲湖巷的名气还在于:一是文学青年们钟情的圣地,全国各地前来拜师求教的人不少;二是这里先后出版了两种著名的文学杂志《长安》和《美文》。《长安》杂志1980年创刊,凭着新锐之气与当时的《青春》《青年作家》《广州文艺》一起被称为市级文学刊物中的四小旦。和谷曾撰文《忆长安》记叙了当年创办《长安》的过程和人事。《长安》是西安市文联办的《工人文艺》复刊后更名的杂志。编辑部在教场门,那时西安作家协会成立,办公场所设在钟楼社会三路一个居民院子里,市文联也搬到这里办公。《长安》杂志编辑部里有一大批西安文化人,先后担任主席的有老诗人戈壁

---

① 高亚平:《长安物语》,百花文艺出版社,2017,第21页。
② 陈长吟:《山河长吟》,太白文艺出版社,2008,第8页。

西安荷花

舟和老戏剧家杨云愚、剧作家黄悌。和谷去时由沈蕴敏（杨笑岸）、宁克中（白浪）先后任主编。小说组组长是贾玉森，和谷是编委兼副组长，编辑有杨振邦（杨小一）、丁洁、商子雍、贾平凹、赵淼；评论组组长姚红，副组长李建民，编辑邢小利；美术编辑李志栋、石果；诗歌散文组组长由编委田琳（沙陵）兼任，编辑李志清、杨小敏、王大平。

　　长安自古诗歌地，新时期许多文化人都在《长安》上发表过文章。胡风、阿垅、鲁藜、孙钿、彭燕郊、冀汸、曾卓、杜谷、绿原、胡征、芦甸、徐放、牛汉、鲁煤、罗洛等人的作品连续在《长安》推出。和谷与牛汉的交往甚是密切，曾得到过几本"七月诗丛"，尤其喜欢胡风编的《彩色的生活》。和谷还着重描写了在《长安》编辑部和许多当代作家的交往之事。1982年春，汪曾祺、林斤澜、刘心武、孔捷生一行来到《长安》编辑部，大家一起挤公交车在西安城内四处游逛。次年夏天，《长安》编辑部邀请老作家萧军来西安。萧军讲自己重返西安，想寻找四十多年前留在古城的足迹，因为"那年他应丁玲、聂绀弩之约参加西战团来到西安，与萧红双方同意而分手，之后去了兰州。另一次来西安，与舒群自重庆转经这里上了延安"[1]。老作家萧军追忆的正是当年他和萧红、端木蕻良之间的往事。后来，莫言、顾城都曾来西安做过客，《长安》俨然成了陕西作

---

[1] 陕西白鹿书院主办《秦岭》秋之卷，2013年，第50页。

家协会《延河》之外的一个文学中心，吸引了一大批当代名作家。

围绕在《长安》周围，老诗人沙陵呵护破土诗社，扶持了岛子、王大平、子页、杨蕾、杜爱民、朱文杰、商子秦、渭水、杨绍武、刁永泉、沈奇等一批当时的青年诗人。贾平凹成立了群木小说社，陈忠实、张敏、周矢、叶广芩、孙见喜、郭培杰、晋川等是教场门的常客。与写散文的李天芳、刘成章、李佩芝等也来往频繁，西安的散文作家因《长安》形成一股文学劲旅。那时候《长安》编辑部宾客盈门，大家畅谈文学信息，谈写作，说读书，饭时到巷口吃一碗羊肉泡馍，喝几口酒。谈新时期解冻的林语堂、周作人、张爱玲、梁实秋、胡适等人的作品，外国的作家如弗洛伊德、叔本华、海明威、川端康成、东山魁夷、夏目漱石、马尔克斯、略萨、聂鲁达、茨威格、蒲宁、汤因比、阿斯塔菲耶夫等也纷纷被介绍到西安文坛上来。显然，围绕在20世纪80年代的《长安》杂志周围形成了80年代西安文坛一片欣欣向荣的局面。

20世纪80年代后期，市文联的办公地址从社会三路迁往大莲花池街莲湖巷二号。随之，《长安》编辑部也随文联迁至莲湖巷二号，在北边三楼办公。1988年，《长安》杂志因为刊物改革，实行承包经营，重新组合编辑人员，竞聘主编，一时闹得满城风雨。《长安》十年，终于落下帷幕，曲终人散。和谷决定离开莲湖巷，到海南岛去发展，在那里他创办了《海南法制报》及《特区法制》杂志，流落天涯，在岛八年。2000年之交，和谷重返西安，去寻访《长安》旧址，吃了一碗教坊门的饸饹，钟楼社会三路的小院已经荡然无存，莲湖巷亦是物是人非。"当年《长安》编辑部的老同事，死的死，病的病，离散四处，天各一方，一个时代结束了。时光不再，由不得想起唐人杜甫的诗句，感叹一声'遥怜小儿女，未解忆长安'。"[①]20世纪80年代的中国社会改革浪潮，在《长安》杂志创刊、改刊一事上可见一斑，《长安》编辑部文人的命运可见当时社会各种风潮涌动。

1992年，《美文》杂志创办，举起"大散文月刊"旗号，以厚重广阔内容，高雅大气品位，清新脱俗面貌，在文学界刮起大散文之风，受到读者欢迎。杂志至今已出版了20余年，像一棵常青树，被喜爱它的读者拥戴入眼。

---

① 陕西白鹿书院主办《秦岭》秋之卷，2013年，第57页。

于是，小小的莲湖巷散发着浓郁的文化气息，拥有一支庞大的文人队伍。其中最著名的莫过于贾平凹，还有老作家权宽浮、诗人沙陵、子页、叶广芩等都曾在这里工作过，并且写出了影响深远的作品。无疑，莲湖巷是西安一处人文胜地，它与工作在这里的文人们构成了西安城市文化丰富多彩的内容，故此，值得大书、特书一笔。陈长吟在他后来获得冰心散文奖的《莲湖巷》一文中写道："莲湖巷注定是要在历史上留名的，这是有原因的。找莲湖巷的人，有一多半是冲着贾平凹来的。……可以说，贾平凹是从这小小的莲湖巷里走出去，走向全国、走向世界的。在他那闻名的小说《废都》中，就有关于莲湖巷及文联大楼周边地理环境的勾勒，有《西京杂志》编辑部的故事，有来去匆匆文化人身影的速写。……莲湖巷外边是大莲花池街，再往南走是麦苋街、大皮院街、北院门街，这一带系西安城内著名的回民坊，传统风味小吃集中区，洋溢着浓郁的伊斯兰文化特点。除了闻名的羊肉泡馍，还有羊肉小炒、水盆羊肉、灌汤包子、砂锅饺子、牛肉面、八宝粥、烤肉串、肉丸胡辣汤、蜂蜜凉粽子等，有时候上午开完会，大家就在附近填肚子。周围数十家饭馆，让我们吃遍了。平凹还带外地来的客人，也在巷外品尝地方特色。那小吃街上有些饭馆的名称，还是他给题写的。"①

贾平凹后来离开《美文》，但《美文》在全国的影响力至今不衰，成为西安文坛"重镇"，也是中国当代散文一个重要平台。贾平凹在《〈美文〉三年——在编辑部会上的讲话》一文说得清楚："我们办一份刊物，不仅是要让这份刊物立身活俗于国内刊物之林中，更重要的，还要为当代文学做出我们的贡献。《美文》创刊时，我们明确说出这种野心。三年以来，我们努力实践着，企图使我们的话不落空。现在看来，我们做到了一些，但成绩还是不够。"②《美文》当年提出"大散文观"在全国引起很大的反响，"大散文观"也成为新时期以来中国散文一重要理论。这一理论的提出，无疑是散文界的一次革命。1992年《美文》创刊时，散文在全国并不走红，办刊也颇为艰难，但是《美文》坚持20余年，创作出了许多

---

① 陈长吟：《山河长吟》，太白文艺出版社，2008，第5页。
② 贾平凹：《贾平凹文集》第13集，陕西人民出版社，1998，第265页。

富有真情实感，在全国影响大的作品来，推动了中国散文发展。

三、漫游与淘书

文人是一座城市的灵魂，他们创造城市文化，也在消费城市文化。漫游与淘书构成他们生活中非常有趣的两件事。陈长吟在小南门里四府街上曾购得一居室。居住在这一居室，"东边的朱雀大道宽阔流畅，直贯南山；西边的含光大门雄壮巍峨，左右洞开；只有中间这条四府街是老样儿，狭窄拥挤。不过，四府街大树夹映，绿荫成片，凉爽宜人。街道两边有羊肉泡馍，驴肉火烧，饸饹面，八宝饭等各种小吃；有杂货铺，五金店，超级市场等各种门面；还有医疗站，猫狗舍，以及玻璃门中间留着一条缝儿的美容美发美体院等各种服务行业。可谓五味杂陈，甚或气息充盈。"[1]作者以游转的方式阅读城市，阅市中他们一路浏览各种街市景观，了解市井杂陈。陈长吟漫游西安街巷，慢慢地他发现了守心的城墙，指路的钟楼，案板街是一个声色味俱全的街市，易俗社承载了百年中国戏剧的历史，至今仍是西安重要的演艺剧场、文化活动空间。西南城角有个无极古玩城，一溜儿二三层高的仿古建筑，楼前的拴马桩、石狮子、石门墩、旧木车，散发着旷古幽香，地面小摊铺展览的全是文物古玩，几千年的民间遗存在这里都可以找到。

南院门里有个"西安古旧书店"，这家书店最早的起源可以追溯到前面提到的公益书局，后改名为酉山书局，由陕西早期的同盟会成员焦子静、张铣集资创办，经营书报纸张，还开有印字馆，亦为同盟会的联络地点。古旧书店的建立，离不开当时西安文化界的阎家。阎家指的是著名古字画、文物鉴赏家阎甘园和他的儿子阎秉初。阎甘园是民国时期陕西蓝田县大收藏家，1924年鲁迅在西安曾与他有一面之缘。1947年其子阎秉初在西安南院门独资开办艺苑斋文物古玩店，经营字画、文物、古玩，解放后开设了和平古旧书店，1956年公私合营，和平古旧书店和其他几个店铺一起合并成了西安古旧书店，归属新华书店，成为西安市唯一能够收购、销售古旧书的单位，此外还收藏碑帖和字画。

---

[1] 陈长吟：《岁月长吟》，西安出版社，2009，第49页。

笔者在西安古旧书店前（宋鸿雁　摄）

　　陈长吟最喜欢逛古旧书店。在这里可以买到些古人的印章，像袁枚刻有"江山风月"的印章就是在此淘得，陈长吟知道这是袁枚五十二岁时留下的作品，大概是想表达自己想过一种自由而随意的壮游生活。在这个书店，陈长吟还淘到一些珍贵的旧书籍，如《古代十大散文流派》，法国作家克劳德·西蒙的《弗兰德公路·农事诗》。也许作家们不会在某个书店不期而遇，但是西安古旧书店的盛名却使诸多作家慕名来到店里，在这里寻找到喜欢的书。外省作家祝勇在2005年时也来到西安，"我在西安古旧书店发现了这本书（《明清西安城市词典》），在一堆红红绿绿的打折畅销书中。这本朴素的辞书将带着我走进明清时代的西安。……我曾经6次到过西安，对于在大街小巷中穿行充满偏爱，但我对于这座城市的了解在这六千多个陌生的词条中消失了。它们描述的几乎是另外一座城市，与我脚下的这座城市仅有几处相同的地名，除此之外，我对它一无所知。时间的冲突清晰可见，100年前的城市，对我而言已形如迷宫。它2000年的深度更使我的旅途变得焦虑、暧昧和离奇。只有那张脆黄的、即将从书页上脱落的地图让我嗅到了那座城市的味道，浮动在阳光、熏香、衣料与尘土之上,与目录中每一个单词有着隐约的联系。那些费解的词语如同布满缺口的街巷向我发出邀请"①。用这么长篇幅描述作家祝勇通过一本在古旧书店买到的《明清西安城市词典》进入西安这座城市,目的想说明一本关于城市的词典实际便是城市的旅游手册,游客往往有按图索骥的浓厚兴趣,而在按图索骥中,作家发现了城市的变迁、岁月的流逝,许许多多书籍词典上记录的城市建筑悄然消失了。

西安古旧书店内景(宋鸿雁　摄)

与祝勇外来者身份不同的是,高亚平在西安漫游30余年,在《粉巷》里也写过这家古旧书店,透过南院门广场前的绿树,就可以看见西安古旧书店蹲踞在那里。古旧书店20世纪20年代就已经存在了,鲁迅先生为其题写了匾额。1924年,鲁迅先生应邀来西安讲学时,曾先后题写过三块牌匾,一是为西北大学题写的校名,二是为西安易俗社题写的"古调独弹",三就是为西安古旧书店题写的店名了。这家书店以经营古籍类图书为主,兼营一些碑帖类的书籍,书籍层次高,一直为西安的学界和读书人所推重。"古旧书店门脸不大,有三四间铺面那么大,中开一门,门头高悬一匾,上书由鲁迅先生题写的店名:西安古旧书店。字是雕刻上去的,

---

① 祝勇:《十城记:中国城市的历史性伤痛》,东方出版社,2013,第70页。

黑地绿字，不扎眼，和房屋上的青色小瓦搭配起来很协调，显得典雅而庄重。……二十多年下来，我家里已聚集了三四书架书，这些书，最少有一半就来自古旧书店。我所喜欢的汪曾祺先生的《蒲桥集》《晚饭花集》《受戒》《旅食集》《晚翠文坛》，以及《史记》《汉书》《三国志》《聊斋志异》《东坡志林》等，都是陆续从古旧书店购买的。因为去得勤，便也有空手的时候。在书架前转悠了半天，结果一无所获。不过，这种情况不多。"①一个城市的文化往往可以通过书店呈现出来，西安有名的书店不少，南郊的汉唐书店规模宏大，曾经盘踞在小寨的万邦关中大书房也颇具特色，后来迁移，不久就重建在大兴善寺对面。一座千年名刹与一座颇具特色的书店比邻而处，也算别有情趣。古旧书店的特色就在于一个"古"字，浸透了老城的历史沧桑感。从1908年古旧书店的前身公益书局到今天，这座书店已经有了110多年的历史。

逛过古旧书店，高亚平还会顺着粉巷东行，找一家茶楼坐坐，比较喜欢的还有一处是文昌门的博文书店。"这家书店虽然不大，但店里经营的书籍却极有品位，学术、史料价值高，很合我的胃口。几年间，我先后在此购买了五六十种书，计有《大家小书》《张大千家书》《板桥论画》等。这些书几乎成了我的枕边书，许多的长夜里，就是这些书籍陪伴我度过的。"②文人以读书为乐趣，书店滋养了这座城的文人；反之，这座城的文化人又为这座城创建了更为丰富的文化作品。

笔者相信文学对于文化形态及其所包含的文化关系的把握，有时比之史料的铺陈更有价值。陈长吟、高亚平写西安都市文化，更写生活在这座都市的文化人的种种生活情境。民国以来的西安城市历史变迁，日常生活场景在他们的描述下如同一轴画卷展现出来。淘书、收集印章、街市散步，写些有关西安城市文化的文章，这一切便构成这些作家们的生活艺术。

---

① 高亚平：《长安物语》，百花文艺出版社，2017，第20-21页。
② 高亚平：《长安物语》，百花文艺出版社，2017，第40页。

四、食蔬与美味

不过在有精神食粮之前，得先有物质食粮，民以食为天。作家们更乐意在字里行间表现西安的饮食掌故，这是生活的艺术，而讲饮食得先从食粮开始。陕西是中国农耕文明重要发祥地之一，对于农业生产劳动，以及粮食作物的描写更是作家们所青睐的内容，他们在自己的文章里不厌其烦、津津有味地讲述关中地域的农作物生长、收获，以此更能反映出以西安为中心的关中地域是中国农耕文明核心地域这一个性。

在汉时，我国主要的粮食作物是五谷（《礼记·月令》《汉书·食货志》）或九谷（《周礼·天官·大宰》）。五谷分别是麻、黍、稷、麦、豆，朱鸿在他的《长安是中国的心》一著中描述了黍、稷、稻、粱、小麦、大麦、荞麦、谷子、玉米等农作物。"黍为一年草本植物，叶子线形，秆有毛，圆锥花序破密，穗弯，分枝倾斜，子实黄，碾而去皮为黄米。黄米是黄米，小米是小米，还不一样。黍分饭黍和酒黍，饭黍不黏，酒黍黏。饭黍唯关中有之。"[1]有人认为稷是黍，有的认为是粟，周人诗里常出现。朱鸿出生在少陵原，从少陵原南坡至樊川，下少陵原西坡至韦曲，春夏之交，遍地是稻。稻生水中，水润稻壮，间以蝶飞、蛙鸣，莲叶绿，荷花红，仿佛北方的一片玄境。也就是讲关中虽然种黍，但是由于少陵原、白鹿原等原坡已经接近秦岭脚下，秦岭山中的溪水从山上流淌下来，形成了樊川、韦曲这一域水田遍地的自然景观，故此这里也种稻。除却黍和稻谷，在长安最主要的粮食便是小麦。"长安的小麦一般是在农历八月底至九月初播种，几天以后萌芽，无穷无尽的黄壤便一片嫩绿。施以粪土，从而让小麦温暖过冬，顺利分蘖。怕小麦长荒，农民不惜放牛，放马，放羊，放猪，以撅断叶子。明年农历二月二，小麦便骤然返青，起身，一场雨，一节高。自农历三月开始，又是孕穗，又是扬花，又是灌浆，四月初便渐渐黄了。阳光灿烂，至四月底就可以动镰收割小麦

---

[1] 朱鸿：《长安是中国的心》，生活·读书·新知三联书店，2013，第427页。

了。"①朱鸿描绘出关中平原荠麦青青的图景,这是关中特有的田园风光。显然,这些农裔出身的作家,对田园,对粮食、菜蔬有着极为深厚的感情。

据载,上古之时,中国蔬菜种类很少。《诗经》里提到了132种植物,其中只有20余种可以用作蔬菜。日常我们所说的五菜指的是葵、藿、薤、葱、韭,有的文献还将葵尊为"百菜之首"。汉代诗歌里描写菜园,劈头就是"青青园中葵",可见葵在古人的餐桌上很重要。而魏晋人提起蔬菜,会说"霜蒿露葵",或者说"绿葵含露",《齐民要术》还专门专章讲葵的栽培技术。藿是先秦时重要的蔬菜,是大豆苗的嫩叶,今天已经很少有人拿它当菜吃了。至于薤、葱、韭是荤辛类的蔬菜,居延简中记载,在某个亭中种植有十二畦菜,其中七畦种葵,另外五畦种的是葱和韭。韭是我国原产,早春嫩韭,温而宜人,为世所珍贵。到宋代此物已经相当珍贵了。苏轼有诗云:"渐觉东风料峭寒,青蒿黄韭试春盘。"长安蔬菜在陕西这些农裔身份的作家那里,描写最多的是荠菜,不过这已经是野菜了。在现代人的餐盘里,讲究野味、野菜。朱鸿在文中写了一个自称杜陵叟的老者,坐在台阶上卖荠菜,很快便被太太、少妇们挑选走了。接着回忆起少时在乡下挖野菜,从荠菜中领略的是苦涩以及苦难,家乡的体味和情感在荠菜回忆中展开。普通菜蔬在高亚平的点染下可变成佳肴美餐。口腹之美与作家的惬意生活、乡村经历有极大关系,高亚平写吃茄子的香美,有很深的生活观察和体验。荠菜有春荠与秋荠之分。他说食秋荠为上,春荠为次,这种吃法可见精细。吃茄则以凉拌为佳。"凉拌茄子的做法很简单,先上锅将洗净的整个茄子蒸熟,剥去皮,将茄肉一绺一绺撕下,堆入盘中,加蒜泥、油泼辣子、葱花、盐醋、麻油,拌匀即可。下酒亦妙。"②

不言而喻,吃是情致,也是文化。农耕文明与人的饮食生活紧密相连,食物由生产到食用,经历了从果腹到文化,再由文化提升至艺术的层面。这不仅是文人雅士才有的闲情逸致,也是大众生活日益美好的体现。

---

① 朱鸿:《长安是中国的心》,生活·读书·新知三联书店,2013,第429页。
② 高亚平:《长安物语》,百花文艺出版社,2017,第101页。

第七章　西安这座城

湘子庙街里的地方饮食（宋鸿雁　摄）

在城市如果没有饮食美味，那还有什么生活趣味呢？生活的趣味其中很大一部分是餐饮，这在古代是关乎中国人礼仪的内容，而今天又和每个地域丰富的文化联系在一起。每位作家对于西安的饮食小吃有不同的认识。和谷讲，羊肉泡馍的香和耐实，是游牧与农耕文化融合的效用。陈忠实则开列出一个关中食谱。第一道饭食是真正的绿色食物麦饭。"苜蓿芽儿用水淘了，拌上面粉，揉、搅、搓、抖均匀，摊在木屉上，放在锅里蒸熟。出锅后，用熟油拌了，便用碗盛着，整碗整碗地吃，拌着一碗玉米糁子熬煮的稀饭，可以省下一个两个馍来。"[1]第二道便是久吃不厌的搅团。"把新磨下的苞谷面儿，在滚开的铁锅里抛撒，一边撒着，一边用木勺搅动。顺时针搅一阵子，再逆时针搅一阵子。苞谷面儿要一把一把均匀地撒下去，不匀则容易结成搅不开的干面疙瘩。灶锅底下的火不能灭断，灶下大火烧着，锅里撒着搅着，紧张而又热烈。"[2]接下来作家陈列出如许的关中花样面条：干面、汤面、柳叶面、臊子面、方块面、雀舌头面、旗花

---

[1] 陈忠实：《陈忠实文集》第7集，广州出版社，2004，第105页。
[2] 陈忠实：《陈忠实文集》第7集，广州出版社，2004，第108页。

面、乒乓面、棍棍面……还有那散落在作品中时时闪现的葫芦鸡、麻食、老鸹头。变化多样的面食显示了关中以麦为主食的生活习性，以面粉翻出的花样面食体现出一种多样中的统一，抑或统一中的多样性。

当然，这些大多数是老百姓家庭餐桌上的饭食，更有些作家喜欢讲究城市风味小馆的滋味。事实上，这种街头饮食也是市井文化的构成，经由作家之手调制成西安的另一种风味。高亚平讲，小南门内路西有一家葫芦头泡馍馆，葫芦头和梆梆肉好吃不贵。五味什字有一家手工菠菜面馆的油泼面做得特别地道。粉巷里的春发生葫芦头、牵人麻辣粉，都是一些很有特色的小吃。方家村里的老李家水盆羊肉很知名。碑林博物馆后面的老蒲城饭店、柏树林附近的魏家凉皮、木屋酒店，那里的凉菜、热菜都有特点。显然这种熟稔是将生活揉碎了浸泡在古城的岁月里，耐人寻味，谈得头头是道，品味得津津有味。

尽管口腹之乐里，西安街头饮食小吃不能与中国八大菜系相媲美，但在街头巷尾、小饭馆、自家厨房这些地道的地方小吃却代表着西安城市味道。贾平凹专门写过一篇《陕西小吃小识》，可做外乡人在陕西、在西安的饮食手册。牛羊肉泡，"将牛羊煮熟，切成碎块，在炒勺匀匀炒过，加汤放料，色清而存味……再将烤饼掰成碎末，倒入，滚成糊状，放香油香菜，盛粗瓷海碗"[①]。乾县锅盔，"关中八怪之一：烙馍像锅盖。盖为平面，盔为凸形，且硬，敲之嘭嘭，如石如铁。……锅盔铺里，卖主称馍不用手折，而以刀割，刀是长叶马刀，割是斜面消割，大显大家风度"[②]。如论面食，更是千奇百怪，渭南的乒乓面，长安的粘面，兴平的涎水面，三原削面、大荔拉面，各领风骚。那西安城墙下小商贩卖的镜糕，一分两半，如圆圆的两面镜子，沾糖滚粉面，吃起来非常有趣，以及西安饭庄的葫芦鸡，春发生的葫芦头、樊家腊汁肉、桂花稠酒、秦镇的凉皮，都成为作家展示城市生活丰富的内容，也是最招惹人喜爱的美食。其实，西安著名的美食文化街区是回民街。从钟楼向西100多米，穿过鼓楼门洞，就

---

① 贾平凹：《贾平凹文集》第11卷，陕西人民出版社，1998，第454-455页。
② 贾平凹：《贾平凹文集》第11卷，陕西人民出版社，1998，第483页。

进入西安回民坊历史街区。在朱鸿的《长安是中国的心》一著中,《北院门》一文提及了这里,介绍了这里的饮食、市井。该区域有年代不一的10座清真寺,约有2万回民依寺而居,著名的化觉巷清真寺和都城隍庙都在区内。

这些作家写西安饮食小吃不以山珍海味骄人,而以亲切家常暖心,这种平民姿态享受人生的趣味,恰恰看到西安城市生活悠然自得的一面,和那些描写家国、民族的文本构成鲜明对比,流露出浓郁的秦味,具有隽永的审美意蕴。

第四节 城市论

美国加州大学洛杉矶校区教授理查德·利罕在其所著的《文学中的城市:知识与文化的历史》中讲:"随着物质城市不断演进,文学——尤其是小说——对它的再现(represent)方式,也在不断地演进。喜剧现实主义和浪漫现实主义为我们提供了对商业城市的洞见,自然主义和现代主义为我们提供了对工业城市的洞见,而后现代主义则为我们提供了对后现代主义城市的洞见。城市和文学文本已然有着密不可分的共同的历史,对城市的阅读只不过是另一形式的文本阅读。"① 以此思想来看,可作这样推理:文学想象与文化记忆不仅可以帮助我们进入城市,更有意味的是,文学可以激活城市记忆,甚至还可以经由城市规划者策划,将一个在社会已经产生广泛影响的文本转化为一种物质实体存在,从而丰富城市文化、创造城市经济效益。这是作家对城市影响的一种形式,还有一种方式就是开诚布公地谈论自己的城市观点。对于西安这座城市来讲,历史悠久得让人无法想象,离开传统还能怎样去理解这座历史文化古城。而现代化的步伐对于西安来讲,到底已经进入到什么程度?

---

① 〔美〕理查德·利罕:《文学中的城市:知识与文化的历史》,吴子枫译,黄福海校,上海人民出版社,2009,第6页。

一、足球与西安

陈忠实对西安这座城市最大的贡献在于,激活了沉睡两千多年的白鹿原。在西安城南秦岭山脚下陈列着一系列的古原,白鹿原只是其一。但是,它周边的神禾原、少陵原已经与今天的白鹿原不在一个知名度上,原因就在于陈忠实的长篇小说《白鹿原》的巨大影响使现实的白鹿原家喻户晓。这些年围绕白鹿原进行了一系列文化产业开发。现在的白鹿原上已建成一个度假旅游村——白鹿仓。随着电视剧《白鹿原》的走红,白鹿原更成为西安城郊一处旅游名胜。每逢节假日,这里游人如织,就是平日到此来感受关中文化的城市人,也是络绎不绝。小说《白鹿原》产生如此强烈的社会效应,这才是真正意义上的地以一书传的典型范例。

可以肯定的是,作为一名最本色的西安作家,陈忠实居住于城,分享并陶醉于这座城市文化的和谐,同时又保持着知识分子的清醒意识。在散文集《走出白鹿原》里陈忠实表达了对西安乃至陕西文化的发展观,《俏了西安》《活在西安》《足球与城市》可看作其西安城市发展观的代表篇目。作家讲,西安俏了,俏得让那些老西安人常常发出喟叹。但是,今天的西安却不能和东部的发达城市相提并论,更不敢奢望唐时的高度文明、超级繁荣、自信雍容,"真是无可奈何花落去,废都的萎缩是不可逆转的"[①]。于是,作家提出:西安这座古今交融的国际大都市该如何发展?不言而喻,这是这座历史文化古城如何转变为现代都市的关键。"足球是动态的,有了足球的城市便添了动态的美。足球是一种进取精神最富激情的展现,有了足球的城市便呈现出锐意进取的精神。足球展示给世界的是一种生命的活力,有了足球的城市就多了一份生动。足球是属于年轻的生命的,有了足球的城市便不会老去。足球是地球上所有种族、各种肤色的人共同拥有的无需翻译的语言,有了足球的城市便具备了与世界城市对话的一种基本功能。"[②]陈忠实将城市发展

[①] 朱鸿:《关中:长安文化的沉寂》,商务印书馆,2011,第502页。
[②] 陈忠实:《陈忠实文集》第7集,广州出版社,2004,第99页。

与足球联系在一起,以足球的动感、锐意进取精神面向世界,展示一种现代化的城市发展观。因为只有在信息时代,人类才会拥有这种互动、交融的城市发展观。

在笔者看来,新的城市文化是一种有流动空间和地方空间之间的多模式界面展现出来的有意义的、互动交流的文化。城市一直都是交流系统,以个体或社区身份与共有的社会表现之间的界面为基础。从根本上说,如果作为文化特色之源的城市要在一种新的技术范式中生存下去,它就必须变成超级沟通的城市,通过各种各样的交流渠道(符号的、虚拟的、物质的),既能进行局部交流,也能进行全球交流,然后在这些渠道之间架起桥梁。从这个意义上讲,西安这座文化古城已不能是封闭、保守的城市,而是要谋求发展、拥抱世界的城市,它应似足球一样滚动着飞向世界球门。

二、馨香之城

与陈忠实对西安发展寄寓着开放、沟通的希望不同,在朱鸿看来,西安是一座润泽与馨香之城。我们从朱鸿那些写关中、西安的著作来看,发现他的目光大多停留在西安这座城市的历史文化上,并给予较多的肯定论断。他讲:"天下之城,各有其美,不过论软实力,似乎还是大的大,小的小。有的地方经济发达,容易致富,但生活起来却总欠舒服,甚至灵魂无寓,心有所失,常常显出一种紧张感、漂泊感。"[①]讲软实力即是从文化角度来看待城市发展。如果以软实力而论,西安无疑是一座大城市,西安文化有活的文化形态,表现为收藏、书法、唐诗,它们让西安生出巨大的文化魅力,也使西安成为人们的精神家园。这种精神家园在于西安为城,融于形胜、史迹和遗址之中,各种历史遗存与西安人朝夕相见。很多街巷是古人留下来的,因此,西安人昼发夜行,来来往往,踏的是汉唐人曾经走过的道路。这座城市有种种收藏协会,逢集,古玩市场便摩肩接踵,闲暇之余,约几位好友,吃茶,讨论玉质、陶饰和铭文,这种文人雅

---

① 贾平凹:《贾平凹文集》第11卷,陕西人民出版社,1998,第332-333页。

士的悠然自得情趣，恐怕只有在那些故国旧都里才会有的。汉字的艺术化是书法，西安城不仅文人雅士喜欢银钩铁画，公园里总能见一些人一手提桶，一手握笔，做大地书法家，而西安的大街小巷，饭馆、药铺、发廊、衣屋、客栈，也多当代书法家题的匾额，这座城市便融在文化里了。西安的文化软实力还在于官方的各种文化设施和机构，各类文艺奖项之颁发，会时常构成新闻、制造轰动，从而形成一种文化氛围。

毋庸置疑，朱鸿讲的西安文化是奠定在长安文化基础上的。长安是西安的前身，西安是长安的后世。虽然基本的地理空间比较接近，但是两者的内涵却有着极大的差别。西安的命名是从明代开始的，至今也有600年之久。谈论西安文化倾向于城市的近现代性，讲述长安文化着重于城市的传统文化意义。朱鸿认为："长安文化是以唐长安和汉长安为基石的并以其为核心的一种文化，在关中斯地，它的上线直通半坡母系氏族社会和蓝田人，它的下线径入正在创造着现代化和推动着全球化的西安人。长安文化在历史上是主流文化、官方文化，现在它虽然表现为区域文化、民间文化，然而它的一些元素也常常升华为主流文化和官方文化。长安文化有国粹的颗粒。"[1]有这样的认识，便将长安视为中国文化的重要组成部分，这座城丰赡的文化给予这座城里人一种馨香润泽的感觉。

三、中国魂魄

在陕西作家中，写西安最多的作家是贾平凹，散文有《西安这座城》《这座城的墙》《静虚村记》《五味巷》《耍蛇记》《河南巷小识》等，长篇小说有《废都》《土门》《高兴》《白夜》等。他在这些文本里反复表达西安是中国的魂魄，认为世界对于中国的认识起源于陕西和陕西的西安。因此，如果要了解中国的近代文明需要去北京，要了解中国的现代文明得去上海，而要了解中国的古代文明只有到西安。虽然西安现在已经失去历史上汉唐盛世的辉煌，但是因历史的积淀，它保留着中国真正的传统文化，最能代表中华民族的东西在汉唐，这些使西安具有浑然厚重的苍凉

---

[1] 朱鸿：《关中：长安文化的沉寂》，商务印书馆，2011，自序。

的独特风格,从而成为中国魂魄。为此他不止一次表白:"在全世界的范围内最具古城魅力的,也只有西安了。它的城墙赫然完整,独身站定在护城河上的吊板桥上,仰观那城楼、角楼、女墙垛口,再怯弱的人也要豪情长啸了。大街小巷方正对称,排列有序的四合院和四合院砖雕门楼下已经如铁的花石门磴,你可以立即坠入了古昔里高头大马驾驶了木制的大车喤喤喤开过来的境界里去。"[1]于是"整个西安城,充溢着中国历史的古意,表现的是一种东方的神秘,囫囵囵是一个旧的文物,又鲜活活是一个新的象征。……我不知疲倦地,一定要带领了客人朋友爬上城墙,指点那城南的大雁塔和曲江池,说,看见那大雁塔吗,那就是一枚印石,看见那曲江池吗,那就是一盒印泥。记住,历史当然翻开了新的一页,现代的西安当然不仅仅是个保留着过去的城,它有着同其他城市所具有的最现代的东西,但是,它区别于别的城市的,是无言的上帝把中国文化的大印放置在西安,西安永远是中国文化魂魄的所在地了"[2]。把大雁塔认作一枚印石,把曲江池当作一盒印泥,这座城的建筑胜景统统有了文化身份,这是对于这座城最好的诠释。

然而,在对西安充满爱意的描述中,贾平凹对于西安的态度始终是矛盾的。因为城市的经济发展、物质文化有利于人们获得更多的所需品,而城市文明也在侵蚀人的心灵。"城市是人市,人多了什么角色都有,什么情况也出,凡是突然能想到的事,城里都可能发生……数处的盲流人员集中地每日人头攒拥,就地吃住,堵塞交通,影响市容。"[3]不言而喻,随着人类社会的发展,拥挤、嘈杂、污染致使城市早已被异化了。

西安基本上是关中人的集中地,大平原意识使他们有排外思想,这也是西安趋于保守的一个原因,所以这样一座拥有深厚文化内涵、保守意识的城市,其他城市所具有的病症在这座城市都有。为此,四十年来,在小说中贾平凹对西安这座城基本上采取批判态度,这自然是一位作家

---

[1] 贾平凹:《贾平凹文集》第12卷,陕西人民出版社,1998,第381页。
[2] 贾平凹:《贾平凹文集》第12卷,陕西人民出版社,1998,第381-383页。
[3] 贾平凹:《贾平凹文集》第16卷,陕西人民出版社,1998,第203页。

应该拥有的一种文化姿态,而在现实生活中对于西安他又满怀感情。他讲,"自一九七二年进入西安城市以来,我已经无法离开西安,它历史太古老了,没有上海年轻有朝气,没有深圳新移民的特点。我赞美和咒骂过它,期望和失望过它,但我可能今生将不得离开西安,成为西安的一部分,如城墙上的一块砖,街道上的一块路碑。当杂乱零碎地写下关于老西安的这部文字,我最后要说的,仍然是已经说了无数次的话:我爱我的西安。"①

文人从来是城市腹中最难消化的人群,他们总是以文化艺术的表现或者主张宣告对于城市的排斥,然而他们却又是城市培养出来的知识分子,爱恨交加便是他们对于城市常有的态度。更何况西安的城市历史如此之悠久,背负的历史负荷也更沉重,因此,居住在城里的文人难免一方面对西安这座城爱不释手,另一方面恨之种种顽疾和守旧,但无论如何,西安作为中华民族的文化故乡的地位却是不可否认的。今天,西安成为国家第九个中心城市之际,我们应该更深入地理解西安在中国的地位和意义。2018年2月7日,国家发展改革委官网发布《关于印发关中平原城市群发展规划的通知》(发改规划〔2018〕220号),并同时发布了《关中平原城市群发展规划》全文,国家已经明确提出"建设西安国家中心城市",这是继2016年成都、武汉、郑州入选后,国家中心城市大家庭加入又一新成员。国家这一决定赋予西安新的定位。西安作为十三朝古都,它的丰赡历史文化是西安城市与其他城市所不同的城市内涵,西安在中国地理、政治、经济、文化版图具有重要历史地位,集中了古代中国的国家管理治理和民族生存发展的智慧。

西安的价值在于展示中华文化的自信,彰显中国元素。到汉唐时期,中国文化的影响力绝非中原地区可限,尤其是唐文化已然是世界文化。大唐帝国本土由皇帝和文官治理,而今天的河西走廊地区直至阿富汗,包括朝鲜半岛、日本群岛国家,在那时也接受中国官职。唐朝设立的帝国体制,形成本土、西部、东南亚外藩三种形式的一个复合式帝国,开创了中

---

① 贾平凹:《贾平凹文集》第16卷,陕西人民出版社,1998,第204页。

国历史上最辉煌的壮丽篇章。丝绸之路是汉代中国人对世界文明的贡献，2000年来，丝绸之路始终主宰着人类文明的进程，不仅让中国的丝绸和文明风靡全球，而且佛教、基督教和伊斯兰教沿着丝绸之路迅速传遍世界。而作为当时中国，乃至世界文明史上最鼎盛期的唐都长安，以其博大精深的文化主导，推动了东亚文化一体化，形成亚洲历史上包括朝鲜半岛、日本、越南等国和包括部分东南亚地区的儒家文化圈。"尤其是唐代，日本仰慕中国文化之热潮，益为高涨。前后遣唐使者及留学生僧侣之派遣，盛况空前。唐代一切文物制度，均为日本所模仿。……日本文化可说是全部是中国的传统，那时日本文化可说是中国文化本干上一枝杈的嫩枝。日本在文化系统上只是中国的附庸。"[1]显然，唐朝将自身的艺术与风俗传给了它的邻人——中世纪的远东地区，尤以日本、朝鲜、突厥、吐蕃和安南为甚，包括木版印刷术、城市规划、服装样式，以及诗歌体裁等。汉唐时期开辟和发展的丝绸之路是以西安为出发点，即便是放在全球来看，西安在世界城市中也具有深远的影响力。不言而喻，西安不仅仅是一个地理空间、行政区域，经由历代史书和方志记载，佛家梵音传诵，道家磐音渲染，唐诗汉赋吟咏，唐宋山水画描摹，西安已成为一个历史符号、文化象征，也是一个审美意象，继而上升为中华民族的精神家园，抑或是文化故乡。对于故乡，人们无不依恋，这是人类一种共同情感。

---

[1] 钱穆：《中国文化史导论》，商务印书馆，2011，第186-187页。

第八章
西安人

城是人的居所,人是城的主体,有人才有一座城市勃勃的生机。那么,西安这座城里的人是什么样子?有首民谣曾这样描述关中人:"八百里秦川尘土飞扬,三千万人民吼叫秦腔,调一碗粘面喜气洋洋,没有辣子嘟嘟囔囔。"①这首民谣不仅描述了关中平原的地理环境,而且概括了关中民众的个性。作为作家,他们又是怎样认识并勾画这座城里的人呢?但凡一座城市的居民,几代几辈居于斯,也有因为各种原因迁居于此,经过几代之后,便成了西安人了。还有一些,便是这座城里暂居的外乡人。

第一节 土著

所谓土著是指三代以上,包括三代居住在这座城市的西安人,或者范围放得更大一些,到关中人。这些土著是怎样的个性,拥有怎样的生存方式,便是这一节笔者要讨论的问题了。

一、冷娃

很少有人将关中人,包括西安人的个性写出来,或者还可以这样说,生活在西安的这些作家,笔下写了形形色色的人物,但是真正能够将关中人,包含西安人个性凸显出来的却太少了。吴宓说陕西人生、冷、硬、

---

① 贾平凹:《贾平凹文集》第12卷,陕西人民出版社,1998,第380页。

倔，陈忠实讲，实际就是一个冷（愣）字。外省人常称陕西人为冷娃，这个"冷"字用到西安人身上极合适。因为西安是陕西省府、关中核心，说陕西人冷，西安人最冷（愣）。陈忠实曾经写过一篇《娃的心　娃的胆——三秦人物摹写之一》，讲述的是八百名关中籍士兵在中条山与日军作战，最终全部壮烈殉国的故事。这场以三秦子弟为主的对日战役，即是著名的中条山战役。这场战役之惨烈不亚于千年前在唐时发生的陈陶战役。唐肃宗至德元年（756年）冬，唐军与安史叛军在陈陶作战，来自秦地的四万唐军战士全部战死。杜甫《悲陈陶》诗云："孟冬十郡良家子，血作陈陶泽中水。野旷天清无战声，四万义军同日死。"[①]"况复秦兵耐苦战"，四万秦地士兵同日阵亡，何等悲壮。1936年，八百名关中壮士集体殉国有着同样的悲壮，体现出秦人刚烈之英气。如作品中所讲："咱们关中及至整个陕西人，自己都说自己是'冷娃'，什么'关中冷娃''陕西冷娃'。关中娃、陕西娃，何止一个'冷'字哇！"[②]因为在"冷"之外，还隐含着一种民族的正义和关中"尚义好气"的精神。贾平凹在他的散文《秦腔》里声称，关中民众是一个"二愣"的民众，这二愣与冷娃是一个意思，两个不同的表述，皆有勇猛、率直、倔强的意思。多年后，笔者读到陕西籍作家王宗仁的一部《藏地兵书》时，看到这样一则代序，是这样写的：

> 儿当兵当到多高多高的地方
> 儿的手能摸到娘看见的月亮
> 娘知道这里不是杀敌的战场
> 儿说这里是献身报国的地方
> 寄上一张西部的雕像
> 让娘记住儿现在的模样
>
> 儿当兵当到多远多远的地方

[①] 中华书局编辑部点校《全唐诗：增订本》卷二一六，中华书局，1999年，第2269页。
[②] 陈忠实：《第一刀》，北京出版社出版集团、北京十月文艺出版社，2008，第340页。

儿的眼望不见娘炕头的灯光

儿知道娘在三月花中把儿望

娘可知儿在六月雪里把娘想

寄上一张西部的雕像

让娘记住儿现在的模样①

王宗仁是陕西关中扶风人，曾经多年在青藏高原行走，写下《藏地兵书》。这位关中人以他的倔强在青藏高原上行走，他笔下的关中儿郎的个性和陈忠实在《娃的心　娃的胆》里写的多么相似：

哈高？

山高，

没有娃的心高。

哈远？

海远，

没有娃的脚远。

哈宽？

地宽，

没有娃的眼宽。

哈大？

天大，

没有娃的胆大。

这是一位祖母教给孙儿的口曲，这两首歌谣把关中人的那种雄阔刚烈的个性显现出来。放在抗日战争或是自然条件恶劣的青藏高原就显现出关中冷娃的坚毅个性，而放置在日常生活中关中人同样也有担负岁月重荷前行的品行。陈忠实的小说《日子》讲述的是灞桥河边捞石头的中年夫妇一起看桥上走过美女，赞叹那女子窈窕的"好腰"，议论县委书记被"双规"的事情，而所有的这一切都发生在河边捞石头这简单而紧张的繁重劳动中。"男人重复着这种劳作工序。女人也重复着这种劳作工序。他们重

---

① 王宗仁：《藏地兵书》，解放军文艺出版社，2008，代序。

复着的劳动已经十六七年了。他们仍然劲头十足地重复着这种劳动，从来不说风霜雨雪什么的。"①密如流年的日子如同捞石头一般繁重、枯燥，这一对夫妇为女儿学业的不顺增添了许多烦恼，然而旋即便被"大不了为孩子再在河边撑一架罗网"的想法而化解。说不清作家对关中草根人物有几分赞许，还是几分善意嘲讽，只觉得关中人就是那种天塌下来也照样无所谓的豁达、豪气。

二、闲人与弈人

20世纪80年代末、90年代初，中国社会发生急剧的转型，占主导地位的社会主义计划经济开始向社会主义市场经济转型，国家经济领域的改革开放步伐也日益加快，商品经济意识不断渗透到社会各个领域，社会上原有的观念遭到颠覆。贾平凹笔下的《闲人》就是这个时代的产物，也是西安这座城市的产物。所谓闲人，即是一批有闲，也有痞子味的社会青年。他们在生活中不修边幅，"看不起黑呢中山服里的衬衣很脏的人，耻笑西服的纽扣紧扣却穿一双布鞋的人"②。而他们戴起来鸭舌帽时，许多学者从此便不戴了，他们将墨镜挂在衣扣上，许多演员从此便不挂了。着装的反叛透显出思想的反叛，而事实是20世纪70年代末、80年代初，中国社会的新思潮就是通过独特服饰而呈现出思想领域的革新，穿喇叭裤是20世纪80年代社会的一种新时尚，意味着打破枷锁，冲破禁锢，接受新思潮。西安城内的这些闲人，传统与洋派他们都是反对的。不与坏人为伍，敢于蔑视权威，什么"孔圣人不就是那个老孔吗？剧院里看戏，戏不好，'换节目！换节目！'领导作报告又是官话套话空话，闲人就头一歪睡着了"③。更有意思的是，他们还懂得很多，"知道弗洛伊德，知道后羿，知道孟子、荷马、毕加索和阿Q"。谈论天文、地理、玄学、哲学、经济，由女人说到了造人的女娲，由官

---

① 陈忠实：《陈忠实文集》第7集，广州出版社，2004，第4页。
② 贾平凹：《贾平凹文集》第12卷，陕西人民出版社，1998，第239页。
③ 贾平凹：《贾平凹文集》第12卷，陕西人民出版社，1998，第242页。

倒说到了戈多，最多的说人生，说人生说到地球旋转，有人推开了窗户看着城市的夜的风景，伤心了，有人庄严地去厕所，蹲下拉屎，有人抓过一本书想读，却又压在屁股下。……贾平凹笔下的闲人有半分魏晋士人闲散气，更有半分痞子劲，没有优雅品质。而要有贵族式优雅，一要有时间，二要有财富。他们有闲，但又不是社会贵族，倒是有几分混混的样子。因此，说闲人是一个阶级，没有人认同。那么，说他们是一些人，是阶层，倒是会有人认同的。"这肯定有人要批评用词不准，那么，是一些人，是阶级，是……反正闲在社会上多了。"①时代变迁产生了这样一批天不怕、地不怕，勇于创新，但是仍沉沦在低层面的打架、斗嘴事件之中的年轻人，代表着一代西安人的一些时代风气。

　　与闲人阶层不同的是，西安街头巷尾、林荫道下，到处是弈人的天地。"西安的象棋一直比围棋受到重视和普及，如同北方人崇尚黄金，南方人崇尚珠玉一样，象棋粗犷、激烈和明快，是宜于西安人性情的。象棋爱好者可以在家中对局，或街头巷尾聚弈，飞炮跃马的中心场所却都在茶馆，老西安著名的象棋茶馆就数骡马市的毛家茶馆，民国市场东南角的仁义茶社，城东北角的张家茶社和甄家茶馆。清末至解放前，这些茶社门前都摆一盘枣木棋子，全城名手各在馆中坐镇立擂，四方棋手报名挑战，观者如潮，就悬挂大盘，热闹时躺椅坐完，条凳坐完，数百人不得不手托茶壶站着看棋盘挂棋。"②贾平凹将西安城内另一类人的生活样态呈现在我们面前。西安人的刚直、大气，在这帮弈人身上也可见一斑。大概西安人太爱政治了吧，喜欢自己做将做帅，调车调马，贵人者，可以在朝堂施展自己治国治天下的才华，平民者，则将象棋作为一种精神上的享受。围棋渐渐成为雅事，象棋却贵贱咸宜，老幼咸宜。

三、秦腔名角

　　秦腔是陕西文化的重要载体之一，秦腔名角更是陕西人心目中不可亵

---

① 贾平凹：《贾平凹文集》第12卷，陕西人民出版社，1998，第239-244页。
② 贾平凹：《贾平凹文集》第16卷，陕西人民出版社，1998，第190页。

渎的神圣。不过，这在现在的年轻人那里已经不是一种公理，但在老一辈人秦人那里却是痴心不改的崇拜。贾平凹深懂秦腔是八百里秦川上秦人的精神食粮，生在这土地上，活着要吼秦腔，死后还要请人来唱秦腔，秦腔成为三秦这二愣民众生死不离的精神艺术。正因为如此，是草根艺术。为此，贾平凹曾经为演猴戏的胡小毛、敏派传人杨凤兰、全国戏剧梅花奖获得者李梅写过文章。在贾平凹的文章里，我们看到秦腔艺人承载的陕西文化厚重，看到秦人为生命挚爱的东西付出一生也无悔的感动。胡小毛、杨凤兰、李梅他们是秦腔名角的代表，也是西安人的一种。

胡小毛是西安市秦腔三团演员，因为太矮，眉眼生动，行立坐卧，则常得意而忘之形骸。善演猴戏。"猴戏，绝在随人物赋猴形，以猴形写人意。胡小毛的孙悟空，一切猴气，猴得有人性情，弃艰难劳苦之态，融解数不经意处抖出，此成功之诀也。一切艺术，人也好，猴也好，重在能反奇为正，化丑为美，故胡小毛假以其身作戏于区区舞台之上而清醒，观众却沉浮于偌偌大千世界之中不自知啊！"①化丑为美、反奇为正是胡小毛猴戏最动人之处，带给人们无限的欢乐，让人们沉迷于其中。

李梅现今是陕西省戏曲研究院的团长，李梅之成名在于演鬼戏，尤以演秦腔经典折子戏《鬼怨》而享誉梨园。《鬼怨》是秦腔《西湖遗恨》里的一折。《西湖遗恨》又名《红梅记》，是明朝周朝俊的作品，表现的是人鬼情未了。贾平凹的《观李梅演戏》着重写李梅在《鬼怨》这折戏里塑造的慧娘形象。"李梅演《鬼怨》，鬼十分美艳。台上的灯还亮着，但这是黑漆漆的夜里，鬼寻着花园了，便要叫一声'苦哇——！'给人间听。戏上的叫板，平常是旦角的在强说愁，这鬼有冤，就丹田气冲，脑鼻腔共鸣，由弱到强，至强又趋微弱，音域上下已超过两个八度，忽远忽近地就飘然来了，花园里的花、草、树木和楼阁以及台下看戏的人，都在颤栗。鬼便上场了。鬼的披肩是洁白的，尺幅也加大了一倍，急速地奔出，没有脚步响，却听得风势。她是来复仇的，她不遮面亮相，转呀的，翻呀的，兜，抄，托，甩，急切切地幽怨纠结不清。台下掌声就啪啪地响，有人一

---

① 贾平凹：《贾平凹文集》第12卷，陕西人民出版社，1998，第116-117页。

连声叫:好!鬼要的不是这掌声,鬼戛然停滞,大背身向了观众,聚光灯下悲怆极度而泣了,这毕竟是一个弱女子鬼啊。"[1]贾平凹对《鬼怨》理解得深刻,可谓真懂戏。对鬼形象的喜爱,也是他骨子里浸透的楚巫文化的外在呈现。细致入微的刻画,如丝如缕的叙述,将一个美艳哀痛的女鬼形象塑造得活灵活现,传达出来的情感也是如泣如诉。

西安人民剧院(刘宁 摄)

如果说贾平凹描写的李梅演的女鬼慧娘是自己心中鬼巫文化的外现,而他笔下的《名角》杨凤兰则是秦人刚直坚韧个性的概述。杨凤兰是秦腔著名艺术家李正敏的关门弟子,继承敏派艺术。然而,命运不济,一个爱戏如命的女子,陡然生了重病,又逢中国戏剧艺术处于低潮时期,所以杨凤兰对艺术的坚守就显得特别艰难,而正因为艰难,更见杨凤兰的风骨。杨凤兰夫妇为拍秦腔《王宝钏》历尽艰辛,杨凤兰经历丈夫谭兴国去世,但是终于拍出片子。"《五典坡》新编本《王宝钏》三部放映后,震动

---

① 贾平凹:《贾平凹文集》第14卷,陕西人民出版社,1998,第417页。

了秦腔界。凤兰扮相俊美，表演精到，唱腔纯正，创造了一个灿烂的艺术形象，被誉为秦腔精品。一时间，三秦大地人人奔走相告，报纸上、电台电视上连篇累牍报道，各种研讨会相继召开，成为盛事。电视要播映那晚，各种祝贺电话打给凤兰，持续到凌晨四点。四点后，凤兰没有睡，设了灵桌，摆好了李正敏的遗像、谭兴国的遗像，焚香奠酒，把《王宝钏》录像带放了一遍。放毕，天已大亮，开门出来，门外站满了人，全是她的戏迷，个个泪流满面。"①凤兰虽是一个女子，但是那种咬定青山不放松，那种敢于与命运抗争的精神，却是陕西人的个性。与其说贾平凹写了一位秦腔名角，不如说通过这一爱戏如命的陕西女子，将关中人或者我们称之为西安人的执着、刚烈呈现出来了。很多时候，"外地人初听秦腔，感觉是'死狼声吼叫'，但那高亢激越的怒吼之中撕不断扯不尽的是幽怨沉缓的苦音慢板，就如冬日常见到的平原之上的粗桩和细枝组成的柿树一样，西风里，你感受到的是无尽的悲怆和凄凉。"②不言而喻，唯有这二愣的民众，才有这慷慨悲凉的秦音。

第二节 文化人

在西安，你真不知道"青龙寺的钟声中哪一声揉进了鉴真和尚的经诵？葫芦头泡馍馆门首悬挂的葫芦里哪一味调料是孙思邈配制？朱雀门外的旧货市场上的老式床椅是辗转于韩幹的身肢还是浸润过王九思的汗油？"③历史人物与现实生活融合在一起，分不清到底是人幻化为城中的一叶花草，还是城市的灵魂凝聚在这些历史人物身上。西安是一座历史文化名城，西安的文化人从古至今，如江河奔涌。"人类所有伟大文化都是由城市产生的，第二代优秀人类是擅长建造城市的动物。这是世界史的实际标准，这个标准不同于人类史的标准，世界史就是人类的城市时代史。

---

① 贾平凹：《贾平凹文集》第14卷，陕西人民出版社，1998，第429-430页。
② 贾平凹：《贾平凹文集》第16卷，陕西人民出版社，1998，第155页。
③ 贾平凹：《贾平凹文集》第16卷，陕西人民出版社，1998，第198页。

国家、政府、政治、宗教等等，无不是从人类生存的这一基本形式——城市中发展起来。"①正因为如此，人们离不开城市，尤其对文人来讲，城市具有整合、加工和辐射文化的功能，城市的大众传媒、公共设施、出版发行业的繁荣，这些都给予文化人进行文化活动的保证。

一、关中士人

蓝袍先生是陈忠实笔下的一位乡村私塾先生，生长于以"耕读传家"为宗旨的家庭，从小接受儒学慎独思想，按照父亲安排长大后在村上坐馆执教，因初次坐馆穿上母亲缝制的蓝袍而被人称为蓝袍先生。蓝袍先生徐慎行之前，有他的爷爷徐敬儒，以及恪守儒家礼仪的父亲为乡村教师，他们是关中儒学思想的传承人。尽管《蓝袍先生》这部中篇小说以批判眼光来写蓝袍先生身上那种墨守成规思想，但我们仍能感受到关学盛行的八百里秦川浓浓的儒家文化熏染。

牛兆濂（1867—1937）是清末民初陕西关中大儒，陕西蓝田人，号蓝川，字梦周，曾拜当时著名的理学家——三原的贺瑞麟为师，历任关中书院、鲁斋书院、芸阁书院、存古学堂、爱日堂主讲。受聘过一些新式学堂，担任过陕西咨议局常驻议员，但终因心恋旧学和不满时局的腐败而去职。牛兆濂的故事在关中民间广泛流传，人称其为牛才子。而真实的牛兆濂一生以"祖述孔孟，宪章程朱"为座右铭，以《小学》《近思录》《四书集注》为读书根基，其他经史子集，随其性之高下分别施读。所著有《吕氏遗书辑略》4卷、《吕与叔芸阁礼记传》16卷、《近思录类编》14卷、《秦关拾遗录》、《音学辨微四声切韵表》、《芸阁礼节录要》、《续修蓝田县志》22卷、《续钞》若干卷、《答高凤临》、《芸阁杂记》、《芸阁答问》，门人校印有《蓝川文钞》等。教授学生遍及陕、豫、鲁、冀、皖、陇、鄂、苏、滇，乃至朝鲜，来学之士与年俱增，更有年高于他者，犹循循执弟子礼。因此，时人评价说："蓝川先生，闲先圣

---

① 孙逊、杨剑龙主编《阅读城市：作为一种生活方式的都市生活》，上海三联书店，2007，第56页。

之道，绵将坠之绪，当邪说诬民之时，亟亟也以维持世教、保存国粹自任，远近人士望风景从，请业请益者踵相接。"①

牛兆濂为关学鸿儒，首当重视礼教。据其1917年的《日记册》里载："明日晨微雨里长老相见，为说小学教小儿先要安详恭敬一段，并举《吕氏乡约》大要，勤令常日上习，后为谈一段，□罢中少长成知礼仪，此善俗之本，而乖争凌犯，奢荡奸盗之习，自潜移默化于不自知矣！"②从牛蓝川自述，可见从北宋至清季，虽跨越近千年的时间，乡约却是民间重要的教化文本，传世不歇。然而，到了19世纪末期，"礼教不明则骄奢懒惰之习成一变。少不敬长，卑不下，尊强凌弱，众暴寡偷，常不讲由，家及乡举不堪问，而骄惰极矣！"③因此，牛氏大力推演乡约，为推行关学的"重礼贵教"思想发挥了积极的推动作用。张骥曾讲："高陵白悟斋，蓝田牛梦周恪守西麓之传，皆关学之晨星硕果然。"④其次，牛兆濂有很强的民族气节。1931年，当听说东北三省失陷，不仅泫然流涕，减膳数月，并常用攘夷之说，启发自己的学生，不用外货。在他看来，"时尚不重国货，取给外人一人一身无一物，非洋式一家之内无一物，由自造利权，一付外洋不究其本，但知仿效外夷，以求制计未有左于此者，试观印度有人名甘地者，一味勤俭化得通国不用英货，英人竟无可如何，此便是抵制外货最简单、直接，只要发岂在多乎？"⑤是年，他写下了《我明告你》，号召国人团结起来，抵御外族入侵。"中国唯有你和我，今天你打我，明天我打你，你我互相争夺，外侵敌人消灭你和我。你不打我，我不打你，

---

① 李惟人：《增修四献祠芸阁学舍记》，载蓝田县地方志编纂委员会编《蓝田县志》，陕西人民出版社，1994，第680页。

② 牛兆濂：《日记册》，丙辰年孟夏，民国六年，此日记现收藏在陕西省蓝田县档案馆。

③ 牛兆濂续修《蓝田县志：吕氏乡约编者按》卷11，民国三十年。

④ 张骥：《关学宗传》卷36，陕西教育图书社排印本六册，馆藏于陕西师范大学图书馆古籍阅览室。

⑤ 牛兆濂续修《蓝田县志：风俗》卷11，民国三十年。

近现代作家视域中的西安意象

你我团结如一人,你我共同打敌人,中国一定能胜利。"①文字虽简单,但是情感真挚。此后,他在香港《大公报》上发表了八君子抗日宣言书,愤然投笔从戎。尽管后来因为受到阻拦未能成行,但是仅凭此举,就可见牛氏强烈的民族气节。对此,他曾有诗云:"踏破白云千万重,仰天池上水溶溶,横空大气排山去,砥柱人间是此峰。"②不啻为自我个性的写照。再次是遵循"学为好人"说。这是从明季冯从吾的一副对联中概括出来的。此联曰:"做个好人,心正身安魂梦稳;行些善事,天知地鉴鬼神钦。"③即是"做好人、存好心、行好事",其间隐含着有仁义之心则会行仁义之事,行仁义之事的人则必是好人。少墟先生的对联尤显关学重视实践的特点,牛兆濂则用一生身体力行之。

作为地方名绅,牛兆濂一生建立了诸多功勋。第一件是1912年解除了西安之围,第二件是1924年化解了军阀刘镇华与蓝田绅兵之间的冲突。据张元勋所书的《牛蓝川先生行状》里讲:"甲子蓝田绅团与军队冲突,刘督派兵,意在屠戮,经先生一言。祸乃得解。"④第三件事情是禁烟。近代陕西烟祸横行,"慕种烟之利不顾无穷之害,禁种不能食者日众,一染此毒,即成残废殒身绝嗣,倾家荡产以其大者也。聚赌所在奸盗直数,山岭僻处有位特甚,子弟被诱必致荡产,穷无所归聚而为匪,况烟赌相因未有赌钱而不吸烟者,皆地方官绅所宜加意也"⑤。鉴此,牛蓝川在西府查禁鸦片,此举功德无量。第四件事情,庚子年饥荒时,牛氏赈灾,做有赈诗数首,江南义赈得诗,付千金,救活了很多百姓。民国十八年(1929年)陕西大灾,牛氏每饭以黎藿充饥,门人劝其加餐,先生则说"饿殍

---

① 牛兆濂:《我明告你》,载蓝田县地方志编纂委员会编《蓝田县志》,陕西人民出版社,1994,第801页。

② 张元勋:《牛蓝川先生行状》,载蓝田县地方志编纂委员会编《蓝田县志》,陕西人民出版社,1994,第672页。

③ 冯从吾:《冯少墟集》,清康熙癸丑年重刻本,卷22。

④ 张元勋:《牛蓝川先生行状》,载蓝田县地方志编纂委员会编《蓝田县志》,陕西人民出版社,1994,第802页。

⑤ 牛兆濂续修《蓝田县志·风俗》,民国三十年,卷11。

遍途，吾忍饱乎？"第五件事情是编撰成22卷本《续修蓝田县志》。此志从1930年筹划续修起，至1940年付梓刊行，前后历时十年之久。纵观牛兆濂一生，即从1867年到1937年，其间中国发生了诸多重大的历史事件：1894—1895年的甲午海战，中国惨败；1898年的戊戌变法，维新失败；1905年的科举制度被废除，仕途从此堵塞；1911年的辛亥革命，王权崩溃；1912年民主共和制确立；1919年"五四"新文化运动；1931年抗日战争爆发。牛蓝川一生正值中华民族三千年未遇的动荡变革之际，西方列强以坚船利炮轰开了古老中国的大门，西方传教士把基督耶稣从大洋彼岸带到东方，"中国的海上联系，不仅成了西方人入侵的渠道，而且还吸引新的中国领导方式进入上海、天津、九江和汉口等新型城市。越来越多的学生离乡背井，前往日本和西方去探求拯救祖国之道，脱离了中国的士大夫阶层"①。而像牛兆濂这样的关学大儒显然与时代不合拍，他的旧学已经无生源，自己更不能接受新学，最终只好退避在书斋。牛氏的遭遇表明中国文化根基所在的内陆，"耕读传家"的生活方式日渐衰落，儒家"齐家治国"的大方略式微，士绅们已逐渐失去了在乡村的权力。

牛兆濂的命运是中国文化发祥地之一的关中地域，士人们遭遇现代化后的典型。1993年，陈忠实以牛兆廉的故事为原型创造了《白鹿原》中的朱先生。书中的朱先生测阴阳、知天命，一语道出白鹿显形的天机，推测出农家耕牛丢失之后的方位，根据白嘉轩描述的梦境推算出白灵遇害的结果，这一切都透显着圣人的卡理斯玛特征。当然作为圣人这只是其一，最核心的还在于其内怀仁义之心。依据牛兆濂奉行的愿"学为好人"的道德原则，作家竭力彰显朱先生身上具有的"仁"。他查禁鸦片，化解白嘉轩与鹿子霖之间的矛盾，退清兵，赈灾民，劝诫刘将军，"这个人一生留下了数不清的奇事轶闻，全都是与人为善的事，竟而找不到一件害人利己的事来"②。朱先生作为白鹿原上的精神领袖，是《白鹿原》小说儒学文

---

① 费正清：《剑桥中华民国史：1912—1949年（上卷）》，中国社会科学出版社，1994，第26页。

② 陈忠实：《白鹿原》，北京十月文艺出版社，2008，第538页。

化的承载者，抑或我们可以称之为关学文化的呈现者，在他身上体现出关学尊礼贵义、经世致用身体力行的精神实质。历来，文化人是文化的继承者，也是载体。他们的生活方式、精神面貌反映着一个时代的精神品质和追求。陈忠实以他的文学作品在表述他对生活在西安的这些知识分子的理解，虽说文学作品有一定的虚构性，但是作家对生活的深刻体验是创造之基础，也保证了这些人物身上折射出来的东西真实性。

二、拾荒者

如果说陈忠实塑造的是一些具有正面意义，拥有儒家坚韧品格的知识分子现象，贾平凹则写出了20世纪90年代西安这座都市中扮演着飘忽不定流浪者形象的文人。《废都》中拾破烂老人就属于这一类。文人以流浪者的身份出现在文本里并不是贾氏的首创，本雅明笔下就"常看到一个拾垃圾者，摇晃着脑袋，碰撞着墙壁，像诗人似的踉跄走来……他发出一些誓言，宣读崇高的法律，要把坏人们打倒，要把受害者救出，在那像华盖一样高悬的苍穹之下，他陶醉于自己美德的辉煌伟大"。[1]对于城市而言，"当新的工业进程排斥了某种既定的价值，拾垃圾的便在城市里大量出现。他们为中间人和承包商工作，并在街头构成了一种家庭手工业。拾垃圾的让他的时代充满强烈的兴趣。最早关注贫穷阶层的一批社会调查家一直把目光集中在他们身上"。[2]这些拾破烂者每天在大都会聚敛被城市抛弃、鄙夷的废物，收集城市的碎片，并将它们分门别类地整理起来。他们了解城市的生产和消费，掌握城市的现实和过去，他们或多或少过着一种朝不保夕的流浪生活，在城市走街串巷，我们不妨将其称之为"城市漫步"。因此，他们是最了解城市的一类人。

非常有意思的是，贾平凹发现了这些城市拾破烂者与文人的联系。或

---

[1] 〔德〕本雅明：《发达资本主义时代的抒情诗人》，张旭东、魏文生译，生活·读书·新知三联书店，1989，第38页。

[2] 〔德〕本雅明：《发达资本主义时代的抒情诗人》，张旭东、魏文生译，生活·读书·新知三联书店，1989，第39页。

许是贾平凹感悟到文人的意识中天生就有对城市疏离的思想,在城市他们总是处于边缘,精神的流浪无疑类似于拾破烂者在城市的走街串巷。流浪是边缘的表现,当年的屈原流亡于沅湘一带,杜甫也曾在西南流域漂泊,文人的流浪为他们提供了观察社会的可能性,也为他们独立思考创造了机遇。尽管这种独立出来的沉思默想带来的是不尽的迷茫和痛苦的彷徨,但是在漂流中,获取的却是不可抵挡的思想,这种思想将他覆盖,一直飘向远方。"破烂喽——!承包破烂喽!"拾破烂老头一边收集城市垃圾,一边高声吟唱,这一声声的叫喊是为这座千年古城叫魂,也在宣告这座城市的破亡。这就是《废都》的深刻所在,它所展示的知识分子的颓废绝非一个庄之蝶所能涵盖,表达的百态市井又岂止一个"废"字写尽。城市的颓废到底何在?人类悲惨命运的界限究竟落在何处?拾破烂老头有一系列歌谣回答上述的问题。这些歌谣或许有些是他的独创,或许有些是他道听途说的结果,但是,经过他的口在城市流传。于是,这个城市便到处弥漫着隐喻的蜚语流言,它们和城墙上不绝如缕的埙声一起盘旋在城市夜空。歌谣这个名称,照字面上说只是口唱及合乐的歌,但平常用在学术上与"民歌"是同一的意义。生于民间,为民间所用来抒发民众的情绪,如同一切传说一样,易于传讹或改编,这便是民谣和民歌的特点。《废都》中一共有九首拾破烂者传言的歌谣,其中绝大多数暴露了社会转型期间人心浮躁、分配不公等不良现象。而小说中的第一首和最后一首歌谣皆是专门针对知识分子生存状况而编的,前一首表现教师地位的低下,最后一首讲述知识分子内部的分化。可以这样说,这是中国当代文学中知识分子第一次以拾破烂形象出现,而表现出来的对自我的嘲讽和兴叹。

三、作家

作家创作了文学作品,而在作品里作家又是怎样写他们的同道的呢?陈忠实的《李十三推磨——三秦人物摹写之三》讲述了秦地盛传的民间戏剧家李十三的戏曲人生。准确地讲,历史上曾有两个李十三。其一是元末明初的秦腔艺人、剧本作家李十三。据说,他从原籍华县逃到了渭南北原上的小钟村,在当地以演出秦腔木偶戏、皮影戏为生。李十三及其后代以演戏和编戏闻名于渭北同州、朝邑、二华等地,他们靠口授身传将秦腔剧目保留下来。另一个李十三系清季人,原名李芳桂,号秋岩,陕西渭南县李十三村人,是元末明初的秦腔艺人李十三的十四代孙,乾隆丙午(1786年)科举人,后应考进士,不第后,专门从事戏曲创作。他出身秦腔世家,对先祖留下的剧本进行了精心整理,关中民间流传有十大本,分别是"《香莲珮》《春秋配》《十王庙》《玉燕钗》《白玉钿》《紫霞宫》《万福莲》《蝴蝶媒》《火焰驹》《清素庵》"①。今天在秦地广为流传的《火焰驹》秦腔名剧就是他的作品,20世纪60年代被拍成电影,成为秦地家喻户晓的经典秦腔剧目。陈忠实所写的就是清代的李十三,作家以李十三推磨情节,写出了戏剧家在苦寒的生活中,仍然执着于戏剧创作的生命样态。之所以书写这样一个人物,在于作家感动于李十三那为艺术而生的精神。尤其"是那根对文字尤为敏感的神经,驱使着李十三点灯熬油自我陶醉在戏剧创作的无与伦比的巨大快活之中,喝一碗米粥咥一碗粘(干)面或者汤面就知足了"②。秦地的这些杰出人物是三秦文化的重要体现,尽管他们个性千姿百态,却兼具秦人所共同拥有的品格和性情。正因为如此,他们是三秦文化的脊梁。

不过,距离当下,李十三无疑有些久远了。陕西作家都奉柳青为当代陕西文学的开山作家,学柳青笔法的作家比比皆是。路遥、陈忠实以及和谷等作家都在作品里写过柳青。陈忠实曾经写过《一个人的生命体验——三秦人物摹写之二》,就是写柳青在二十世纪六七十年代一段坎坷辛酸的生命体验。六十年代,柳青一方面忍受着种种非人的批斗,承受着妻死家亡的悲痛;另一方面为搭救社员的牲畜而搁置下正在进行的《创业史》创作,专门撰写了《耕畜饲养管理三字经》以供老百姓解决生活中的难题,从中可以看到柳青血液里流淌的秦人"感时忧国"精神。

---

① 焦文彬主编《秦腔史稿》,陕西人民出版社,1987,第437页。
② 陈忠实:《第一刀》,北京出版社出版集团、北京十月文艺出版社,2008,第369-370页。

第八章 西安人

路遥写过两篇关于柳青的回忆性文章《病危中的柳青》和《柳青的遗产》。在前篇文章中,他说:"为了塑造起挺拔的形象来,这个人的身体现在完全佝偻了。他本来就不是一个体格魁梧的人,在进行了一生紧张繁忙的艺术创造后,加上越来

柳青在写作(摄于1963年,出自《柳青文集》人民文学出版社,2005年版)

越危急的病情,身板单薄得风能吹到。整个躯体像燃烧过熊熊大火的树木变得干枯而焦黑,一切生命的嫩枝绿叶似乎都看不见了。"①另一篇《柳青的遗产》则对柳青在文学上的贡献做出了高度评价。"作为一个深刻的思想家和不同凡响的小说艺术家,柳青的主要才华就是能把这样一些生活的细流,千方百计疏引和汇集到他作品整体结构的宽阔的河床上,使这些看起来似乎平常的生活顿时充满了巨大而澎湃的思想和历史容量。"②在路遥笔下,柳青作为一种文学精神而存在,并以贡献给当代中国文坛的精神遗产而值得后来者尊重。

柳青是陕北吴堡人,在新中国成立后长期在长安县皇甫村体验生活,最后埋骨在他曾经生活的神禾原上。因此,满怀着对柳青敬爱之心的作家们,都会到神禾原上去寻访柳青的墓。和谷这样写道:"皇甫乡的村落所背靠的神禾原,相传古代原上曾产过六斤重的谷穗而得名为'神禾'的。柳青墓,就坐落在神禾原的南畔上。那年春天,我曾寻访到了这里。原野很安静。墓冢矮矮的,绣满了干枯的白蒾草。有来人从麦地里插过来,经坟顶上走过去看墓碑。似乎,柳青在用头颅顶着那条小径。周围是返青的麦田,远处有村姑在剜荠菜,有蹲着锄地的老人。近邻,是一群村人的坟场。他伴随着他们,望着原底的村落,望着春阳下的滈河和葱绿的滩地,

---

① 路遥:《路遥文集》第2卷,陕西人民出版社,1993,第381页。
② 路遥:《路遥文集》第2卷,陕西人民出版社,1993,第431页。

望着烟雾中的终南山。"①在作家散发浓情诗意的描写中,柳青似乎又回到当年曾经在这里搞农业合作化的村庄。陕西作家对柳青的厚爱敬重之情,后来致使西安市专门为柳青修建了一座柳青文化广场。柳青精神以一种实质性的建筑广场而存在,柳青自然是西安人中的精英之精英。

在上述作家描述对柳青的敬爱之心时,贾平凹以他的《废都》为主要代表讲述了西安城内另一类作家的生存样态。这些作家是《废都》里以庄之蝶为首的四大名人、《高老庄》里的高子路、《白夜》里的夜郎,包括《土门》中的老冉,等等。20世纪90年代中国社会急剧转型,经济大潮席卷而来,知识分子和市场挂钩,文化产品可以如商品一样流通,因为交换本就是城市的基本运行原则。陡然之间,知识分子何去何从,这谁也说不清。这是那个时代每一个人都必须面临的心灵阵痛,更是每一个知识分子必须承受的心灵撕裂。1993年《上海文学》第6期刊登了一篇题名《旷野上的废墟——文学和人文精神的危机》的对话文章,王晓明指出:"今天的文学危机是一个触目的标志,不但标志了公众文学素养的普遍下降,更标志着整整几代人精神素质的持续恶化。"②人文精神的危机引发了对知识分子道德、分化与认同的争论。从古至今,知识分子内部并不是铁板一块,我们有"先天下之忧而忧,后天下之乐而乐"的司马迁、杜甫、范仲淹,也有"忍把浮名,换了浅斟低唱"的杜牧、柳永、关汉卿。我们有以"我以我血荐轩辕"的鲁迅,也有"喝茶当于瓦屋纸窗之下"的周作人。毋庸置疑,《废都》中的庄之蝶们归于后者。当然,如果说作为一个典型的文学形象,庄之蝶并不够格,但是作为一个20世纪90年代中国知识分子的象征,却是非庄之蝶莫属。与汪希眠、龚靖元、阮知非一味沉沦相比,作者极力想写出庄之蝶在沉沦中的挣扎,然而,越是挣扎便如同陷在沼泽中的羸马无法自拔。

---

① 和谷:《和谷文集》第2卷,太白文艺出版社,2006,第47页。
② 王晓明等:《旷野上的废墟——文学和人文精神的危机》,《上海文学》1993年第6期。

1992年邓小平南方谈话之后,知识分子再一次经历被边缘化的现实,中国知识分子在现代转型中进行着艰难的各种试验。贾平凹笔下的庄之蝶无疑是这个时代最能代表那些不知何去何从的知识人的代表。从浮躁到颓废弥漫着一代知识分子沉沦的心境。如何面对新形势?如何继续保持自己精神的独立性?这对每一位知识分子都是考验。庄之蝶们的"游于性"既是一种沉沦,也是一种反抗,在反抗绝望之中希望看到曙光。可惜,丧失了自信的知识分子,滋生出一种自疑和自罪意识,原罪的意识使他们失去了最起码的独立判断的能力。在这种状况下,还谈何知识分子的批判精神。虽然自古以来,知识分子具有社会良知,但是他们也存在自身无法克服的弊病。对政权的依附,心灵深处的自卑感,使其无法完成对社会的批判,所以以文人与城市的视角观照《废都》,我们认为:这是一部城市暴露小说,"游于性"的态度解构了作品的庄严神圣性。贾平凹曾说:"自一九七二年进入西安城市以来……我赞美和诅骂过它,期望和失望过它,但我可能今生将不得离开西安,成为西安的一部分,如城墙上的一块砖,街道上的一块路牌。"[①]可见,知识分子虽然在城市做精神的漂泊,但是大城市的凝聚力、整合性又在深深吸引着他。因此,此刻我们是否可以这样质问塞南古尔:"人是不是并不绝对需要一座都城?"

孔子讲:"士不可以不弘毅,任重而道远。"这是说知识分子有庄严虔敬的一面,同时孔子还讲他们"游于艺"。可能是因为害怕过度地执着于自己所持的思想观念,精神陷入僵硬,孔子提倡知识分子"游于艺",以求文人在追求一己专长的同时,能够永远保持一种积极的求新兴趣。在此,严肃虔敬和轻松活泼致使知识分子保持了创造力。然而,作为庄之蝶并非没有像孔子讲的那样"游于艺",而是"游于性"。艺与性之间是否存在必然关系?对此,弗洛伊德早就做过论述,庄之蝶之流显然可以弗氏理论为他们开脱,但是在游戏之中,最终丧失了自我。波德莱尔的《恶之花》中曾经这样描述城市女人,"大街在我的周围震耳欲聋地喧嚣,走过

---

① 贾平凹:《贾平凹文集》第16卷,陕西人民出版社,1998,第204页。

近现代作家视域中的西安意象

一位身穿重孝的妇女,用一只美丽的手,摇摇地撩起她那饰着花边的裙裳,电光一闪随后是黑夜!……用你的一瞥,突然使我如获重生的,消逝的丽人,难道除了在来世,就不能再见到你?去了!远了!太迟了!也许永远不可能!因为,今后的我们,彼此都行踪不明,尽管你已经知道我曾经对你钟情!"①笔者想用上述诗句说明庄之蝶与他的女人们的关系。庄之蝶的女人们绝大多数是从外省闯入西安都市的,论美艳绝伦,但是瞬间"行踪不明"。且不去讨论庄之蝶和每一个女性有肌肤之亲之后是否心灵有所折磨,每个女性面对庄之蝶好像都感恩戴德,这是典型的边缘化知识分子渴望心灵补偿的体现。

第三节 外乡人

不管是什么原因流落到异乡他地,人都有背井离乡之感。很多外乡人聚集而居,形成自己的小生活圈子,还可以保持家乡的生活习俗;而有的经过一段时间的磨合,融入当地人的文化和生活中。不管这些外乡人在城市处于融合还是边缘状态,他们都和西安本地人共同构成了西安人这个概念,用他们独特的生活方式表达着自己生活和自我的存在。

一、道北人

1934年,陇海线通达到西安。有了铁路,西安人出行方便了,同时在西安城也就划出一个独特的地理空间——道北,即铁道之北。道北这个概念在陇海沿线的各个城市,如西安、咸阳、宝鸡有着相同的意义,它意味着一大群沿着陇海线流浪到这座城市的外乡人占据了铁道以北的空间位置,并在这里休养生息。今天,在西安城市仅语言就保存三种形式:河南方言、普通话、西安话。这三种语言并存在很大程度上显示西安城人员的构成。和谷在《道北旧事》一文里记录下了这些道北人的生活样态。"道

---

① 本雅明:《发达资本主义时代的抒情诗人》,张旭东、魏文生译,生活·读书·新知三联书店,1989,第63—64页。

290

北,从七十年前的某一天开始,这个地名便有了它特殊的意义。西安人把这儿叫道北,铁道以北。这里的老百姓说,七十年前河南遭了大水灾,沿铁路逃荒到这儿,就在这里住了下来。在李唐王朝曾经繁华的历史烟云之下,散落下无数零零落落的村庄和居民社区,同时也散落着和世世代代西安居民不一样口音的人。这儿过去是皇上办公的地方,多年来成了西安落后的一角,现在政府拆迁改造工程已经开工,要建成一个世界上最大的大明宫遗址公园。"①和谷文中提及的道北这块地域,曾是西安城内的外乡人集聚地。"陇海铁路带着近代政治经济和文化因子,顺着这条东西大动脉向古都西安延伸。一条钢铁巨龙,盘伏在废弃的唐朝帝宫的脚下,由此为道北设下了一个有血有肉的注脚。也就在这个时候,这片荒芜的西安城北地带,才因为铁路的向西延伸开始了它的近现代工业历程。"②

民国时逃难挤火车的难民

　　陇海铁路是将中原一带的人带到西安来的重要交通道路。1938年蒋介石为抵挡日军进攻,以水当兵,掘开花园口,于是西安道北便滞留了数万河南难民,在此地寻找生计。抗战期间,陇海铁路共运送中国军队813.4万人,军品189万吨,分别占中国铁路运量的30%多。后来李準在他的《黄河东流去》里写道:"当时的陇海铁路线,是一条饥饿的走廊,成千上万的难民,向西边缓缓地移动着,他们推着小车,挑着破筐子,小车

---

① 和谷:《秦岭论语》,西安出版社,2010,第37页。
② 和谷:《秦岭论语》,西安出版社,2010,第38-39页。

上放着锅碗，筐子里坐着孩子，篮子里放着捡来的草根树皮。"①今天的"道北二马路、自强路、太华路是河南人的居住区，铁路工人多半都在这儿，当时还是一些乱岗坟。除了大华纱厂外，全都是棚户区，密密麻麻，茅庵草舍窝棚里边住了一家人，吃的糊涂面。那时菊花园有一个人市，身上扎个草，卖的话看谁要。白天出去有些打个零工，有些没办法就讨饭。棚户区几乎全是河南口音，拉洋车的、卖洗脸水的、卖羊肉杂碎的、卖水煎包子的，连摆茶摊的老太太和卖老鼠药的老头子，也都说一口河南话。"②陇海铁路为西安的纺织业发展提供了便利条件。因为有了铁路运输，就可以把关中生产的棉布运输到西部所需之地。建于民国二十五年（1936年）的大华纺织厂（今陕棉11厂）是由当时的石家庄大兴纺织厂、武昌裕华纺织公司和主要股东们三方投资建立的，以大华和裕华各取一字而得名。大华厂由湖北工业巨子石凤翔任厂长，石凤翔为蒋介石的亲家。抗战时期，大华厂为支援抗日前线，大量生产纺织军用布，但是后来"由于国民党统治者的腐败，民族工业停滞不前，人民生活陷于绝境。大华公司在美国存款，六十六万多美金被冻结，总经理石凤翔也辞职，去了台湾经营大秦公司。经理汤淑平和管理人员石斌矗弃职出逃。国民党胡宗南余部炸毁陇海及咸铜支线八十多座桥梁后，又派爆破队分赴大华纺织厂、铁路长安机厂等处，纺织厂锅炉被炸。道北人为了新中国的诞生护厂护路，做出了巨大的牺牲"③。

中华人民共和国成立后，西安市第一条柏油马路是道北的自强东路。当时只有两家卖百货的商店，一个在机务段门前的高台，另一个在华峰面粉公司对面，还有一家是中药店，在童家巷，有四家饭馆。为改善道北居住环境，西铁运输分局实行职工住宅自建公助，在道北的铁路东村和西村修建了118栋、870户住宅。次年，修建大明宫西村前后院，东村平房215栋，1320户迁入新居。到20世纪80年代的时候，这里村庄遍布，贾平凹的

---

① 李準：《黄河东流去》，人民文学出版社，2005，第705页。
② 和谷：《秦岭论语》，西安出版社，2010，第39页。
③ 和谷：《秦岭论语》，西安出版社，2010，第39-40页。

《河南巷小识》写的就是这些流落在陕的河南灾民融入西安城市生活的故事。"在我们西安,河南人占了三分之一,城内三个大区:莲湖、碑林、新城;新城几乎要成为河南的省城了。他们是二十年代开始向这里移居的;半个世纪以来,黄河使他们得幸,也使他们受害,水的灾祸培养了他们开放型的性格,势力便随着陇海铁路向西延伸,在西安的城墙内外的空旷地上筑屋栖身了。而在这个城市居住的本地人,却是典型的保守性格,冬冬夏夏,他们总是深住在一座座对称严格的小四合院里,门口有石狮照壁,后院有花坛水井。两相建筑,对比分明。但是,随着时间的推移这个城市的人口愈来愈暴溢,居住的面积愈来愈紧张,这种对比分明的建筑也愈来愈失去了界线。小四合院里,已经不是一家人、两家人了,而是十几家,几十家,门窗失去了比例,灶房占却了庭院,那门道处,花坛上,拐弯抹角的地方都成了住窝,人都有了善于爬高钻低、拧左转右的灵活;而河南人呢,门前再也没有一道篱笆圈起来种葱种蒜的空地,横七竖八的住屋往一块云集,越集越大,迅速扩张,宽一点的出路便为街了,窄一点的出路便为巷了,墙随着地势或直或圆,檐随着光线或收或出,地面上没有前途了,又向高空发展,那电线,电视天线,晾衣服麻绳,将天空分割成无数碎块,夜里星星也看得少了。于是,大千世界,同此凉热,本地人再不自夸,外地人再不自卑,秦腔和豫调相互共处,形成了西安独特的两种城语。"①贾平凹笔下将河南巷那种住宅狭窄,巷内拥挤不堪,但大家相处其乐融融的景象展现出来。河南人长年累月居住在西安,他们热爱养他们的西安古城,也怀念生他们的河南故乡。喜欢豫剧,也喜欢秦腔,家里墙上悬挂着五六个相框,里面是几代人的相片,记载着他们在西安的经历:从捡破烂、蹬三轮车开始,到开饭店,摆地摊,再到进厂工作,开机器。他们说河南话,也说陕西话,是西安城的一道独特景观,经久多年后,便是西安城市市民的一部分了。

现在的道北已经发生了翻天覆地的变化,大明宫遗址的发掘与复建大明宫,使这里成为西安又一个独特的风景旅游区。2011年,西安市政府北

---

① 贾平凹:《贾平凹文集》第11卷,陕西人民出版社,1998,第332-333页。

迁更带来了道北的繁荣发展。城市运动公园崛地而起,西安北客站的建立更使得西安北郊成为交通运输的枢纽,风驰电掣的高铁与西安地铁连接在一起,无论在西安城内通勤,还是外出行旅,出行都非常便利,西安已经迎来了它全新的现代化发展时期。

二、补衣妇与街头艺人

走过都市的某一处繁华地带,行人如织,摩肩擦背,有时候陌生人因空间的狭窄而显得拥挤,但也显得亲密。"这时间,有三五成群的妇人横道拦在那儿,她们或抄着手,或你倚我靠,朝行人喊着听不清的话。这情景,我多年前见到过。常从她们身旁过,狐疑多了就产生探个究竟的想法,为她们确认一下角色,她们是都市里的什么人呢?有一回,我驻足十分钟,噢,原来是一群缝补衣服的妇人。当明白之后,即索然无味地走开了。"[①]缝补衣服是市井中微不足道的营生,补一件衣服,缀一枚扣子,所得不过块儿八毛。一根银针,一缕丝线,就可以糊口度日,温其身体,饱其皮囊,在这异乡的花花世界立足安身。这行当吸引了周围的人,她们也加入了补衣妇的行列。如今在百米之内的这一繁华地带,以此为生的补衣妇少说也有三几十人之多。而往往生意冷落,只听叫卖声,不见鱼上钩。她们在城市盘踞十几年,却改不了乡音。她们的设备极微细,一针一线,藏在哪里是看不见的。当然,重要的是手艺,还有生存的韧性。流落在街上为行人补衣服的妇女们也是城市过客,她们一针一线缝补了他人的衣裤,依靠微薄收入维持着家庭的生活。她们自然是很难融入城市的,不如那些在西安的河南人盖起自己简陋的住所,繁衍生息,太阳很温暖,而她们感受到的光与热却甚微。

城市还有很多的过客,街头民间艺人是另一类。看一座城市,看它的建筑、绿化、街市,也看它的人群。街头艺人是城市生活的另类景观,指的是街头公共场所为公众表演拿手绝活的艺人,包括一些民间音乐家、画家、行为艺术家等。他们的表演形式多样,主要以展示自己的才艺获

---

① 和谷:《和谷文集》第3卷,太白文艺出版社,2006,第113页。

取收益。在西安街头，有玩猴的、弹唱的、运气划拳的、行书描画的，一帮一伙，很是热闹。常是这伙拉了那帮观众，那帮又推搡了这伙生意。西安城的市井生活被一伙伙民间杂耍人搞得有几分喧闹。贾平凹在《耍蛇记》里写道："忽有一日，从南方来了一伙耍蛇人，展出七寸蛇，双头蛇，眼镜蛇，响尾蛇，大蟒蛇白、褐、赤、青，众目繁多，色彩斑斓，便声名轰然满城，围观者匝匝而来，如潮汹涌，经久不衰。耍蛇者一共五人，一老者，两壮年，另有一婆一女，俨然一户人家。先是白布围了四周，宣称日耍五场，每场定时，人不足三百则等，人过三百者谢绝不卖，观众觉得稀罕，购票的队列竟长达几十米远。进得场去，四边排列大小不等的名蛇近百，皆是玻璃箱罩，蛇在里边有蜷，有卧，有蠕，各尽其态，观者森森然不忍看，却又不忍不看。'镗咚'一声锣响，耍蛇人在场中摆出台子，口若悬河地大讲蛇的丑恶，凶猛，使人毛骨悚然。"①贾平凹笔下的西安倒有几分"聊斋"意味，构成古城景观的就是这些街头活动的人事。

无疑，城市是街头艺术孕育的温床。城市自由开放的氛围，为这些底层的文化艺术活动创造了条件。纵观我国城市发展，任何一座城市在其发展的鼎盛时期，都留下足以与宫廷文艺和文人创作相抗衡的民间艺术作品。这种民间草根文化代表的是更为大众所接受的艺术形式。

三、农民工

伴随着现代化的进程不断加速，大批农民涌入城市，农民进城打工潮构成当代中国一股新的社会潮流。这些进城打工的农民，社会上给予他们一个特有称号——农民工，集农民与工人于一体，是当代中国城市化进程中诞生的一种新社会阶层。贾平凹的作品描写了社会这一群体。20世纪80年代时他就描画过西安城市的边缘人。在城市冷僻的城角，城市贫民的棚屋愈来愈多，住在这里的是脚夫、搬运苦力、码头工人、行贩、货郎、带着轻便炊具的厨师、挑着修理工具的手艺人之类出门人，医卜星相、说

---

① 贾平凹：《贾平凹文集》第11卷，陕西人民出版社，1998，第246页。

书人、乐人杂技。贾平凹的长篇小说《高兴》是专门写农民进城打工的作品，展览了一群农民工艰难但顽强的生存场景，浓缩了当今中国农民工的宿命。男人进城下苦力、拾破烂，女人进城做保姆、妓女，这似乎是成千上万中国农民进城的遭遇。孟夷纯是农家女进城沦为卖春女的典型，翠花是保姆形象代言人，石热闹显然是一种流氓无产阶级，朱宗、杏胡则成为夫妻双双入城的缩影……他们汇成了一条川流不息的河流，这条河流上流淌着农民工原始粗鄙的农村生活样态，翻滚着他们在灰色的命运挣扎中的一丝温情和期待。他们处于不乡也不城的边缘状态，代表的是自由不受限制但极度贫穷的人群。在传统中国社会的组织中，除了家庭和宗族外，还有一些结社具有超越亲属关系的社会和经济功能。由于中国社会以自给自足的农业经济为特征，且家族关系占据着主导地位，这类的结社并不多，但是由于结社能够为一部分人提供在家庭体系内难以得到满足的那些需要，故而结社在中国社会中还是具有某种功能性地位的。《高兴》中的破烂帮是一个靠非血缘关系，以职业形成的帮派，存在着严密的体制和管理——这是中国农民进城后谋求生存而结成的一种团体。作者在作品里写道："可以说，现在的我是长知识了，原来拾破烂已经形成西安城里的一个阶层了。这个阶层人员复杂，但都是各地来的农民，分散住在东西南北的城乡接合部，虽无严密组织却有成套行规，形成了各自的地盘和地盘上的五等人事。"①

毋庸置疑，中国的现代化进程不仅仅在沿海城市，现在早已经由沿海城市推进到西部城镇与乡村。20世纪90年代后期，贾平凹的《土门》就以一个城中村的消亡写出了乡土的沦丧。等到《高兴》里直接写农民进城之后面临的种种生活困境，西京城是陕西农民心目中最为繁华的城市，而在这个城市里他们获得了什么？刘高兴说："我要高兴，我就是刘高兴，越叫我高兴我就越能高兴，你懂不？"②中国农民进城后的兴奋之情溢于言表。贾平凹写尽刘高兴身上不屈的抗争命运的精神，尽管他在竭尽全力掩

---

① 贾平凹：《高兴》，作家出版社，2007，第89页。
② 贾平凹：《高兴》，作家出版社，2007，第19页。

饰自己滴血的伤口。显然，作品中的刘高兴不同于以往文学作品中进城农民形象，他是中国现代化进程中出现的新一代农民形象，是一个经历了巨大心灵伤痛，但仍不向命运低头的不屈的精魂，是追求精神、渴望被人尊重的城市边缘人。

不言而喻，农民进城是中国现代化进程中的必然结果，它标志着中国社会由传统向现代迈进过程中，农民心灵深处经历了巨大的嬗变和伤痛。贾平凹描写西安的都市小说里，不仅写出了城市与乡村千丝万缕的联系，讲出农民进城对城市建设的推动和发展，也展现出农民工的惨痛命运。正如小说的题目所示——高兴，而在高兴中又蕴含着多少极为复杂、多变的情绪。高兴是一种情绪，一种快乐的情绪，是中国农民进城真切的感受。但高兴的背后隐藏着深重的悲哀，因为伴随着现代化进程，农民内心有遮蔽不住的凄凉。

第九章
城南郊区

似乎历史悠久的城市都很在意它的城南,像北京的城南有很多旧事,西安城南也有很多历史遗迹以及陈年往事。唐时,长安城南与今天的城南地域范围有差异。今天的西安市城南已经接近终南山,从秦岭峪中流淌下来的溪流众多,造成这里水道密集,不仅便利于灌溉农田,而且为密布这里的古刹寺庙营造了良好的景观。自然风光与人文景致在城南相互辉映,故此,这里成为作家们最喜欢描绘的地域之一。在城南,唐时风景优美的樊川,也是唐代韦氏与杜氏两姓贵族居住之地。依靠门第实力保护,贵族们所建的山庄别墅比较稳定,因此,这里也是士大夫观光驻足较多的地域,唐代诗文的吟咏也就多了。

到了现代,在西方发达国家的中产阶级人士眼中,郊区是能把城市生活与乡村生活结合得很好的地域,郊区生活自然是一种理想的生活方式。工业革命前,城市中心区依然保有较为富裕的人群和较高的文化地位,郊区就一直处在城墙以外,哪怕城墙已不复存在。但是在工业革命后,随着社会的发展,社会经济上的地域梯度已经变得越来模糊,甚至发生反转。在欧洲,很多新兴城市已经不再拥有强大的文化机构,其拥挤不堪的交通、污染严重的环境,使富人开始向中心城市的周边转移,郊区就变得越来越重要了。20世纪90年代以来,西安城市化发展不断推进,一方面,农民进城打工最先把郊区作为中介而迈向城市,另一方面,城里人向往田园生活,来到郊区游玩的人越来越多,西安城南郊区再次进入作家的视域中。

第九章　城南郊区

第一节　古刹旧事

在人们眼中，典型的郊区图景是中高层人士和中产阶级所拥有的宜人的居住环境。西安城南郊区风景秀丽，更隐藏着诸多隋唐古刹。汉传佛教以开宗立派意味着其从印度佛教转变为中国佛教，中国佛教八大宗派，其中六大宗派的祖庭在西安。因此，隋唐时期的长安实际就是一座佛都，如今城内还林林总总留下很多隋唐佛寺，终南山脚下及山中就更不用说古刹遍布。大慈恩寺为法相宗祖庭，寺里的大雁塔盛名来自历经千辛万苦从印度取经而归的玄奘法师。隋开皇九年（589年），初建无漏寺，这就是后来的大慈恩寺。隋末社会动乱，长安城内大部分寺院衰落，到唐高祖武德初年（816年）便废弃了。贞观二十二年（648年），太子李治为去世的母亲文德皇后追荐冥福，在无漏寺旧址上重建寺院，以"慈恩"为名，寓报慈母恩之意。据《长安志》记载：慈恩寺重楼复殿，云阁洞房，凡十余院，总共1897间。永徽三年（652年），玄奘为保存由印度带回来的经籍，请建石浮图，即大雁塔的前身。作家朱鸿走进大慈恩寺时，只见"大慈恩寺极尽豪华，其周回数里，青石铺地，多植嘉木"[①]。如今这些古刹在城市化进程中，纳入城市怀抱，成为城中胜迹，还有很多隐匿在城南郊外及终南山中。

一、净业寺

大兴善寺为隋朝国寺，汉传佛教密宗祖庭。佛教的教法大略言之，分为显教和密教。密教的神秘性非常强，修习身、口、意三密相应，以真言、手印和仪轨等方式成就佛道，故而得名。朱鸿在描写大兴善寺时，不仅关注密宗的贡献，更注意大兴善寺古今的变迁。他写道："见黄线围墙示戒，有挖土机推房子，很是诧异。一个戴安全帽的人昂然指挥，便走上前去问：'怎么拆庙呢？'他注目向我，转瞬便说：'领导让拆就拆。'问：'庙是神居的地方，不可随便拆吧！'他说：'老虎的屁股也敢摸，

---

① 朱鸿：《长安是中国的心》，生活·读书·新知三联书店，2013，第188页。

庙算什么。'"①显然，大兴善寺"虽然落在小寨商业圈里，周围全是高楼大厦，车流淤塞，人流涡旋，根本看不出土冈之势，不过毕竟其庙在。遗憾的是玄都观早就湮没了，甚至连一块砖也未保留下来"②。

大兴善寺位于小寨附近的兴善寺西街，是唐代长安三大译场之一，印度三位高僧善无畏、金刚智和不空都在大兴善寺翻译佛经，被称为"开元三大士"。印度佛教经历了原始佛教、部派佛教、大乘佛教和密教等四个发展时期，中国佛教的密宗则和印度佛教密教时期的密教有直接的关系。隋唐以前译传入中国的密法，只是片段的杂部密教，杂咒居多，并不是有系统、有组织的正纯咒语诠释诸法实相，奉祀的法主由释迦如来变为毗卢遮那，之后才变成正纯的密教。

中国的密宗是汉传佛教八大宗中最后一个形成的宗派。"开元三大士"中，善无畏以传授胎藏界密法为主，金刚智以传授金刚界密法为主，不空和一行为他们的高足，不空的弟子惠果在青龙寺灌顶传法，日本僧人空海在青龙寺学成后回国创立了真言宗，所以今天的西安青龙寺也是密宗的祖庭，日本真言宗的祖庭。密宗发源于长安，以大兴善寺为基地形成之后首先以两京（长安、洛阳）地区为中心向外辐射，流传于甘肃一带和山西、四川等地，然后流行全国。大兴善寺所处的位置为"贵位"。大兴城（即唐时长安城）是将作大匠宇文恺按照《易经》的思想来建构，按照《易经》中乾卦卦辞的解释来设计的，其中九二、九三和九五等三条土坡分别属于"大人""君子""飞龙"之位，是贵位，九五之位更为显贵，建造的佛教大兴善寺和道教玄都观，分别占据了靖善坊和崇业坊。

今天的大兴善寺位于小寨繁华地段，邻近陕西历史博物馆。小寨商业区的迅速崛起致使大兴善寺深处闹市，被都市的喧嚣和高楼大厦所淹没，又经过历史的兴衰发展，面积早已经没有唐时大，加之周边大雁塔广场景区成为中外游客往来不绝的区域，大兴善寺反而不觉得怎么引人注目了。朱鸿对大兴善寺拆庙行为的感慨，反映了高速经济社会发展下人们内心已

---

① 朱鸿：《长安是中国的心》，生活·读书·新知三联书店，2013，第199页。
② 朱鸿：《长安是中国的心》，生活·读书·新知三联书店，2013，第198页。

经无所畏惧的一种现象。而很多时候，西安市民仍然接踵而至，或礼佛，或秋赏鲜艳彼岸花，冬品清雅蜡梅。

净业寺外景（刘宁 摄）

从西安出发，乘汽车约一小时，进终南山沣峪口内的后庵山便到净业寺。净业寺距西安城35公里。东有青华山翠微寺，西临沣峪河，西有观音寺，北有沣德寺，西北方向的山下有灵感寺。众寺簇拥，苍山叠翠，水以谷出，路以水行，山门为石壁瓦脊，翼然向天。"早春二月，终南山的余雪还像盐一样洒在各个角落，风也生硬，好钻裤筒，专冷两腿。不过岩缝崖隙偶尔会有一枝梅红，几根竹绿，尤其黄壤之中的野草在欣然萌动，遂荡漾了一抹生气。城里温度高，玉兰有的都白了，但这里的玉兰却还羞涩含苞，蒙着一些灰绒。净业寺墙外，有一棵国槐足有三搂，枝干皆黑，鹊巢空悬，便疑惑着自问这是什么时候的树，一个僧人喜悦地说：'唐代的。'"[1]佛教流传中国，先经而后律，即中国人先对佛教的理论感兴趣，然后才探讨如何实践的问题，开展对佛教内部约束机制的研究。佛教

---

[1] 朱鸿：《长安是中国的心》，生活·读书·新知三联书店，2013，第191页。

初入中国,只是外国信徒修持,中国感兴趣者仅是剃发易服而已,随着信众越来越多,了解戒律制度的必要性就越来越紧迫了。先后传入中国的印度律藏典籍共有"四律五论","四律"是四部广律,"五论"是五部论书,在中国流通广律的影响更大。净业寺创建于隋代大兴佛教时期,因道宣法师在此著书立说、筑坛传戒而声名显赫。道宣是中国佛教律宗的实际创立者,学行俱佳,长期在净业寺弘扬新的律法。净业寺成为中国佛教律宗祖庭,与道宣做出的贡献有很大关系。道宣在净业寺期间,常坐在寺旁山崖禅坐。朱鸿拜谒净业寺,遇净业寺现在住持本如法师,享用了佛门素餐,感受寺内清净,并有幸目睹一皈依仪式。

二、香积寺

出西安市17公里左右,终南山子午谷正北,神禾原西畔是净土宗祖庭香积寺,寺院坐北朝南,地势高亢,南临滈河,西傍潏水,北接风景秀丽的樊川,滈河与潏河汇流萦绕于西南,子午大道过其东侧。寺院幽而不僻,静而不寂。唐高宗永隆二年(681年),净土宗二祖善导圆寂,弟子为其建灵塔,高十余层,造型堪为典雅,并在塔旁建香积寺。王维曾有诗云:"不知香积寺,数里入云峰。古木无人径,深山何处钟。"而和谷到神禾原时,"香积寺已被田园围拢,深山古木当在几十里南山之中。寺靠村舍,农事正忙。寺旁一弯镐(滈)水流过,哗啦啦响,有一小桥可达彼岸。"①唐时香积寺规模宏大,殿堂辉煌壮观,楼台高大威严,现在遗留下来的这一古刹仍然楼阁巍峨,庭院雅静。香积寺乃净土宗之祖庭,所谓净土即以往生西方极乐世界阿弥陀佛的净土为目的之佛教宗派。净土乃清净的国土、庄严的土地,即清净功德庄严的处所,清净功德则主要指佛教中最崇高的菩提。净土又名佛刹、清净佛刹、佛国,从其美好状态而言,则又称清净土、清净国土、净乐国土、净刹、妙土,等等。佛教中的净土很多,中国佛教净土宗的净土则专指西方极乐世界,又称极乐净土、极乐国土。净土宗在中国一般又称为莲宗。

---

① 和谷:《和谷文集》第2卷,太白文艺出版社,2006,第7页。

香积寺建成之后,佛事活动兴盛,《隆禅法师碑》记载,香积寺内"重重佛事,穷鹫岭之分身;种种庄严,尽昆丘之异宝"。即是说,寺庙内的法事活动之盛可同灵鹫山释迦牟尼说法的场面媲美。唐时香积寺占地面积很大,从南北纵深来看,据说有骑马关山门说。而今,到城南,拜香积宝刹,古寺幽静,时时可见香客。一旦冬日落雪,更见风致。

香积寺(刘宁 摄)

三、华严寺

华严寺为华严宗祖庭,在少陵原南坡的四府村,俯察樊川,远望秦岭。本宗由《华严经》的理论得以建立,在东汉年间,传入中国,初祖杜顺,雍州万年县人。华严宗传入中国以杜顺、智俨、法藏、澄观、宗密为五祖,其中,杜顺、智俨、法藏主要住在终南山至相寺,而澄观和宗密主要在草堂寺活动,杜顺和澄观圆寂后均归葬华严寺。所以,华严宗为祖庭首推至相寺,次为华严寺,再次为草堂寺。今天的华严寺至朱鸿去寻的时候,寺内存杜顺和澄观灵骨塔,前者在东,后者在西。"华严寺伶仃的两座砖塔背负红日默默相对，它们一大一小，一高一低，以衰弱的姿态，抗拒着风雨的浸泡和反复滑坡所带来的威胁。这种情景令我感动，站在那里仰望着，忽然茅塞顿开，一下明朗起来。我踩着乌黑而潮湿的土块，艰难地爬到砖塔下面，用手抚摸着唐代的遗产。锈迹斑斑的风铃微弱而鸣，仿佛是宇宙的私语，一种苍凉之感让我辛酸。"①没有想到的是，朱鸿这篇文章附记中的至相寺写得妙趣横生，文笔简洁让人深有触动。"白云过目，忽闻鸟鸣，见有两只喜鹊彼此照应着觅食。发现受人注意，喜鹊遂展翅而飞。至相寺西坡林深如海，多是橡树，巍然而邃深。"②

似乎作家专门写佛寺的作品也不多见。早年贾平凹写过一篇《仙游寺》，以记周至县南终南山中的仙游寺。终南山中有黑河，河水曲，曲到山为一窝水为一圈的极致处，有一塔一寺，这便是仙游寺。仙游寺建于隋代，盛名却在唐，白居易在此写下千古绝唱《长恨歌》。贾平凹此文专写几位大龄青年在寺中求姻缘，三年后喜结连理，并在寺内塔上划下他们名字的旧事。作家写下"多少情人拜塔前，可惜再无白乐天"的绝妙好句，并写文记述游仙游寺成就两对姻缘的佳话。仙游寺内有一女尼，原是下乡知青，作家本欲上山寻访，但白云堆没了山，行至塔后，下山的小路上野花也迷失了路径，也就作罢了。

寺院是城市文化空间的重要载体，作家笔下的寺庙展现了不同于世俗的僧侣生活，甚或一种精神寄托，而寺院园林艺术又将作家引入景观鉴赏和精致感悟之中。

第二节　草木旧事

对于一个以农业文明为根本的国度来讲，草木果蔬与人们的生活息息相关。《尔雅·释天》里将"果不熟为荒"和"谷不熟为饥""蔬不熟为馑"并列。樱桃、桃、杏、梨、李、枣、栗、山楂、柿子等这些都是中原

---

① 朱鸿：《长安是中国的心》，生活·读书·新知三联书店，2013，第185页。
② 朱鸿：《长安是中国的心》，生活·读书·新知三联书店，2013，第187页。

常见果类，其栽培历史一般可追溯到先秦时代。英国著名诗人弥尔顿在他的《失乐园》里写道：

> 这地方
> 全是千变万化的田园美景：
> 有珍奇的树木渗出芳香的脂汁；
> 又有果实，金黄色闪闪发亮，
> 挂枝头，真可人——赫斯珀洛斯寓言，
> 只在这梦里实现——还滋味鲜美。
> ——弥尔顿《失乐园》第四章

"草木知本心，守初心，少贪欲，少纷争，平和，自然，随性，有老庄意味。让人见了安静，亦让人心生喜悦。草木的这些品行，和我的心相契。"①草木更多代表的是一种农耕文明，因与自己的日常生活紧密相连，草木对于人们，便显得非常重要了。

一、长安国槐

国槐是真正属于西安的树，唐代时因被高祖李渊所封而得名，至今已有千年佳名。国槐也叫中国槐。中国人对槐树有一种特殊的感情，赋予槐树丰厚的文化内涵，因此国槐也就成为中国的文化树。槐分为国槐和洋槐，洋槐原产北美，学名刺槐，1877年后引入中国。

而自汉代京城长安大道两侧

终南山中古树（刘宁　摄）

---

① 高亚平：《草木之间》，陕西师范大学出版社，2016，自序。

遍植槐树，长安也有了槐市。唐长安街道上广植国槐，故在唐诗中常见槐树身影。杜甫《槐叶冷淘》里云："青青高槐叶，采掇付中厨。新面来近市，汁滓宛相俱。"①王昌龄诗云："青槐夹两道，白马如流星。"②岑参云："青槐夹驰道，官馆何玲珑。"③白居易诗中写有"迢迢青槐街，相去八九坊"和"永崇里巷静……满地槐花秋"。今天，在关中大中小城市中常见国槐身影，西安尤为甚。"以钟楼为交点，西安成千上万的道路向四方辐射，一生二，二生三，街巷毛细血管似的布满其城。花草给城以绚烂，但城之魂却以树守。杨、柳、梧桐、合欢、银杏、松、柏、皂荚、樱桃、云杉、楸，皆是嘉木，有的也年岁悠久，德高望重，不过我还是喜欢槐。……西安的国槐夹道而长，凡路皆植，或为今人所栽，或为祖先所留，星星点点，排列成行，线面作阵，浩浩荡荡，足有百万。"④长安街道上广植国槐，在朱鸿眼里"西安东西南北各有城门，箭楼之前之后皆种有几棵老槐。墙砖尽灰，剥落斑驳，夕阳映槐的时候，进出城门，总会起沧桑之感。自朱雀大街至明德门，为当年唐政府的天街，直南直北几十里，其槐参差，其树琳琅如玉，其冠遮天蔽日，荫庇遂广。……槐之美在其坚实与妩媚融为一体。树木有的颇为妩媚，然而失之软弱；有的颇为坚实，足以呈材以用，然而失之简陋，观其形容不丽，风度不具"⑤。

如果说长安城内遍地国槐，长安城外也常见古槐。朱鸿观赏国槐，犹喜古槐，为此，他到户县（现名鄠邑区）渭丰乡见到千年以上树龄的古槐仍焕发着勃勃生机，碑林区书院门孔庙周边也有三株800年古槐，长安学巷有三棵，小雁塔有七棵唐槐，兴庆宫有1300年的神龙槐，长安区韦曲街道崔家营村有1100年古槐，滦镇街道鸭池口村也有千年古槐。千年古槐皆流韵，在古槐年轮里承载着气候、水文、地理、土壤、植物进化与变异、历史、文化、信仰、民俗等诸多的文化意蕴。

---

① 中华书局编辑部点校《全唐诗：增订本》卷二二一，中华书局，1999，第2347页。
② 中华书局编辑部点校《全唐诗：增订本》卷一四〇，中华书局，1999，第1421页。
③ 中华书局编辑部点校《全唐诗：增订本》卷一九八，中华书局，1999，第2043页。
④ 朱鸿：《长安是中国的心》，生活·读书·新知三联书店，2013，1999，第410页。
⑤ 朱鸿：《长安是中国的心》，生活·读书·新知三联书店，2013，1999，第412页。

朱鸿不仅爱古槐，在他眼中长安草木与汉宫命名有密切联系。在他看来，桂宫以桂树得名，欲赏其姿而享受其芬。皇后的宫殿为椒房，以椒和泥涂墙，可除恶气，增温暖。其他佳丽的宫殿或称合欢殿、兰林殿、蕙草殿，上林苑里素以草木命名。"葡萄宫为汉武帝所造，采其西域大宛葡萄种之，遂为葡萄宫。"①史书上载，汉武帝元鼎六年（公元前111年），造扶荔宫，并移植热带草木荔枝、槟榔、橄榄、菖蒲，皆为异木奇草。《三辅黄图》曰："汉武帝破南越，得龙眼、荔枝、菖蒲，植上林苑，因起扶荔宫。"此宫今在陕西韩城芝川镇。

朱鸿不仅感兴趣于草木与汉宫命名，还将草木与长安节气、历史联系在一起。他在《辨花木识季节》中写道："我是在乡下长大的，季节的模式完全由庄稼奠定。麦子起身了，绿油油而苍茫茫的一片，便是春季。"②"在天下走得多了，便能增加对西安的爱。南国果然花常开，木久葳，北国果然有其神奇的霜雪之无边与无期，然而西安四季分明，节日有庆。季节的更替不但是气候的调控，我以为这种调控也给人的生理和心理以积极的影响。"③至于在杜陵种树是当代人为西安做的一件大事情。杜陵是汉宣帝刘询的陵墓，朱鸿夏日闲暇到来之际，这里已是郁郁葱葱，杨、柳、槐、银杏、桃、李、葡萄，密密麻麻成林了。杜陵绿林让朱鸿想起一个西安市雁塔区政府官员种树的故事。当年王军曾赴法国考察，在塞纳河南岸的埃菲尔铁塔上驰目而望，发现其城一大片绿林，回西安后便在杜陵一带种树。想想20世纪80年代杜陵一带是西安市垃圾倾倒场，2000年开始种树，2004年绿林遂成，杜陵生态林是当代西安城市生态良好发展的一个见证。草木有情，碧草如茵。佳树葳蕤，郁郁青青。城市风景园林皆凭草木增添风韵，城市生态也依靠湖泊、林木达成平衡。

---

① 朱鸿：《长安是中国的心》，生活·读书·新知三联书店，2013，第232页。
② 朱鸿：《长安是中国的心》，生活·读书·新知三联书店，2013，第417页。
③ 朱鸿：《长安是中国的心》，生活·读书·新知三联书店，2013，第420页。

二、乡间百果

春华秋实,草木葱茏,作家高亚平也喜欢描写长安草木,他的《草木之间》以及《长安物语》两著中有大量描写草木的文章。他写环城公园的迎春花,城墙下的梅花,青龙寺的桃花,还有紫薇、木槿、玉兰、牵牛花、合欢花等。高亚平笔下的长安草木多和他青少年时期的乡村生活经历有关系,里面浸润着对往昔的眷恋,对农耕文明的缅怀,也有几分文人的雅致和温润。"紫薇多繁花,摇曳生北地。春去不足挽,娱目有此君。"看紫薇,高亚平不觉要吟咏几句。

他还喜写长安地域特有的石榴、柿树等果树,有浓郁的田园味道。《南豆角村的春天》里的南豆角村以豆角命名,却写的是秦岭山中一峪。这也许就是作家所讲,草木知本分,守初心,少贪念,多平和,有老庄意味,而再往深里究,就是人们衣则可以桑麻,食则以麦菽,茹则蔬果,草木是人们安身立命的东西,也是自然率真的生命呈现,所以高亚平记忆中便是自家后院的柿树、香椿树、石榴树、杏树、泡桐,草木于他是乡邻,是老友。在高亚平眼中,"柿子树是关中农村最常见的一种树,尤其是沿

柿树

秦岭北麓一带，几乎家家有柿树。有人说，柿树多生长在苦寒的地方，譬如陕西、山西、甘肃、宁夏等省的山地、丘陵地区，也许吧。柿树耐贫瘠，耐干旱，生长缓慢，但它易活好管，稍有一些土壤水分，就能迎风而长，并结出通红鲜亮的柿子，这很像草民百姓，让人感动。……因近山之故，柿树在家乡也广为种植，河边地头，人家房前屋后，常可见到柿树的影子。尤其是到了秋日里，严霜一洒，树叶变成绛红色，片片落下，而红艳艳的柿子则俏立枝头，或累累然，或垂垂然，一兜儿一兜儿的，晴空丽日下，鲜艳至极，谁看了都会为之心醉"①。自然，寻常乡间百果是大千世界的缩影，在作家眼中是果蔬，是风景，也是风情。

三、寻常花草

草木是自然物，但人们对于草木的感觉是不同的。安第斯山脉的原住民一直咀嚼着一种叫古柯叶的植物以适应环境，且不会上瘾。印加人视古柯叶为圣叶，在库斯科遍地种植。中国的《本草纲目》是中国人对草药这种草木的深刻认识集萃。而印第安人认为，鼠尾草这种药草能将恶灵从身体里驱逐出去。更有一些民族将一些植物视为神圣植物，认为它们是有灵性的。墨西哥西北部生活着被誉为最善于跑步的塔拉乌马拉人，那里有一种叫岩牡丹的神秘仙人掌，据说心术不正的人食用后会失心疯而死去。在秘鲁深山还有一种极罕见的仙人掌毛花柱，也被称为四风仙人掌。在婆罗洲雨林，本南族了解一种叫"toboo"的水果，吃的时候不能嘲笑它样子长得怪，否则会立即雷电交加，这在雨林中非常危险。怒江地区的白马人是白族支系，住在山区高地，长期种一种长毛谷，是极为古老的品种，米是红色的。生产长毛谷的地域是在一个河谷，这里其他稻谷品种无法生长，产量不好，但是白马人一直坚持种植。可见，植物与人类的生活环境、气候、自然条件紧密相关。

陕西关中的花草植物就有关中平原特有的气息和味道，高亚平迷恋的几乎都是一些再普通不过的植物，抑或说都是些老百姓家里、户外常见

---

① 高亚平：《草木之间》，陕西师范大学出版社，2016，第1页。

兴庆宫梅花（刘宁　摄）

的草木。像环城公园的迎春花生长得最好，不管是门东还是门西，高坎上都种植着一丛丛迎春花，早春二月天气，继腊梅后，次第开放，向人们报告春天的信息。还有西安街头的绒线花是最亲民的一种花，"一大朵一大朵的，似乎刚开，或者正在无声地开。而羽状的叶子，也在舒缓地展开，上面似乎还带着残露的气息。……一时间，我想到了生我养我的故乡，那里的原野上，夏日也常常开着一树一树绒线花的，而且树大花繁，远望去是开开谢谢的，开时鲜艳至极，败时枯黄如干菊，随风飘落于地"①。作者每每看到它时，便想起母亲来。于是，绒线花便带着母亲的记忆而长久地留存在作家心间。低到尘埃的是南瓜花，"墙是土墙，不高，上面苫着青瓦。不知经过了多少岁月的侵蚀，墙面已坑坑洼洼，还歪歪斜斜裂着许多手指宽的缝隙。而墙顶上的青瓦已成了黑色，上面还结着许多铜钱大小

---

① 高亚平：《草木之间》，陕西师范大学出版社，2016，第126页。

的紫红色的苔藓"①。就在这灰头土脸的背景下,"五月的阳光照着,五月的雨间断地落着,南瓜像一个个喝饱了乳汁的孩子,疯长起来,蔓藤扯满了整个后院,一直爬到后院的墙上。而金黄色的南瓜花,也在我不经意间开了。那花儿起初只有几朵,静静地开在一片碧绿里,但不久,就逐渐地繁盛起来,于是,整个后院就变得热闹了。蜂儿振动着金翅,嘤嘤嗡嗡地飞来了,它们飞进硕大的南瓜花中采蜜,花叶被压得一坠一坠;蝴蝶成双飞来,只是在花间流连一番"②。南瓜花爬上了墙头,把瓜结在了邻居家。大伙一致认为,土里长的东西,长到谁家算谁家。牵牛花也是乡间常见的花,夏日,行走在田间地头,常见粉红的粉白的,牵牵连连,寂寞地开着。更有平民气质的是高亚平笔下的《二爷的菜园花满畦》里描写的花,那是菊花和大丽花,秋阳下,红红黄黄,艳丽无比。

第三节 峪口山水

至此,对长安的叙写并没有结束。作家们将自己笔下的镜头推得更远,一直延展到秦岭山脚下,对秦岭山水景观的描摹便成为高亚平《长安物语》的最后构成部分。景观是大地的形态,是一个可视的世界,可在地图、版画与绘画中加以图像展示,也可用文字进行描述。文学中的景观不仅是一种对自然的描摹,也是一种心灵构建。它来源于作者观物取象。所谓秦岭有七十二峪,峪峪有风景。终南山峪口连绵不绝,峪中多有溪流,汇集成川,引水成渠,不仅灌溉农田,且水色澄清,倒影如画,稍加兴建,便胜景连连。高亚平《长安物语》中所描绘的是从大峪口到韦曲这一段,长达40里的地段。这里河汊众多,水系绵绵,独特的地理条件构成《长安物语》里"景物"部分的山水篇章。

---

① 高亚平:《草木之间》,陕西师范大学出版社,2016,第155页。
② 高亚平:《草木之间》,陕西师范大学出版社,2016,第156页。

近现代作家视域中的西安意象

一、樊川胜景

　　清人毛凤枝壮年时著《南山峪口考》，是我们今天了解由西安城南进入峪口的重要文献资料。毛凤枝由于亲身参加了同治元年（1862年）太平天国西征军陈得才部越秦岭，出大峪口，大败清军于三爻之战役，深感南山诸峪口对西安安危的重要性，产生了考察南山诸谷的想法。今天看来，《南山峪口考》着眼于军事，详细地记叙了秦岭北麓一些重要的峪口。20世纪90年代之后，高亚平也流连于此，写下了《地名志》以记秦岭山水。在高亚平描述中，景观之中牵连着峪中村落、历史、地理、文化、掌故，小峪是终南山里一个风景秀丽的小山谷，"峪水清冷，白石满河川"。桃溪堡则桃花夭夭，清禅寺清幽寂然，竹园村媚如江南，白道峪烟岚满山，上红庙堪称世外桃源，并且每条峪口都可见到一村落，人家如星，散落于河道两侧，且村人多质朴，于是，可在山中吃鳟鱼，喝苞谷酒。《潏河记》描述山水之清，松竹之秀。《沣峪记》里叙述沣谷是通陕南的交通要

秦岭山中峪水（刘宁　摄）

道。更重要的是,峪内多沟道,从秦岭梁往西依次有大佛沟、鸡窝子、塔寺沟、皇甫峪等,胜景让人留恋。土门峪桃花天然,峪中多隐士。

相比较而言,高亚平写得最摇曳多姿的则是《樊川晚浦》。樊川北依少陵原,西临神禾原,南靠秦岭,东起大峪,西至韦曲,潏河从此流过,是一个多水且草木茂盛的地域。潏水两岸出泉无数,茂林修竹,稻溪蔬圃,历史上记载这里是汉代名将樊哙的封地,故名樊川。唐时樊川这个地方是山林别馆所在地,许多文化名流在此居住,留下吟咏樊川风物的诗歌,直至今天这里仍然茂林修竹,景色宜人。朱鸿在《樊川犹美》里也写出这里风景秀丽:"樊川是加长低洼地带,伟岸的少陵原与起伏的神禾原,在它的两边偶然隆起,樊川的天空仿佛是一个淡蓝的盖子,显得十分高远。从它的东端引镇到西端下塔坡,尽是平畴沃土。严峻的秦岭,日夜从缭绕着云雾的山顶俯瞰着它,而少陵原和神禾原则像两匹黄色的骏马,始终追随着它奔跑。潏河之源在秦岭北麓的大义谷,它从这里涌出,然后汇合白谷道和太乙谷的溪流,水量大增。它潺潺地流过樊川,将这里滋润得青翠欲滴。站在少陵原或神禾原上,可以看到潏河的流水,阳光之下,像一条逶迤的断断续续的白练,樊川深厚的碧绿为它欢呼。"①更重要的是,岑参、韩愈、元稹、郎士元、权德舆都曾经在这里居住过。如今,这里早没有了唐时达官贵人与文人的历史遗迹,而是满地菜园子,农民将塑料薄膜搭成拱形的大棚,新鲜的蔬菜在棚中生长。加之这里是樊川腹地,有丰沛的水系,"经粗略统计,就有大峪河、小峪河、白道峪河、杨峪河、土门峪河、蛟峪河、太乙河,这些河如甘美的乳汁,滋润着樊川这块膏腴的土地,土地上的物产就异常地丰富了"②,造就了这块关中平原重要的种植稻谷之地。

二、南山诸峪

太平峪是秦岭北麓的一道峪,峪内尤以瀑布群和紫荆花著名。隋时曾是皇帝避暑地,内建有太平宫,如今千年过去,物是人非,民国时盘踞于此

---

① 朱鸿:《长安是中国的心》,生活·读书·新知三联书店,2013,第50页。
② 高亚平:《长安物语》,百花文艺出版社,2017,第302页。

的土匪王三春已矣，太平峪早已成为百姓乐园。长安变容如此，令人欣慰，令人欢喜。白石峪则保持着原生态风貌，有丛生的灌木，悦耳的鸟鸣，两座废弃的房屋，隐匿在树林之中。翠华山在长安城南三十公里处，乱石堆砌，奇峰竞秀，山下有太乙宫，山上有天池。沣峪内还有一红草园，内有终南隐士，又多隋唐故事，且南有大佛沟，北有净业寺。更可爱的是，王家沟里有"他二婶"农家乐，子午峪里有南豆角村。这里昔年是一处军事要塞，正当于子午峪的北口，因此，这个地方似乎应该叫南堵角村，并且这里还是关中平原通往子午古道进山前最后一个村庄，但是人们还是喜欢叫这里南豆角村，因为这村名透着诗意与田园气息。一言以蔽之，但凡在秦岭峪内，麦苗青青，繁华灿烂，宛如世外桃源一般，人们在这里日出而作，日入而息，凿井而饮，耕田而食，一幅悠然自得的天人合一的景观。

高亚平笔下的长安山水胜迹有景观，有人物，还有很多历史典故，初读有郦道元《水经注》的味道，夹杂以柳宗元的《永州八记》的痕迹，再读又读出贾平凹"商州系列"作品的滋味，就连意境都非常相似。显然，高亚平的《长安物语》里的山水记游之中融合地理、历史、传说、民俗、掌故在内，古文功底颇为深厚，于幽雅素净之中有几分农家质朴气质，于田园野性之中包裹着几分文人的雅气和庄重。因此，高亚平的文字不是那种一开始就直击人心灵的文字，而是需要慢慢品味，方可渗透进心里的文字。因为越是细读，越能体味到作品宁静背后隐藏的深深情感、浓浓爱意，倘若想再绝妙些，便放置在雨天，或雪夜，独坐窗前，翻卷细读，方可懂得其中的深情和韵味。

宗白华讲："在一个艺术表现里情和景交融互渗，因而发掘出最深的情，一层比一层更深的情，同时也透入了最深的景，一层比一层更晶莹的景；景中全是情，情具象而为景，因而涌现了一个独特的宇宙，崭新的意象，为人类增加了丰富的想象，替世界开辟了新境。"[①]宗白华将这种新境称为意境，而我愿意将朱鸿、高亚平这些作家们营造的这种意境命名为诗境。作家们对城南山水景致的描写自始至终弥漫在西安城南意境美、

---

① 宗白华：《艺境》，商务印书馆，2014，第185页。

诗意美中。这种在农耕文明下才滋生出来的对传统的眷恋，对舒缓生活方式的喜爱，没有大起大合，有的是细致入微，凭借幽静舒缓而征服人心，依靠晶莹剔透而获得诗的意味，还浸透着一种淡淡的忧伤，依依不舍的眷恋，一种如诗如画的隽永。

纵观古今历史，凡在城墙外拥有土地或租用土地的人们，都很珍惜田园生活，在阳光明媚、绿草如茵、风景秀丽的地方休养生息，娱乐玩耍，这已是一种健康生活所需。西安城南山水相依的自然空间，以及悠久丰厚的文化底蕴提供给现代西安人美好、惬意的生活，反之，到这里来的人们也创造出西安城市更丰富的文化生活和价值。

三、峪里人家

陕西省内有黄河流域河流687条，长江流域河流410条，秦岭是划分这两大水系的分水岭。秦岭南麓有132条河流汇入汉江、嘉陵江，北麓有63条河流汇入渭河。水流深切峡谷，层层跌落，形成多级叠瀑布，北坡短而陡峭，流水峡谷依次并排而立，如同群龙吐水，人们将其称为秦岭七十二峪。

秦岭是中国地理南北分界线。有学者讲，如果将秦岭向西延伸与昆仑山脉相接，向东绵延与伏牛山脉、崤山山脉相连，那么便会形成一条横亘东西1300余千米的地理人文分界线。而本书所讲的秦岭峪里人家，指的仅是西安城南所依的这一段秦岭人家故事。这段秦岭历来被人们称作终南山。秦岭南北山麓景色各异，南麓是典型的翠竹摇曳的南方景致，北麓则呈现关中平原特有的荞麦青青景象。每年春季，在秦岭山麓南边的汉中、安康等地油菜花遍地盛开之际，秦岭北麓的关中平原上则桃、李、杏花开得绚然。如果顺着山道盘旋而上，站在秦岭之巅的黄河与长江分界碑处，便明白秦岭怎样一手挽着黄河，一手揽着长江，那么，秦岭这条山脉是不是就很有吸引力？秦岭深处人家是不是就很令人向往？

土门峪是一个村名，也是一个峪口名。"复前行，约三四里地，则见一村落，人家如星，散落于河道两侧，或逐水而居，或倚岩而住，百十户人家的样子，此即小峪河村。村人质朴，见人一笑，一句'来了！'再无

秦岭峪中（刘宁 摄）

多余的话，自忙其事去了，一任来人在峪中游走、赏玩。……今年夏天的一个傍晚，应村民寿生之约，我和国画家王归光、李新平兄还去小峪河吃了一次鳟鱼呢。寿生曾当过村长，头脑活泛，待人实诚，在峪中开了一家鳟鱼馆，养殖、售卖鳟鱼，生意很好。归光、新平二兄经常到秦岭山中写生，遂和其相熟。据归光兄讲，吃了烧鳟鱼，也喝了不少的苞谷酒，归去时，已是月悬半山，虫鸣四野了。"①

在高亚平笔下，秦岭峪内多村庄，清水头为一村庄名。村在小峪口外，距峪口有二里地。因为小峪水出山之后，绕峪水东西而行。村庄里多老树，柿树、板栗、榆柳杨槐、桃李杏梨、各色杂树，应有尽有。树多则鸟多，麻雀、斑鸠、喜鹊、黄鹂……不一而足。杨峪口村是一个风景极其秀丽的小山村，村东傍一条杨峪河，河水一年四季长流不息，河水清澈，河中多乱石，石下多鱼蟹，而村庄及其周围古树参天，果园成片。杨峪口

---

① 高亚平：《长安物语》，百花文艺出版社，2017，第286页。

或言因村人多杨姓而得名，或言因峪口多杨树而得名。村人质朴可爱。吴家沟在蛟峪山下，东为江沟，西为马鞍岭，村庄嵌伏在两道土岭之间，不大，仅百余户人家而已。沿清水头向东，穿过一片树林，蹚过小峪河，便见到山脚下坐落着一个小山村，这便是二里村。桃溪堡在西安城南三十公里处，紧邻杜曲，是一个背依少陵原，面向樊川、终南山的小自然村，村中有小溪流过。村中及周围多桃树，三月，桃花嫣红一片，风雨过后，落英缤纷，故村庄才有如此姣美的名字。清禅寺是依寺而居形成的村庄，今天寺庙早已不存，徒留下一个村名。白道峪在清禅寺东七八里处，是个小山村。白家湾在翠华山东北三里处，隐伏在马鞍岭下的一土洼里，村落不大，仅数百户人家。竹园村在少陵原下，西邻兴教寺，距西安仅二十多公里。大概村中昔年曾有一竹园寺，或言村中过去多竹，故名竹园村。这个村庄，背依少陵原，坐拥樊川，和终南山遥遥相望。上红庙在作家的家所在村的村西，是个绿树村边合的自然村，整个村庄百十户人家的样子，村子多质朴。下红庙也是一个自然村，比上红庙小，四五十户人家。秦岭峪中村庄皆景色秀美，"北望，但见千里田畴，麦苗青青，树木如荠，繁华灿烂，间以村落人家，高楼大厦，让人胸襟不由得为之一畅。南望，终南山就在眼前，千峰竞秀，万壑流黛。而脚下呢，则是一泓碧水如玉，满眼绿树逼人。兼之春风如梳，梳动坝顶上的万千柳条，也梳活了我们的心，我们不觉都有点陶醉"[①]。

这些峪里人家是自然和人事相融的村落，是城里人心灵的栖息地，是代表着天人合一景致的地域，寄托着西安城最美、最适宜人居的希冀。山水是城市的自然坐标，作家笔下的文学创造是人文精神的体现。

[①] 高亚平：《长安物语》，百花文艺出版社，2017，第318页。

结语
百年缀珠长安书

《近现代作家视域中的西安意象》一书所涉及的时间段是从1900年开始，一直延展到21世纪的第一个十年，在100多年的历史河流中来看待一座古都的现代化过程，主要是以城市空间变化以及人们的都市生活变迁来演绎城市文化发展的轨迹。这百余年的城市空间与文化生活的变化绝大部分是在20世纪完成的，因此可以说，这部书是从西安城市文化生活变迁中折射出20世纪中国城市生活重要内容的作品。无疑，20世纪是一个充满巨大悲剧的世纪，20世纪陕西的动荡和危机从西安这座历史文化古都的演变中可以看得出。20世纪上半叶，自然灾害和不停的军阀、土匪争夺造成了渭河平原地区的灾难。一方面，西安城头变幻大王旗，城内饿殍满地，烟毒与妓女成为这座城市的顽疾；另一方面，西安深处内陆，像中国西北其他省份的城市一样，与新思想基本上处于隔膜状态。然而在陕的同盟会会员将革命的火种撒播在西安这座城市里，因此酝酿并爆发了最早支援辛亥革命的西安起义，新思想、新文化就在革命风潮之中进入西安城，于是新式学堂和刊物在西安也逐渐出现，对宣传现代化思想发挥了积极的作用，西安城市的空间格局也因此发生了变化。

然而，不管怎样变，这座古都曾经沉积的周秦汉唐等十三朝的历史文化以废墟或者古迹，以及其他方式存在着，所以作家们的笔下出现了大量的胜景废墟的描写。毋庸置疑，西安是一座历史文化遗存非常丰富的城市，我们将其视为一个巨大的文化遗产都不为过。因此，无论它怎样向现代化发展，拥有汽车、铁路、航线，现代公园和旅馆，这座城市最吸引人的还是古迹和废墟，这便是西安城市的特色。作家们在西安的文旅是购买碑帖，览胜怀古，最终他们生发出强烈的建设西京的愿望，抗战爆发后这种愿望和呼声就越演越烈。1935年中共中央进驻陕北，西安成为广大爱国青年和知识分子前往延安的中转站，革命依然在这座城市隐藏涌动。为了到延安一观中国共产党治理下的陕甘宁革命根据地，许多中外记者曾逗留在西安，途经时留下了很多反映这座都市抗战烽火的文字。20世纪上半叶的西安，现代与传统不断较量博弈，城市从外观到内在精神都有所变异。来此的作家们也多是过境作家，西安仅仅是他们考察西北的一个驿站而已，唯有王独清是个例外。但是就在这支离破碎的描述中，我们也以集腋成裘的方式构建起了一个近现代西安的身影。不言而喻，文学作品在本书中首先的功能便是以文学文本为资料建构西安城市文化。

20世纪下半叶，西安的文学书写是从柳青的社会主义合作化道路开始的。那个时候，柳青笔下所描写的蛤蟆滩是距离西安城市最近的乡村了。城市的规模和空间随着时代不断变大或者缩小，20世纪50年代柳青笔下的西安是乡村视野中的西安，但是城市建设发展依然进行着，东郊几个棉纺厂的创建使西安在国家第一个五年计划中崭露头角。这是社会主义时代西安城市的新面貌。

走过合作化时期，作家笔下的西安从20世纪70年代后期迅速崛起。关于西安城市的描述也就不再停留在外部环境与革命的叙事上，而转入内在的城市生活及文化展现和文化反思上。作家们在思考这座位于关中平原上的十三朝古都时更多考虑的是它的城市地标，所以像钟鼓楼、城墙、护城河等城市建筑都出现了。这是这座城市区别于其他古都所在的地方，对这座城的认识也由西北的一座有名古都而转化为中国人的文化魂魄所在。在对西安充分肯定之际，作家们切身感受到城市化发展，抑或说城市的扩展。城市化发展，一方面采取在城内消灭城中村，拆迁旧建筑的方式来完成，另一方面便是无情地吞并乡村，促使城市空间延展、变大。作家们深切感受到城市空间的转变，感受到传统的城市特质越来越少，也就是西安的个性在日渐消磨，深重的忧患意识便产生。而作家又是一方面永远对自己居住的城市痛恨不已，另一方面享受着城市提供给自己的文化优越性。在城市漫游、淘书、创办杂志、享受美味，物质的享用与精神的创造同时出现于生活在西安这座城市的作家身上，他们也愿意表现这种美好的人生感觉。

而在作家们安顿好自己的心灵之后，他们所关注的是城市里的形形色色的人。文学中的西安是由城市建筑、城市生活和城市人组成的。当年，赵园在她的《北京：城与人》一著中列举了形形色色的北京人，透显着京城文化熏染下的北京人的精气神。而今西安作家笔下描绘了不同类型的西安人，本土西安人个性上生冷硬倔，慷慨豪气，闲人、弈人充满市井气息，最忘不了的便是秦腔名角们，那是凝聚着秦腔艺术的一个群体，看得见他们将艺术视为生命的执着精神。当然，由于历史上的种种原因，还有大量外乡人流落到西安这座城市，经过数十年几代人的传承，也成为西安人的一部分，最典型的是西安道北人，秦腔与豫剧同时存在于他们的生活中。然而不论是土著，还是已经融入本地的外乡人，他们最终都成为城市的一分子，成为城市文化的构成。人与城的关系也就在相互渗透、相互观照中越来越无法分离了。

有意思的是，当代陕西作家们写西安从秦岭入笔，最终目光又落在秦岭脚下城南这片地域。不过，这时这隅土地已经被唤作郊区了。郊区是城市与农村的接合部，也是乡下人进入城市前的落脚处。它曾是社会底层聚集的地方，而今在城市化进程中，郊区成为城市中产阶层人士愿意来休闲的地方，或者说郊区是城市生活与乡村生活结合最好的地方。越接近乡下，就越接近自然，花草树木在城市郊区竞相繁荣，枝叶葳蕤茂盛，最沁人心脾的是秦岭诸峪口里的山水胜迹。从樊川胜景到南山诸峪，再到峪里人家，人与山水融为一体，真正是归田园居。西安人的生活便在城乡互动中愈发有意境了。

参考文献

[1] 司马迁. 史记. 上海：上海古籍出版社，1997.

[2] 何清谷. 三辅黄图校注. 西安：三秦出版社，2006.

[3] 班固. 汉书. 北京：中华书局，1962.

[4] 骆天骧. 类编长安志. 北京：中华书局，1990.

[5] 程大昌. 雍录. 北京：中华书局，2002.

[6] 宋敏求. 长安志//景印文渊阁四库全书. 台北：台湾商务印书馆，1985.

[7] 张礼. 游城南记校注. 史念海，曹尔琴，校注. 西安：三秦出版社，2003.

[8] 吴曾. 能改斋漫录. 北京：中华书局，1960.

[9] 王辟之. 渑水燕谈录. 北京：中华书局，1985.

[10] 严长明. 秦云撷英小谱·小惠. 刻本. 西安：[出版者不详]，1778（乾隆四十三年）.

[11] 毛凤枝. 南山谷口考校注. 李之勤，校注. 西安：三秦出版社，2006.

[12] 倪锡英. 西京. 南京：南京出版社，2012.

[13] 陈万里. 西行日记. 兰州：甘肃人民出版社，2003.

[14] 顾颉刚. 西北考察日记. 兰州：甘肃人民出版社，2002.

[15] 侯鸿鉴，马鹤天. 西北漫游记·青海考察记. 兰州：甘肃人民出版社，2003.

[16] 陈赓雅. 西北视察记. 兰州：甘肃人民出版社，2003.

[17] 王桐龄. 陕西旅游记. 北京：文化学社，1938.

[18] 郭步陶. 西北旅行日记. 上海：大东书局，1932.

[19] 范长江. 中国的西北角. 天津：天津大公报馆，1936.

[20] 向达. 唐代长安与西域文明. 北京：生活·读书·新知三联书

店，1957.

[21] 梁思成. 中国建筑史. 北京：生活·读书·新知三联书店，2011.

[22] 钱穆. 中国文化史导论. 台北：台湾商务印书馆，1994.

[23] 史念海. 中国古都文化研究. 北京：中华书局，1998.

[24] 张奚若. 辛亥革命回忆录：一. 北京：中华书局，1961.

[25] 西安市政协文史资料委员会. 西安记忆. 西安：陕西人民教育出版社，2010.

[26] 焦文彬. 秦腔史稿. 西安：陕西人民出版社，1987.

[27] 史红帅. 西北重镇西安. 西安：西安出版社，2007.

[28] 史红帅. 明清西安城市地理研究. 北京：中国社会科学出版社，2008.

[29] 田荣. 老西安街村. 西安：陕西旅游出版社，2012.

[30] 西安市政协文史资料委员会. 西安老街巷. 西安：陕西人民教育出版社，2006.

[31] 单演义. 康有为在西安. 西安：陕西人民出版社，1990.

[32] 单演义. 鲁迅在西安. 西安：陕西人民出版社，1990.

[33] 李孝悌. 中国的城市生活. 北京：新星出版社，2006.

[34] 秦晖，金雁，田园诗与狂想曲：关中模式与前近代社会的再认识. 北京：语文出版社，2010.

[35] 吴敏霞. 药王山碑刻. 西安：三秦出版社，2013.

[36] 陈平原，王德威，陈学超. 西安：都市想象与文化记忆. 北京：北京大学出版社，2009.

[37] 陈平原，王德威. 北京：都市想像与文化记忆. 北京：北京大学出版社，2005.

[38] 孙逊，杨剑龙. 阅读城市：作为一种生活方式的都市生活. 上海：上海三联书店，2007.

[39] 任云英. 近代西安城市空间结构演变研究（1840—1949）. 西安：陕西师范大学，2005.

[40] 侯仁之. 北京城的生命印记. 北京：生活·读书·新知三联书

店，2009.

[41] 阙维民. 历史地理学的观念：叙述、复原、构想. 杭州：浙江大学出版社，2000.

[42] 宗白华. 艺境. 北京：商务印书馆，2014.

[43] 芒福德. 城市发展史：起源、演变和前景. 宋俊岭，倪文彦，译. 北京：中国建筑工业出版社，2005.

[44] 休斯克. 世纪末的维也纳. 李锋，译. 南京：江苏人民出版社，2007.

[45] 李欧梵. 上海摩登：一种新都市文化在中国 1930—1945. 修订版. 毛尖，译. 上海：上海三联书店，2008.

[46] 尼克尔斯. 穿越神秘的陕西. 史红帅，译. 西安：三秦出版社，2009.

[47] 何乐模. 我为景教碑在中国的历险. 史红帅，译. 上海：上海科学技术文献出版社，2011.

[48] 沃尔玛尔. 铁路改变世界. 刘媺，译. 上海：上海人民出版社，2014：1.

[49] 费正清，费维恺. 剑桥中华民国史：1912—1949年 下卷. 刘敬坤，叶宗敭，曾景忠，等译. 北京：中国社会科学出版社，1994.

[50] 普实克. 中国 我的姐妹. 丛林，陈平陵，李梅，译. 北京：外语教学与研究出版社，2005.

[51] 贝特莱. 中国的新生. 林淡秋，译. 北京：新华出版社，1986.

[52] 王安娜. 中国：我的第二故乡. 李良健，李希贤，校译. 北京：生活·读书·新知三联书店，1980.

[53] 麦克法夸尔，费正清. 剑桥中华人民共和国史：上卷 革命的中国的兴起 1949—1965年. 谢亮生，杨品泉，黄沫，等译. 北京：中国社会科学出版社，1990.

[54] 施坚雅. 中国帝国晚期城市. 北京：中华书局，2000.

[55] 利罕. 文学中的城市：知识与文化的历史. 吴子枫，译. 上海：上海人民出版社，2009.

[56] 费正清. 剑桥中华民国史：1912—1949年 上卷. 杨品泉，张

言，孙开远，等译. 北京：中国社会科学出版社，1994.

[57] 本雅明. 发达资本主义时代的抒情诗人. 张旭东，魏文生，译. 北京：生活·读书·新知三联书店，1989.

[58] 芒福德. 城市文化. 宋俊岭，李翔宁，周鸣浩，译. 北京：中国建筑工业出版社，2009.

[59] 雅各布斯. 美国大城市的死与生. 金衡山，译. 南京：译林出版社，2006.

[60] 足立喜六. 长安史迹考. 王双怀，淡懿诚，贾云峰，译. 西安：三秦出版社，2003.

[61] 川合康三. 终南山的变容：中唐文学论集. 刘维治，张剑，蒋寅，译. 上海：上海古籍出版社，2007.

[62] 石田干之助. 长安之春. 张鹏，译. 西安：三秦出版社，2013.

[63] 谢和耐. 蒙元入侵前夜的中国日常生活. 刘东，译. 北京：北京大学出版社，2013.

[64] 妹尾达彦. 长安都市规划. 高兵，译. 西安：三秦出版社，2012.

[65] 段义孚. 空间与地方：经验的视角. 北京：中国人民大学出版社，2017.

[66] 史红帅. 西方人眼中的辛亥革命. 西安：三秦出版社，2012.

[67] 中华书局编辑部. 全唐诗：卷四四八. 增订本. 北京：中华书局，1999.

[68] 贺新辉. 宋词鉴赏辞典. 北京：北京燕山出版社，1987.

[69] 鲁迅. 鲁迅全集：第14卷. 北京：人民文学出版社，2005.

[70] 孙伏园. 伏园游记. 北京：北新书局，1927.

[71] 王独清. 长安城中的少年. 上海：光明书局，1935.

[72] 张恨水. 小西天. 北京：中国文联出版社，2005.

[73] 张恨水，李孤帆. 西游小记·西行杂记. 兰州：甘肃人民出版社，2003.

[74] 张恨水. 燕归来. 北京：国际文化出版公司，2013.

[75] 尹雪曼. 战争与春天. 台北：成文出版社有限公司，1980.

[76] 林语堂. 朱门. 长沙：湖南文艺出版社，2012.

[77] 鲁彦. 西安印象记//沈斯亨. 鲁彦散文选集. 天津：百花文艺出版社，1982.

[78] 杨博. 长安道上. 南京：南京师范大学出版社，2016.

[79] 何启治，李晋西. 我仍在苦苦跋涉：牛汉自述. 北京：生活·读书·新知三联书店，2008.

[80] 陶铠，刘燕. 名人笔下的中外名城. 郑州：海燕出版社，1994.

[81] 柳青. 柳青文集. 北京：人民文学出版社，2005.

[82] 路遥. 路遥文集：第2卷. 北京：陕西人民出版社，1993.

[83] 陈忠实. 陈忠实文集. 广州：广州出版社，2004.

[84] 陈忠实. 原下的日子. 北京：北京十月文艺出版社，2008.

[85] 陈忠实. 第一刀. 北京：北京出版社出版集团，2008.

[86] 贾平凹. 贾平凹文集. 西安：陕西人民出版社，1998.

[87] 贾平凹. 废都. 北京：作家出版社，1993.

[88] 贾平凹. 高兴. 北京：作家出版社，2007.

[89] 王鼎钧. 回忆录四部曲. 北京：生活·读书·新知三联书店，2013.

[90] 祝勇. 十城记：中国城市的历史性伤痛. 北京：东方出版社，2013.

[91] 和谷. 和谷文集. 西安：太白文艺出版社，2006.

[92] 和谷. 秦岭论语. 西安：西安出版社，2010.

[93] 朱鸿. 关中：长安文化的沉寂. 北京：商务印书馆，2011.

[94] 朱鸿. 长安是中国的心. 北京：生活·读书·新知三联书店，2013.

[95] 陈长吟. 岁月长吟. 西安：西安出版社，2009.

[96] 陈长吟. 山河长吟. 西安：太白文艺出版社，2008.

[97] 高亚平. 长安物语. 天津：百花文艺出版社，2017.

[98] 高亚平. 草木之间. 西安：陕西师范大学出版社，2016.

[99] 《秦岭》编辑部. 秦岭：秋之卷. 西安：白鹿书院，2013.

后记

上博士期间，读李欧梵的《上海摩登》、赵园的《北京：城与人》时，就感慨：西安为什么没有这样一类研究性著作？然而根据当时我的知识储存，对有关近代西安的文学作品几乎一无所知，又怎能为近代西安描画一幅写真图呢？

2011年博士毕业后，我进入陕西师范大学西北历史环境与经济社会发展研究院做博士后，那时我搜集到民国报刊中500多篇描写西安的文章。有幸的是，2012年我的课题《文学视域中的西安城市研究：从1900—1949年》获得了中国博士后第52批科学研究面上资助，无疑，这对我鼓舞非常大。我便将出站报告选择在近代文学视域中的西安城市文化与生活研究领域。当时选这个课题作研究有三方面考虑：一是有500多篇民国时期的作品放在那里，我此前已经研究了诸多关于周秦汉唐时期的西安城市研究成果。二是对于这座城市如何由传统走向现代的问题，几乎是无人涉猎，更少有人考虑它的城市生活和文化，而这方面文学具有得天独厚的优势。三是考察的便利，那时我已经意识到，要做出成果，必须要有田野考察的基础，生活、工作在西安这座城市，可以利用一切机会与研究对象接触、反复体验，这于我而言是生活与工作结合的最好方式。而事实也真如此，我在不经意的日复一日的开会、访友、休闲之中，越来越熟悉自己的研究对象，在作家曾经体验的场域中获得新的体验。更何况那时陕西师范大学的史红帅老师翻译了许多西方学人写陕甘的作品，出版了西人视野中的西安文集，它们自然而然成为我日后写作的参考资料。令我产生紧迫感的是，国内关于近代西安城市研究尚处于初始阶段，一些零星论文虽然不断出现，但是系统的研究尚没有产生，为此我必须加快写作速度，尽快完成自己手中的研究工作。然而，很多年头过去了，这本书还静静地躺在我的电

后记

脑里，这期间有太多不得不去做的事情，有太多的无奈。最初设想是将博士后出站报告里20世纪上半叶的西安城市文化写出来，但后来由于家里一些重要事情，写作速度不得不慢了下来。

始料不及的是，一天一个将新中国成立后作家书写西安的作品也放进书中的想法产生了。想想放置在百年时间视域，去观照西安城市生活文化，内心就很激动。应该说设想是好的，但没想到增加半个世纪的写作内容，大量作家文本需要我去搜集、整理、研读，使我一下子陷入汪洋大海之中。这些年我竭尽全力搜集作家写西安的文学文本，遗憾的是，还是有很多作家的文本未能进入本书。因为当代作家们不断创作的状态，必须对自己所选定的文本写作时间作一限定。我决意将这本书中的文学文本写作时间上限设定在1900年，下限截止于2017年，希望能够通过自己的努力，将一个较完整、尽最大可能构建起的文学视域中的百年西安城市史呈现给大家，而对于那些没能收入本书研究文本的作品，我深表歉意与遗憾！

一天天在这座城市里漫游、生活，愈发了解这座城市，也愈来愈喜欢它古朴、厚重的古建筑，感怀于它四季风景的变换与美丽，流连于它馨香而古雅的书城与书店，春日在环城公园看迎风而开的迎春花，夏季在桃花潭醉心于满池粉的、白的荷花，秋天在大兴善寺欣赏舒展如菊的血色彼岸花，冬季茫茫雪野里站立在高亢、绵延无际的白鹿原上感悟大地苍茫，现实中的西安、文献上的西安、地方志上的西安、作家笔下的西安纷至沓来，交织在一起。心中的底气也在不断增强，而写作的速度却越来越慢了。

我明白，这是我耗费很长时间集腋成裘的一本书，但愈是明白，便愈是知道还需要深化下去，不过已经不能再拖下去了，一本书有一本书的命运。平心而论，将百年西安发展脉络和城市生活勾画出来，已经耗费了我很多心血，但呈现出来的也只是浮于表面的概述和整理，若想有更大的突破，还需要再花费更多时间潜心钻研，这也算是一种不得已的遗憾。

通过写作，我把本书所涉猎的近现代百余年西安城市发展变迁脉络搞清楚了。从在中国建城史上具有重大意义的隋唐长安城到唐末韩建缩小至唐皇城范围的西安城，再到辛亥革命时被破的西安"满城"，1934年陇海线通达的西安,抗战时作为中国大后方的西安,再到新中国成立后农村合作化运动中的郊区农村、城市工业化建设里的西安城郊,20世纪80年代修筑城墙活动中的西安,90年代以来城改、城市化里的西安,2018年2月西安擢升为第九个国家中心城市,毋庸置疑,百年西安走过了一条艰难的现代化发展路程,今日的西安城市规模已远远超过中国历史上最为鼎盛的隋唐时期。关中平原城市群发展规划深入推进西安国家中心城市发展步伐,以西安、咸阳及西咸新区为主体组成的大西安都市圈正在形成,西咸新区管辖的泾河新城、沣西新城、沣东新城、空港新城、秦汉新城迅速崛起,四通八达的高铁、地铁、城际铁路的飞速发展极大地加大了西安城市的吞吐量。西安城北客运站每天都在驶入或驶出的高铁,让我们看到一个现代化、快速发展的西安冉冉升起,感受到来自这座城市灵魂深处的现代化巨变与发展,更遑论以丝绸之路经济带助力西安发展,以保护历史文化名城加强西安中华民族文化故乡的建设,以黄河流域生态保护与高质量发展带来的西安作为西北城市群崛起的排头兵的新容。大西安发展进入前所未有的历史阶段,当代西安呈现出欣欣向荣的面貌,正期待我们的作家写出新时代这座承载千年风姿流韵古都的繁荣与昌盛。

相比较下,我所做的只是其中很微小的一部分工作。我希望通过这本书,能够让西安进入更多人的视野中,不再仅以西部重镇而命名,而是以中华民族的文化故乡、中国魂魄的象征意义而存在。而当本书付梓之际,虽不甚满意,但算对往昔做了一个交代。

这部书稿完成我需要感谢许多人。首先,最应该感谢的是我博士后合作导师王社教教授,他当年提供大量文献资料供我学习,提供很多参会机会供我锻炼,申请博士后面上资助项目时王老师更是手把手教我。说心里话,我从中国现当代文学专业跨学科进入历史地理学专业,这是一个很大的转折,也是一个特别有意义和富有挑战性的研究转型。为此,我研读了大量的历史地理学方面的书籍,认真学习史学治学方法,严谨审慎治学态度,积极参加历史地理方面学术会议,以一名跨学科者的身份积极汲取各种养分。我深感历史地理与文学结合后,打开了我的视野,扩宽了我的研

后记

究路径，为我所从事的文化研究找到了根基。对此，我对王老师的感谢之意不溢言表。

感谢曾经发表与这本书内容相关的成果的老师们。《民国作家笔下的西安城市景观与文化空间初探》一文于2015年在《陕西师范大学学报》上发表，对我从事文学视域中的西安这个课题研究是很大的鼓励和肯定，为此，我对责编杜敏老师深表谢意。有幸的是，这篇文章同年在《人大复印资料·中国现当代文学》上被全文转载，2017年获得西安市社会科学奖，这大大增强了我从事西安城市文化研究的信心。

感谢身边的作家们，是他们将自己写西安的作品慷慨赠予我，或者给我提供可贵的资料，助力不少，这里先后有陈长吟、和谷、朱鸿、高亚平等师友。2018年冬季，在一个关于大西安发展的学术研讨会上，我结识了长安大学的杨博友，得到他的一些帮助，这时我已经看到他的《长安道上》这本关于民国时期的西安作品集了，并有了很多研究。有了同道自然欣喜，我想以后便可以有更多机会交流了。还要感谢邢小利老师、宋鸿雁友的热情帮助，感谢好友张倩总是在我最需要帮助时给予最大的援助。

人生总是在不经意间打开一扇窗，看到别样风景，我的近现代西安城市研究就是这样一扇窗，它打开了我文学地理学研究视域，打开了我不拘泥于纯文学研究的思路，让我在人文地理学这片土地上看到了无边的美丽风景。

是以为记！

2018年3月于西安
2020年10月再改于西安